生产与运作管理

（第3版）

张仁侠　主编

国家开放大学出版社·北京

图书在版编目（CIP）数据

生产与运作管理 / 张仁侠主编. —3 版. —北京：国家开放大学出版社，2022.7（2023. 5 重印）

ISBN 978 - 7 - 304 - 11372 - 8

Ⅰ. ①生… Ⅱ. ①张… Ⅲ. ①企业管理 - 生产管理 - 开放教育 - 教材 Ⅳ. ① F273

中国版本图书馆 CIP 数据核字（2022）第 105793 号

生产与运作管理（第 3 版）

SHENGCHAN YU YUNZUO GUANLI

张仁侠 主编

出版 · 发行： 国家开放大学出版社

电话： 营销中心 010 - 68180820　　总编室 010 - 68182524

网址： http://www.crtvup.com.cn

地址： 北京市海淀区西四环中路 45 号　　**邮编：** 100039

经销： 新华书店北京发行所

策划编辑： 王国华　　**版式设计：** 何智杰

责任编辑： 朱翔月　　**责任校对：** 吕昀谿

责任印制： 武 鹏 马 严

印刷： 三河市鹏远艺兴印务有限公司

版本： 2022 年 7 月第 3 版　　2023 年 5 月第 4 次印刷

开本： 787mm × 1092mm 1/16　　**印张：** 16.5　　**字数：** 322 千字

书号： ISBN 978 - 7 - 304 - 11372 - 8

定价： 36.00 元

（如有缺页或倒装，本社负责退换）

意见及建议：OUCP_KFJY@ouchn.edu.cn

第 3 版前言

PREFACE

生产与运作管理是管理科学的重要组成部分，生产与运作管理的理论和实践正在迅猛发展。伴随着社会的不断进步，互联网、物联网、大数据、云计算、人工智能、区块链等科学技术迅猛发展，强烈推动和引领企业的变革。企业业态快速迭代，转型升级的步伐不断加快。进入 21 世纪，万物互联，企业面临前所未有的由典型的以流程型组织为主的组织形式向以生态型组织为主的组织形式转型，以用户需求为中心是企业转型发展的出发点。互联网、物联网、大数据、云计算、人工智能、区块链、3D 打印、5G 等科学技术的涌现和广泛应用，使企业能够更好地应用数据满足用户需求，数据已成为关键的生产要素。保护环境、实现可持续发展是生产与运作管理的基本要求，碳达峰、碳中和已经成为生产与运作管理必须解决的问题。这必定给企业生产与运作管理带来巨大的冲击。

生产与运作管理的课程体系即将发生重大变化，这一变化目前还不太明朗。因此，本次修订保留第 2 版的基本框架结构，增加绪论，阐述对即将发生的变化所进行的思考。本书的主体内容分为十章：第一章主要介绍生产与运作系统、生产与运作管理的基本概念及生产与运作战略问题。第二章对企业生产与运作过程进行分析，强化流程问题。第三章主要从生产与运作能力规划、产品研发、生产与运作人员准备管理等方面强调企业生产与运作的准备工作。第四章论述生产与运作计划的制订，对生产与运作计划体系进行全面介绍。第五章阐述生产与运作控制，介绍项目管理等问题。第六章介绍生产与运作质量管理的基本概念，以及加强质量管理的作用和采用的方法等。第七章着重阐述生产与运作库存管理的作用、影响库存的各种因素，以及如何加强库存管理。第八章主要论述生产与运作设备管理，以及如何更好地发挥设备在生产与运作中的支撑作用。第九章强调如何加强生产与运作现场管理，介绍典型的生产与运作现场管理方法。第十章主要论述供应链管理，敏捷制造，大规模定制生产，清洁生产、循环经济及低碳经济等新型生产与运作管理模式。本书旨在为学生把握现代企业生产与运作管理的基本思路，掌握现代企业生产与运作管理的相关知识打下基础。

本书由首都经济贸易大学张仁侠教授担任主编，国家开放大学刘乃民副教授参与编写。其中，第一章、第二章、第三章、第四章、第五章、第八章、第九章、第十章第三节和第四节由张仁侠编写；第六章、第七章、第十章第一节和第二节由刘乃民编写。

由于本书内容涉及面广，书中难免存在不足之处，敬请读者批评指正。

编者

2021年12月

第1版前言

PREFACE

生产与运作管理是企业管理的重要职能，是主要针对企业从各种生产要素的输入，经过制造过程或服务过程的转换，以产品或服务的形式产出的整个过程的管理，为实现企业的经营目标、方针打下良好的基础。其重要性不言而喻，是企业在激烈市场竞争中满足市场需求、立于不败之地的关键环节，是企业执行力强弱的集中体现。学习和运用生产与运作管理知识十分重要。

本书内容分为十章：第一章主要介绍生产与运作管理的基本概念、生产与运作系统及企业生产与运作战略问题。第二章对企业生产与运作过程进行分析，强化流程问题。第三章主要从生产与运作能力、产品及服务设计、生产与运作人员等方面强调企业生产与运作的准备工作。第四章论述企业的生产与运作计划工作，对生产与运作计划体系进行全面的论述。第五章阐述如何控制企业生产与运作计划，介绍项目管理等问题。第六章介绍质量管理的基本概念、质量管理的工具等。第七章着重阐述库存管理的作用、库存管理的新发展。第八章主要论述设备的管理，如何更好地发挥设备在生产与运作中的支撑作用。第九章强调如何加强企业现场管理，介绍典型的现场管理方法。第十章主要论述供应链管理、敏捷制造、大规模定制生产、清洁生产与循环经济等新型生产方式，为学生把握现代企业生产管理的基本思路，继续深入学习打下基础。

本书主要内容立足于基础、系统、全面、重点、求新，对生产与运作管理的理论、方法、手段等进行介绍，突出加强基础、拓宽知识面、不断创新和掌握生产与运作管理的前沿知识，使学生既具有一定的生产管理基础知识，又具有分析生产与运作管理问题、解决问题的能力。

本书是中央广播电视大学开放教育工商管理专业（专科）统设必修课“生产与运作

管理”的主教材，课内54学时，3学分，第一学期开设。

本书由首都经济贸易大学张仁侠教授、中央广播电视大学刘乃民副教授编写。其中，第一、二、三、四、五、八、九章，以及第十章第三、四节由张仁侠编写；第六、七章，以及第十章第一、二节由刘乃民编写。张仁侠担任主编。

本书涉及面宽，内容广泛，难免存在不足之处，敬请读者批评指正。

编者

2010年10月

第 2 版前言

PREFACE

生产与运作管理是企业管理的重要职能，是主要针对企业从各种生产要素的输入，经过制造过程或服务过程的转换，以产品或服务的形式产出的整个过程的管理，为企业经营目标、经营方针的实现打下良好的基础。其重要性不言而喻，是企业在激烈的市场竞争中满足用户需求、立于不败之地的关键环节，也是企业执行力强弱的集中体现。学习和运用生产与运作管理知识十分重要。

本书内容分为十章：第一章主要介绍生产与运作管理的基本概念、生产与运作系统及生产与运作战略问题。第二章对生产与运作过程进行分析，强化流程问题。第三章主要从生产与运作能力规划、产品与服务设计、生产与运作人员准备管理等方面强调生产与运作的准备管理工作。第四章论述生产与运作计划的制订，对生产与运作计划体系进行全面的介绍。第五章阐述生产与运作控制，介绍项目管理等问题。第六章介绍生产与运作质量管理的基本概念，以及加强质量管理的作用和采用的方法等。第七章着重阐述生产与运作库存管理的作用、影响库存的各种因素，以及如何加强库存管理。第八章主要论述生产与运作设备管理，以及如何更好地发挥设备在生产与运作中的支撑作用。第九章强调如何加强生产与运作现场管理，介绍典型的生产与运作现场管理方法。第十章主要论述供应链管理、敏捷制造、大规模定制生产、清洁生产、循环经济、低碳经济等新型生产与运作管理模式，旨在为学生把握现代企业生产与运作管理的基本思路、把握现代企业生产与运作管理的发展趋势打下基础。

进入 21 世纪，科学技术迅猛发展，大大推动了生产与运作管理的步伐。尤其是大数据、云计算、移动互联网、物联网等进入应用领域，掀起了新一轮的工业革命，给生产与运作管理带来了前所未有的冲击，乃至变革和颠覆，使企业的生产方式、产品形式、组织模式发生了创新性转型，让以用户为中心的经营理念真正落地、开花、结果。“互联网+”时代的到来，使新型生产与运作管理在理念、体系、运行方式等方面发生了重大变革，这为生产与运作管理带来了新的研究课题。许多企业已成功转型升级，这为研究和学习生产与运作管理提供了借鉴。我们在努力学习、研究和探索，力图在本书再版时将新的转型升级、变革发展理论与实践加以展现，以体现新时代生产与运作管理的新体系、新结构。

本书内容具有基础性、系统性、全面性和创新性等特点。本书对生产与运作管理的理论、方法、手段等进行介绍，突出强调加强基础、拓宽知识面、不断创新和掌握生产与运作管理的前沿知识，使学生既具有一定的生产与运作管理的基础知识，又具有分析、解决生产与运作管理问题的能力。

本书是国家开放大学工商管理专业（专科）统设必修课“生产与运作管理”的主教材。

本书由首都经济贸易大学张仁侠教授担任主编，国家开放大学刘乃民副教授参与编写。其中，第一、二、三、四、五、八、九章，以及第十章第三、四节由张仁侠编写；第六、七章，以及第十章第一、二节由刘乃民编写。

由于内容涉及面广，本书难免存在不足之处，敬请读者批评指正。

编者

2017年10月

目 录

CONTENTS

绪　论

生产与运作管理是管理科学的重要组成部分，当前生产与运作管理的理论和实践正在迅猛发展，生产与运作管理的教学内容也应与时俱进。生产与运作管理的理论体系正处于大变革的前夜，短期内还不能形成一个比较成熟的课程体系。我们也在密切关注该变革，为此，本次修订我们暂不对课程体系框架做大的调整，谨将我们对这种变化的理解与大家分享。

伴随着社会的不断进步，互联网、物联网、大数据、云计算、人工智能、区块链等科学技术迅猛发展，强烈推动和引领企业的变革。企业业态快速迭代，转型升级的步伐不断加快。进入 21 世纪，万物互联，企业面临前所未有的由典型的以流程型组织为代表的组织形式向以生态型组织为主的组织形式转型，这必定给企业生产与运作管理带来巨大的冲击。面对这些变化，在学习生产与运作管理时，我们必须准确地认识和认真把握这些趋势。

一

企业必须明确以用户需求为中心这一关键问题，这是企业转型发展的出发点，是企业一切变革的统一行动指南、指导思想，是企业开展各项工作紧紧围绕的中心。这是企业在激烈的国际国内竞争中弯道超车、换道超车或走出新的创业之路的把关定向标准，企业改革必须始终围绕这一主题。作为企业管理的重要环节之一的企业生产与运作管理，必须要从以产品为中心的大规模制造向以用户需求为中心的大规模定制转型。把握好这一认识，才能找准方向、深入地学习生产与运作管理这门课程。

1. 以用户需求为中心是生产与运作管理发展的客观要求

认真观察和分析企业与用户之间的关系，我们会清晰地看到，20 世纪中期以前，企业与用户的关系纯粹是我卖你买，一手交钱一手交货，是企业生产什么用户只能购买什么的交易关系。这是企业处于主动，用户处于被动的局面，用户的差异化、个性化需求被掩盖和忽略。在企业内部明显看到，各项工作围绕生产打转，企业领导一天到晚在生产一线忙碌，制订生产计划、完成生产计划、实现产值任务，至于能不能满足用户需求则关注不大。当时，生产型企业是主流。

20 世纪中期以来，随着时代的进步，企业环境发生了一些变化，用户需求的呼声和要求在一定程度上渗入企业，产、学、研纳入企业运行管理中，企业与用户之间的关系有了进步，这时的关系可归纳为交互关系。在这种关系下，企业兴起了市场调查和预测热潮，关心经营决策活动，“顾客是上帝”的口号也开始流行。但这时企业仍把关注点集中在企业内部，围绕降低成本、提高质量、提高效率大做文章，企业高高垒起围墙，在内部热火朝天搞生产，抓管理。这期间企业内部管理出现不少好成果，总结出一些典型的经验，基本上是与外初连、治内有方。这一时期比较典型的成果是准时生产方式，也叫准时生产制，后改进为精益生产方式，这种方式的基本思想是：在需要的时间生产需要数量的产品。这个思想无疑是非常合理的，在一定程度上强调按用户需求组织生产，组织“一个流生产”，在一定时期备受企业界、管理界的认可和推崇，但受当时的管理思想认识、科学技术水平等因素的限制，组织和推广精益生产还有一定难度。从这种生产方式的两大支柱，即准时生产和自动化来看，这种生产方式仍把关注点集中在企业内部，围绕消除企业内部问题，尤其是在生产、服务的“浪费”上大做文章。对过量生产浪费、等待浪费、移动浪费、库存浪费、加工浪费、动作浪费、缺陷浪费等七大浪费的总结和研究，成为当时管理创新的新标记。这种方式没有彻底打破企业旧有的内部结构，没有把用户需求真正放到中心位置，但它的影响力是很大的。一段时间内，我国许多企业紧锣密鼓地学习准时生产方式。引进的管理模式在许多企业内部落地，并产生阶段性成果，推动了企业管理的进步，但它的局限性也很明显。

21 世纪工业 4.0 战略提出以后，企业深感准时生产方式与生产贴近用户、满足用户需求存在差距。企业要从聚焦生产内部转向聚焦企业外部，找出关键问题，紧盯用户需求，真正把以用户需求为中心的工作放在企业管理最重要的位置，使精益生产方式真正充满生机和活力，使企业与用户真正关联在一起、融为一体，使企业真正降低成本、提高效率，为用户生产和提供真正有用的产品和服务，而不是仅把生产阶段出现的“浪费”消除掉，从而创造出新的、更大的价值。

进入新的时代，随着社会的不断进步，科学技术的迅猛发展，企业与用户之间的关系正在发生根本变革。用户是主体，企业必须紧紧围绕用户需求组织生产和提供服务，两者的关系成为共同创造价值的关系。企业必须牢牢树立以满足用户需求为中心的理念，这是企业的行动纲领、企业的使命和责任，学习生产与运作管理必须坚定这一信念。认识到企业与用户的关系已由交易关系、交互关系发展到今日的共同创造价值关系，只有以满足用户需求为中心的生产才能实现企业和用户的共赢。企业生产出有温度的产品，这是时代对企业的要求、人类社会进步的标志，也是企业管理必须迈上的新台阶，是企业成为真正时代企业的根本。把握好企业与用户的关系，以不断满足用户需求为中心是企业做好各项工作的基础。比如，抓企业战略的把关定向工作，抓组织、制度的建设工作，抓企业文化的建设工作，抓人力资源的管理工作，抓企业产品质量和服务的提升工作，抓企业成本的降低工作，抓企业效率的提高工作，等等。这些企业管理的基础工作都与满足用户需求休戚相关，都要围绕这一中心认真地、脚踏实地地、精确无误地、细致入微地抓好。千人千面地认识用户，把用户的“难点”和“痛点”放在第一位去思考，这才是心中装着用户需求，才是真心实意。否则就算不是虚情假意、口是心非，起码是三心二意，会造成企业与用户的失配乃至失联。学习生产与运作管理必须首先解决好这个问题，而且认识和行动越彻底越好，把用户需求作为认识和行动的标尺、标杆，否则认识和行动的基本方向就偏了。如果生产、服务没有以用户需求为中心，企业就是在干竹篮打水一场空的事情，到头来企业就会被用户摒弃，被时代淘汰。这里把企业与用户的关系说得如此重，绝不是骇人听闻。以用户需求为中心组织生产和服务是传统企业蜕变的起点，也是企业运行贯穿始终的原则。企业要时时用这种关系审视自己的工作，找到差距和不足之处，及时纠偏，紧紧把控企业运行的主航道。

2. 以用户需求为中心的实质

企业以满足用户需求为中心，就是让用户全流程地参与到共建、共创价值中。新时代，这个流程从企业运营的角度来看大致包括：①企业利用社群等形式在网上听取、收集各种用户信息、要求、意见、建议，寻求众创定制方案，通过与用户资源连接，共同研究开发，形成开放式研究；②进行线上线下相结合的体验式的预约预售；③合理、有效地进行供应商模块采购，紧密跟进用户需求及智能技术融入的制造；④建立以用户需求为中心的智慧物流、以用户使用体验的迭代产品为核心的智慧服务，贯穿于产品、服务的全生命周期。在企业与用户交互、体验、迭代的不断循环中使用户满意，最终实现价值共创，企业与用户共赢。

在这个过程中要注意企业过去那种领导主观臆断、领导个人说了算的思维是不行的，必须市场说了算，也就是用户说了算，用户需求是最有决定权的。同时注意生产、服务的一线员工，他们是企业中最先得知和感悟用户需求的人，他们是企业的主人，他们为用户直接提供产品、服务，他们离用户需求最近，与用户接触最多，他们的感知最敏锐，发言最靠谱，行动最牢靠。企业应当从各个方面为他们提供条件，让他们成为为用户需求服务的贴心人，而不是陌生人。这是企业与用户离得更近的正确途径，也是新时代企业组织变革的真正发力点，一些企业组织结构由传统的正三角转换成倒三角就是基于此。哪个企业认识这一点越早、越深刻，就越能跟上时代的步伐，企业振兴之路就会走得越快，走得越踏实。

3. 以用户需求为中心更要加强生产与运作管理

以产品为中心转向以用户需求为中心，绝不是只重视用户需求，放松生产和服务，恰恰相反，用户和生产、服务相辅相成，不可或缺。生产和服务都轻视不得，马虎不得，懈怠不得，要在原有管理的基础上，立足科技进步，引入先进科学手段，运用先进思想把生产创新、服务创新做得更好。只有新产品、新服务层出不穷，丰富多彩，才能更好地满足用户需求，才能使生产与运作管理更新的步子迈得更大。因此，学习生产与运作管理需要思考的问题更加复杂了，很多问题要想在前头。

二

互联网、物联网、大数据、云计算、人工智能、区块链、3D 打印、5G 等科学技术的涌现和广泛应用，使企业更容易做到以用户需求为中心，不至于使以用户需求为中心流于形式和空话，而将其作为企业攀登的铺路石。人类社会已逐步跨入数字经济时代，数字化给社会进步、企业发展带来无尽的推动力量。时至今日，数据已成为关键的生产要素。在企业中，“大数据 + 以机器学习为代表的算法 + 算力”正深刻地影响着企业，使企业迸发出无尽的潜能，使企业与用户融为一体，无缝连接，企业的边界已无法限定。企业要让用户的不同需求变成产品，将服务数据模型融入企业，实现数据为王。在信息化平台上，要使企业的生产、服务方式逐步实现人机协同，彻底地改变人工附属于机器的传统模式，让人机协同成为生产服务的主流。机器人的应用、黑灯车间、无人化现场会更多地涌现。在此过程中，智能制造是核心，智能制造系统具备一定的自主化感知、学习、分析、决策、沟通、通信与协调能力，可通过对原材料供应、配送的管理，机器运作过程及与用户需求的信息交互，实现更加精准的协同和无缝连接。同时，智能制造系统能够使生产线的生产数据更可视化，生产过程更透明，产品、服务质量把握得更清晰，设备的使用、维修保养更可控，企业可在同一生产线上及时按用户需求调整生产过程，产出不同的产品，变传统生产渠道驱动模式为新时代用户需求驱动模式。智能制造系统能够真正实现智能化、柔性化，并做到优质、高效、灵活、低耗、清洁生产等。大数据的深度采用能满足用户海量的个性化需求，使产品和服务更贴近用户需求，越来越成为企业的基本能力。大家学习生产与运作管理时，必须清醒地认识到这一点，学习新知识，认识新事物，接受新手段、新方法，迎接新挑战，勇于开创新事业，迈开新的步伐，做新时代的同路人，而不至于落伍、掉队。在新知识、新技术面前只有敢学、敢闯、敢做，不畏失败和挫折，才能开辟新天地。要基于这一认识做出适应这个时代的改变。企业要利用创新模式和新科学技术贴近用户，深刻理解用户需求及变化，高效分析信息数据，深度开发用户需求。这样生产和提供的产品、服务才是最有生命力的、鲜活的。

一段时间以来，我们的企业紧跟时代步伐，积极投入数字化和智能化的转型、变革之中，取得丰硕成果，甚至有一些企业处于实践的前沿，人们看到了数字化、智能化的运行模式，从生产服务到组织变革，再到企业运营模式的深刻变革，不同企业已经积累了可供借鉴的有益经验。但毕竟企业形式多样，基础不同，大小不一，发展很不平衡，尤其是中小企业限于人、财、物、环境等因素和条件，迈上数字化、智能化之路并不容易。但这是大势所趋，不同企业可以选择不同方式、路径、规模，积极进取。

鉴于一些企业的经验、教训，不妨可聚集企业自身的力量，在相关专业咨询服务公司的帮助下，向开展这项工作较好的企业认真学习，请这些企业给以讲求实效的帮助，结合本企业实际，集中人才智慧、资金与技术力量，争取使企业发展不断迈上新台阶。在具体操作中可采取上云、用数、赋能三步做法。

上云是数字化的起点，可从新零售入手，将营销作为切入点，带动其他部分。要把智能制造作为关键，把实现全价值链的上云作为目标。逐步实现实时的研发在线，生产、质量、服务在线，营销在线，供应在线，核算在线，供应链在线，力求实时、不间断。对中小企业生产与运作管理全过程，实施研发上云，制造、服务上云，营销上云，供应链上云，财务上云等五大业务能力上云。企业上云就是用新的云化工具建立新的生产能力，满足新时代不断变化的用户需求。创新开拓的新经济时代，成本、质量、交货期是企业惯常关注的三大攻坚点。上云会给企业带来许多意想不到的提升，有助于企业给用户带来更有温度的产品。

用数是在上云的基础上努力实现企业各价值链环节的数字化，真正连接用户、伙伴、员工、设备直至万物。万物互联，实现无缝连接，精准连接、快速连接、把无形变为有形、把无声变为有声。

赋能就是用大数据算法、算力武装企业，形成强大的驱动力，推动企业快步前行。

上云、用数、赋能三者逐步递增，效力逐步显现。这三者又是创新的集合。云管理使企业由过去时代的公司变成新时代的平台，努力实现企业整体的平台化，形成网络化、系统化的企业生态化组织，助力企业成为支持创意、创新、创业的更大舞台。通过云管理，平台化的系统生态企业孵化出更多的创新型组织、创客型团队，不断为用户创造出各具价值的产品、服务，推动经济快速发展。这个时代的数字化，强调的是数字技术对企业的重塑，数字技术能力不再单纯地解决企业的降本增效问题，而应该成为赋能企业商业模式创新和突破的核心力量。我们认为“数字化”是“信息化”质的提升和蜕变，是信息化发展的新台阶，是信息化更新发展的基础。数字化是在整合信息化的基础上，提升企业对数据的处理能力、变革能力，从而在根本上提升企业效能。

企业的所有创新都要紧紧围绕以用户需求为中心，努力创造价值。创新绝不是耍花架子，要真抓实干，在不断满足用户需求的同时，使企业自身得到充分提升。企业生产与运作管理要在已开展的流程管理、精益管理、物料需求计划（material requirements planning，MRP）、企业资源计划（enterprise resource planning，ERP）、制造资源计划（manufacturing resource planning，MRP Ⅱ）等工作的基础上，突破界限，内引外联，优化搞活。数字化、智能化转型升级是企业生存、发展的必由之路，企业不可等闲视之，漠然处之，否则就是坐以待毙。

三

长期以来，我们的企业为了适应社会需求发展经济，一直在努力强化生产，向社会提供了大量产品，我国已成为世界第二大经济体。但是受科学技术水平的限制、管理能力的不足，粗放型生产还在一定程度上广泛存在，材料、能源的消耗大，产品制造的精准度不够，后续的服务远远达不到要求，循环处理使用废弃物不够充分，材料、能源的浪费和对环境的污染影响是显著的。工业化非常依赖化石能源，工业越发展，化石能源的使用规模越大，二氧化碳过度排放，造成全球升温、气候变暖等一系列问题，引发全球环境危机。二氧化碳是联合国大会于 1992 年通过的《联合国气候变化框架公约》中指出的六大影响环境的温室气体之一，且其比重占六大温室气体排放量的 60% 以上，危害是明显的。相关资料显示，近年来我国企业在节能降耗方面做了大量的工作，开展了多项保护环境的活动。既要发展经济又要保护环境已成为不可回避、必须直面的时代大问题之一。

面对社会的进步，国内外需求的增加，生产和服务会持续下去，不干是不行的，我们应当在不断满足国内外需求的同时，保护好环境，保护好我们赖以生存和发展的地球，为子孙后代造福，此外还要更好地生产，更好地发展经济。大家都清楚，我们面临的局面和任务多么艰难和复杂，要做的事太多了，要塌下心来，撸起袖子加油干。

把企业办成绿色企业，已是这个时代的最强呼声之一，而且是持续呐喊的最强音。绿色企业要以低能源、物资消耗，制造、提供对环境无害的产品和服务为前提，运用绿色高新技术，进行绿色创意，开展绿色设计，开发清洁生产工艺，从而提供满足用户需求的环境友好的产品和服务，并随时跟踪产品流向，做有效的使用指导、回收、再利用。绿色生产包括产品、服务的绿色度，使用的绿色度，回收、处理、再利用的绿色度，涵盖资源领域、生产服务领域、用后领域，它追求产品、服务全生命周期，既有绿色理念，又讲绿色技术、方法。在满足用户需求的前提下，绿色生产能使社会效益、经济效益、生态效益一体化、最大化，形成新时代的先进的生产模式。

四

我国目前是世界第二大经济体，是工业门类最为齐全的生产制造大国，对世界经济发展的贡献率高。结合我国的具体实际，审时度势，我国政府在 2020 年 9 月召开的第 75 届联合国大会上，庄严宣布：中国将提高国家自主贡献力度，采取更加有力的政策和措施，力争于 2030 年前达到二氧化碳排放峰值（碳达峰），努力争取于 2060 年前实现碳中和。这一无比恢宏的宣言将会激荡着全国人民，为之齐心合力，奋发有为，众志成城，为我国人民乃至全人类的世纪大业做出艰苦卓绝的贡献。我们相信集深谋远虑的雄才大略、全国人民的聪明智慧、亿万民众的不懈苦干，一定会在中国大地上绘制出更新、更美的蓝图。

碳达峰是一个组织生产、生活方面的年二氧化碳排放量达到历史同期的顶峰，进入稳定的平台期，平均增速趋近于零并逐步降低的状态。碳中和是一个组织利用年内二氧化碳的吸收技术抵消年内二氧化碳排放量，达到排放与吸收对等。要实现碳达峰、碳中和，任务十分艰巨，做起来十分复杂。而在这场世纪之战的战场中，企业处于中心位置，担子是最重的，企业要有坚定的责任担当。减碳减排，控制二氧化碳排放，避免气候变暖给人类带来灾难，努力提升人们的生活质量和水平，造福全人类，这是全社会都在关注的重大议题，企业绝不可等闲视之、漠然处之。关注环境、保护环境已在我国蔚然成风，“绿水青山就是金山银山”响彻祖国大地，而企业更应当准确领悟这一思想的深刻内涵，应在这场攻坚战中，冲锋陷阵在最前沿，不折不扣地、精打细算地打好每一个节点的关键战役。在企业生产与运作中认真贯彻执行绿色生产理念，各个企业都要努力奋斗，为保护我们的地球，造福人类，做出应有的贡献。“十四五”规划中有三个硬性指标：单位国内生产总值能耗下降 13.5%，单位二氧化碳排量下降 18%，森林覆盖率达到 24.1%。三项指标都与碳达峰、碳中和相关。

工业是主要的排放源，企业应该有责任担当，加快调整，充分利用现代科学技术，通盘规划，优化产业结构、人员结构、产品结构，减少煤炭用量，积极发展非化石能源，研发二氧化碳的封存和利用技术，加快建设用能权、碳排放权交易市场，积极开展国际合作，深入推进降碳减排，节能环保，使用绿色能源、材料，创造绿色产品，创建绿色工厂、绿色园区。这些任务要逐项地扣准、分解，落实到行业企业，争分夺秒地完成历史赋予我们的使命和任务。前途很光明，任务更繁重，道路极曲折，只要我们明确目标、齐心合力、众志成城、脚踏实地、攻坚克难，就一定会乘风破浪，达到胜利的彼岸。要认清我国提出“30・60”双碳目标，是一场适应时代快速发展，提高人类生活质量的自上而下的政策引导、自下而上的实践探索的伟大行动。

我们在学习生产与运作管理时，一定要站得高一些，讲站位，看得远一些，识大局，紧密联系自己的工作实际，查实情、干实事，不断提升自己，使学习真正有效，而不是空学、白学。我们要在行动中展现自己的才能，做一个对社会有用之人。

未来一段时间，我们生产、服务的主流趋势是智能化、服务化、绿色化和定制化。在基本形成门类齐全、独立完整、规模领先、不断创新的生产制造、服务体系的基础上，我们要适应庞大的用户群体不断扩大的、众多的需求，改进生产和服务水平。同时我们要清醒地认识到我们的生产业、服务业距离顶尖水平还有不小差距。在技术创新方面，引领全球产业变革从“0”到“1”的创新突破不足；在资源整合方面，主导全球价值链分配的“链主型”企业有限；在基础能力方面，关键材料、核心零部件、以“芯”为代表的关键支撑，以及多种先进工艺技术还存在不少瓶颈；在质量美誉度方面，部分产品的可靠性、稳定性和一致性还亟待提升；在品牌实力方面，享誉世界的中国品牌还不够多；在节能降耗上还有很多文章要做，仍存在一些显著的差距。我们已经认准了目标，认清了差距，找准了路径，接下来就是团结一心，集各方人才和力量，鼓足干劲，聚精会神，坚持不懈地努力奋斗。不管是弯道超车，或是换道超车，还是闯出新路，都需要创新方式、方法，只有这样我们才能迎接胜利的曙光，开创光辉的未来。

五

基于上述的变化，在生产与运作管理课程体系的建设方面：

第一，我们要考虑的是生产与运作管理的（研究）对象是否发生质的变化或者在哪些方面发生变化，这是我们构建生产与运作管理课程体系的首要考虑因素。

第二，生产与运作管理课程体系的基础，生产与运作管理的时间与空间组织的基本原理是否依然发挥作用，是否还有其他一些原理需要在生产与运作管理课程体系方面发挥重要决定作用。以上变化对时间与空间组织会产生哪些重要影响？特别是以用户需求为中心的理念，以及节能减排技术、互联网、大数据、云计算、绿色生产理念等是如何在时间与空间方面对生产与运作管理产生影响？

第三，以用户需求为中心的理念，要反映在产品的设计过程中。同样，以用户需求为中心的理念对产品与服务的质量提出新的要求，要求我们重新认识新产品的设计开发和管理，重新认识质量的概念及质量管理。

第四，互联网、大数据等技术使生产与运作计划工作发生变化。计划编制过程中复杂的计算过程将由机器和程序来完成，并且对于生产与运作过程中出现的变化可借助技术手段更加迅速地做出调整。那么，我们对于生产与运作计划理论的学习，应该详尽到什么程度？

复习思考题

1. 随着新时代科学技术的迅猛发展，请结合企业实际，从生产与运作管理的角度谈谈你感受到的变化，说明哪几个变化让你印象深刻。

2. 新时代企业与用户的关系是什么？请联系企业实际，谈一谈本企业中企业与用户的关系，请举例说明。如果让你给企业领导提建议，你会从哪些方面提出改进措施？

3. 从大规模制造到大规模定制，企业应如何操作？企业操作的难点有哪些？结合企业实际，谈一谈大型企业该如何转型，中小型企业该如何适应。

4. 举例说明，数字经济时代下企业所处的位置，该企业在数字化、智能化方面的努力如何？结合生产与运作管理，说明该企业需要在哪些方面做工作？

5. 碳达峰、碳中和“30 · 60”目标的提出有何现实意义？这个目标与“绿水青山就是金山银山”是什么关系？企业在节能降耗、低碳减污方面上需要做哪些工作？你会向企业领导提出哪些切实可行的建议和意见？

6. 面对新时代的变化，我们学习生产与运作管理需要注意哪些方面？我们应如何改进学习内容？

第一章　生产与运作管理导论

学习目标

1. 记忆：生产与运作系统的概念和结构；生产与运作管理的概念和内容。
2. 阐述：生产与运作战略的内容。
3. 应用：对生产与运作管理应遵循的原则进行分析。

生产与运作是人类社会生存和发展的基本活动，它是以一定生产关系联系起来的，人们利用生产工具改变劳动对象，以适应其需求的过程。简言之，对生产与运作的管理就是生产与运作管理。企业做好生产与运作管理，能为用户提供更多、更好的产品和服务，创造更多的社会财富，推动社会的发展和进步。

第一节　生产与运作系统

一、生产与运作系统的结构

现代生产与运作系统是企业管理大系统中的一个子系统，在市场经济环境下，其结构如图 1-1 所示。供应商提供各种生产要素给企业，企业经过自身的制造过程或服务过程，将生产要素转化为有形产品或无形服务，提供给用户，实现价值增值。生产与运作系统从宏观上看遵循“输入—转化—输出”规律。

如图 1-1 所示，企业生产与运作系统的构建要立足于市场需求，这是企业生产与运作系统建立的出发点，离开市场需求，企业的一切就无从谈起。市场需求的核心体现是订单，随着市场经济的不断深入发展，企业愈加清楚地认识到必须依靠创新引领未来，而创新的目标是创造有价值的订单，这是企业的生存之本。在生产与运作系统运行的整个过程中，以订单作为各个环节的串联主线，使每一个具体环节都要依照订单的要求来面向市场、紧贴市场，一切围绕市场、围绕用户的需求来开展工作，这是企业从上到下每位员工都必须明白和坚守的信念，是企业生产与运作系统始终健康运行的基础。

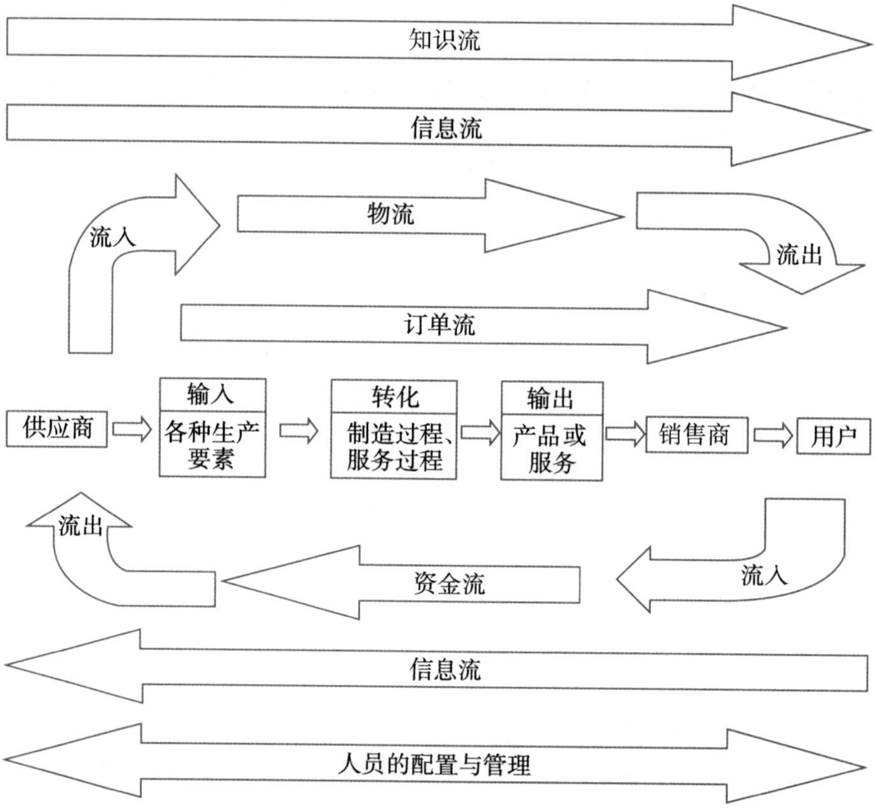

图 1-1　生产与运作系统的结构

随着供应链的深入发展，供应商、销售商已成为现代企业生产与运作系统的重要组成部分，他们提供各种生产要素，与企业之间是相互依赖、利益共存、互不可缺的关系，延伸了生产与运作系统的上下游。企业应与供应商、销售商密切合作，精心打造利益共同体，以增强企业的竞争力。

在图 1-1 表述的“输入—转化—输出”基本系统中，输入的生产要素主要包括劳动力、生产对象、生产手段、生产信息、生产资金等。劳动力主要是指劳动者的脑力和体力等，它是输入的生产要素中最活跃、最重要、最关键的要素，其作用的发挥决定着生产与运作系统的成败，体现了综合性作用。生产对象主要是指企业生产与运作活动中的原材料、辅助材料等，它在很大程度上决定着产品和服务的成本和质量等。生产手段主要是指作用于生产对象，实现由投入到产出的手段，像企业中的各种设备、设施、工具等，它突出影响着效率，在一定程度上制约着成本和质量等。生产信息包括技术、知识、计划、经验、标准、数据、方法、流程等，它控制着生产与运作系统的运行过程，其作用越来越重要，是企业提高效率、降低成本、提高竞争力、增强获利能力等的关键要素。不言而喻，生产资金也是非常重要的要素，是生产与运作系统运行的基础和保障，它的使用效果决定企业的获利能力和持续生存能力。

这里要特别强调的是，对大数据、云计算、移动互联网、物联网等的聚焦和应用，能够提升组织对信息技术的利用效率及深度加工，从而形成创造新的产品形式、生产方式、组织模式等新知识流。这些新知识流已成为生产与运作系统新的、最富生命力的、最重要的生产要素，这将是引领生产与运作管理变革的关键要素，会使生产与运作过程全面融入智能化要素。

以用户需求为中心，是生产与运作管理最基本的理念。用户已融入企业生产与运作系统，成为生产与运作的重要内容，可以说用户是组织生产与运作管理各项活动的总开关、总出发点，是检验各项管理工作的总标尺。

二、生产与运作系统的功能

生产与运作系统是按照社会需要、市场需求、生态环境要求提供产品和服务的，所以满足社会需要、市场需求、生态环境要求是生产与运作系统的首要功能、基本功能。离开这一基本出发点，生产与运作系统的设立就不符合市场经济、社会责任及可持续发展的要求。

基本功能的实现又具体体现在产品和服务的质量、数量、交货期、品种、价格、服务等方面。

（一）质量

质量主要是就产品和服务的使用、可靠性、寿命、外观等而言的，它是用户购买产品或要求提供服务的第一需要。围绕产品和服务的质量，企业生产与运作系统的功能就是加强系统的正常运行，严格控制和检验，把好生产与运作过程中每一个环节的质量关，为用户提供符合要求的产品和服务。

（二）数量

数量主要是指不断满足用户在产品和服务数量方面的需求。生产与运作系统所对应的功能是根据不同的用户、不同的时节、不同的环境条件、不同的产品和服务的需求量，及时采取相应措施，灵活地加以协调，完成满足需求的任务，使生产与运作在数量上既不是不足的，又不是过量的。数量和品种也是生产与运作系统柔性的体现，符合用户需求，则提供生产和服务；不符合用户需求，则坚决不生产和不提供服务。这是适应“互联网 +”时代的最基本的要求，能够实现输入与输出的有机平衡，减少对各类资源的损耗和浪费，以及对环境的危害。

（三）交货期

交货期主要是指在供货时间上的保证能力。这是十分重要的，否则时过境迁，再好的产品和服务也无法挽回用户，还会给企业带来巨大损失。在各项管理活动中，要及时掌握需求时间，及时调整生产与运作计划、组织，统筹安排生产与运作资源及设备，以保证按时交货。

（四）品种

产品和服务的品种是企业应对市场需求多样化、差异性的集中体现。产品和服务的品种，体现在生产与运作系统方面的功能就是创新能力。创新可以说是企业存在的基础，是企业具有活力的标志之一。创新对企业提出了极高的要求，涉及企业生产与运作的设计能力、生产与运作能力、工艺能力、技术能力、开发能力等。对此，企业要有极大的投入，要围绕提供市场需要的产品和服务来大力开展技术改造。技术改造是指在坚持科学技术进步的前提下，在企业现有的基础上，用先进的技术改造落后的技术，用先进的工艺和装备代替落后的工艺和装备，以改变企业落后的生产技术面貌，实现以内涵为主的扩大再生产。只有大力开展技术改造才能保证产品和服务品种的增加，增强企业对社会需要、市场需求的适应性。长期以来，许多企业一说要上品种，首先考虑的是搞基本建设，上新厂，盖新车间，开展以外延为主的扩大再生产，结果投资大、见效慢。企业要改变这种状态，必须将重点彻底转到开展以内涵为主的扩大再生产的技术改造上来，按照客观规律，辅之以基本建设、技术引进等，以智能设备、新型生产指挥系统调整生产工艺流程，使自身具有强大的实力。

（五）价格

产品和服务的价格是企业在市场上具有竞争力的重要因素。为了使本企业的产品和服务在价格上具有优势，企业必须千方百计地对生产与运作系统过程进行严格管理，降低成本，增加利润，以体现企业在市场取向上所能获得的价格优势。

（六）服务

现实中，消费者对产品的服务要求越来越高。产品的服务包括售前服务、售中服务、售后服务，如产品功能的宣传、介绍，产品的展示、引导、安装、使用培训、指导、使用的维护、修理、保养、更换等。为保证这些服务的落实，企业生产与运作系统应具备继承性、可扩展性和兼容性的功能。要坚决避免产品一旦销售出去，企业就马上变成另一副面孔，失信于用户的现象；也要防止出现产品更新换代或生产与运作系统发生变化后，用户原购买的产品发生故障，要求修理、更换配件时却无法满足，让用户有后顾之忧。这些问题很突出，企业对此应加以考虑并提出相应措施，这实际上是企业站在用户的立场，为用户服务。从长远来看，这是企业长期留住用户的做法，是企业扩大市场占有率的有效行为。把传统生产制造业转换成服务制造业是“互联网+”时代下最突出的转型之一，促使企业发生巨大的变革。

三、生产与运作系统的构成要素

生产与运作系统的结构是系统的构成要素及其相互间组合关系的体现。它是实现生产与运作系统各功能的基础。

生产与运作系统的构成要素有很多，按性质和作用可简单划分为结构化要素和非结构化要素。

（一）结构化要素

结构化要素是指构成生产与运作系统物质形式的那些硬件及它们之间的相互关联。结构化要素主要包括以下几个部分：

（1）生产技术、知识。它主要是指生产工艺技术、知识的特点、工艺技术、知识水平、生产设备的技术性能、智能化等。它通过生产设备的构成和技术性能反映生产与运作系统的工艺特征、技术水平。

（2）生产设施。它主要是指生产与运作系统中的设置、生产装置的构成及规模、设施的布局和布置，并体现出它们相互的联系。

（3）生产与运作能力。它主要是指生产与运作系统中生产设备的技术性能、数量、种类及组合关系决定的反映生产与运作系统的能力。

（4）生产与运作系统的集成。它主要是指生产与运作系统的集成范围、集成方向（生产运作过程的纵向集成、横向集成），生产与运作系统与外部的联系等。它体现企业生产与运作系统的结构形式。

结构化要素对企业生产与运作系统的建立起重要作用。作为硬件部分，如果设置不好，将极大地影响生产与运作系统功能的发挥。而一旦生产与运作系统的结构化要素做了一定形式的组合后，再进行调整，难度就大了，损失就多了。当然，这绝不是说结构化要素的搭配是一劳永逸的，而是说客观上也要求随着外部需求环境的变化而变化，要及时调整这些结构化要素的组合，这不仅是必要的，而且是必需的。

（二）非结构化要素

非结构化要素是指在一定的结构化要素组合所形成的框架基础上，起支撑和控制生产与运作系统运行作用的要素。相对于结构化要素，非结构化要素大部分是以软性的形式出现和存在的。

非结构化要素主要包括以下几个部分：

（1）人员组织要素。它主要包括人员素质特点和要求、工作设计、人力资源制度、组织机构、激励政策等。它是从人员的角度对生产与运作系统进行组织，是其良好运作的决定性因素。

（2）信息网络化要素。“互联网 +”时代，信息网络化已成为推动企业变革性发展的最主要要素。

（3）生产与运作计划要素。它主要包括生产与运作计划的类型、编制、实施、控制，以及各种方法和手段。它决定着生产与运作系统运行的规划，是企业开展工作的依据。

（4）库存控制要素。它主要包括库存系统类型、库存控制方式等。它为生产与运作系统的正常运转提供物资保证，反映生产与运作系统的经济效益问题，对其重要性的认识不可忽视。

（5）质量管理要素。它主要包括质量标准的制定、质量控制、质量保证体系的建立等。它是生产与运作系统正常运作的基本保证。

从表面看，似乎建立结构化要素要比建立非结构化要素简单一些，因为硬件的东西看得见、摸得着，但实际上非结构化要素的作用更突出。在许多场合下，非结构化要素支配着结构化要素，使结构化要素的功能得到充分的发挥。

四、生产与运作系统面临的挑战

随着时代的进步、人们需求的变化、科技的迅猛发展，生产与运作系统面临多方面的挑战。

1. 市场需求多样化，产品更新换代速度急剧加快

一个产品从分析、研究市场，提出构思，进行设计、试制，组织生产、销售，是一个基本周期。由于人类社会的进步、人们需求的快速变化、科学技术的高速发展，完成这一基本周期的时间正在缩短，产品、服务的更新换代在20世纪初需20～30年，而工业发达国家近年已缩短至3年或更短时间。“互联网+”时代进一步缩短这一时间，同时伴随着对产品、服务的个性化需求，其步伐急剧加快。产品更新换代速度的加快对企业的各个方面都提出了更高的要求，这对企业来说已不是不进则退的问题，而是不快则亡的问题。决定产品更新换代速度加快的重要因素是高新技术广泛用于产品设计、生产、销售、服务全过程。高新技术使企业保持着生机和活力，高新技术含量高的产品更容易赢得市场，扩大市场占有份额。人们越来越深刻地意识到，技术的进步影响企业生产的进步，推动企业的发展，技术创新尤其是自主创新从来没有像今天这样重要，对企业的影响将是无可估量的，满足市场需求多样化，并创造新的市场，使产品、服务不断翻新，超速更新换代。企业必须树立靠技术创新引领企业未来的思想。由粗放型发展向集约型发展，实施产业结构调整、产品结构调整已成为企业不容回避的关键问题。

2. 市场对产品质量、服务质量的要求越来越高

全面质量管理的实行、ISO 9000族标准的贯彻实施、6σ等方法的推行使企业产品质量和服务质量不断获得提升。人们已逐步认识到，今天的质量就是明天的市场，质量影响着企业的命运、企业的兴衰、企业的发展和未来。企业要靠质量打造品牌，要拿品牌闯市场，要从市场中获取效益，要凭效益赢得发展，全体员工必须明白这一规则。

3. 资源紧缺、成本飙升、环境保护问题愈发严峻

资源紧缺将制约企业生产的发展。有关资料介绍，我国国内资源严重不足。我国人口约占世界人口的19%，石油储量仅占全球总储量的1.5%，天然气储量占全球总储量的2%，铁矿石储量不足全球总储量的10.3%，铜矿储量占全球总储量的2.95%，铝土矿储量占全球总储量的3.5%。同时，我国对外资源依存度日益增高，能源消耗居高不下，我国企业平均每生产1美元的产值，消耗的能源是美国的4.3倍、英国和德国的5.6倍、法国的7.7倍、日本的11.5倍。企业的生产与运作成本可谓一路飙升，各种资源，包括人力、物力、财力、能源、运输等的价格不断攀升，许多企业已不堪重负。环境保护形势也十分严峻。我国环境保护虽然取得了积极进展，但环境形势严峻的状况仍然没有改变。主要污染物的排放量超过环境承载能力，流经城市的河段普遍受到污染，许多城市空气污染严重，酸雨污染加重，持久性有机污染物的危害开始显

现，土壤污染面积扩大，近岸海域污染加剧，核与辐射环境安全存在隐患。生态破坏严重，水土流失量大而广，沙漠化、草原退化加剧，生物多样性减少，生态系统功能退化。发达国家上百年工业化进程中分阶段出现的环境问题，在我国近 20 年来集中出现，且呈现出结构型、复合型、压缩型的特点。环境污染和生态破坏造成了巨大经济损失，危害群众健康，影响社会稳定和环境安全。未来我国经济总量将不断增长，资源、能源消耗将持续增长，环境保护面临的压力也会越来越大。治理环境污染，尤其是治理重中之重的企业污染已刻不容缓。推行清洁生产、循环经济、低碳经济，坚定不移地治理企业生产与运作过程中产生的环境污染，减污降耗，节能减耗，推动社会经济可持续发展。

4. 信息化的实施给企业生产与运作系统带来新的冲击

随着计算机及网络技术突飞猛进，企业信息化建设可谓日新月异。对于企业来讲，握住市场的手，进行信息化建设是企业在高度竞争环境下获得立足之地的关键，要站在企业生死存亡的高度来认识信息化问题。只有思想认识正确，才能在人员、财力、物力上花大气力，努力结合生产与运作系统的实际，选择恰当的信息化系统，构建信息运作平台，并在信息运作平台上运行管理工作，不断推进信息化和工业化的深度融合，使企业具有坚实的发展基础。

5. 安全问题对企业生产与运作系统的挑战

安全问题是生产与运作系统所面临的大问题。在经济快速发展的同时，我们看到企业生产与运作的重大伤亡事故时有发生。这些事故给人们带来损失和痛苦。加强安全生产管理是构建社会主义和谐社会的重中之重，我国经济在高速发展，一定要把控好安全生产这根弦，构建社会主义和谐社会，把经济搞上去，把安全生产事故率降下来。

面对企业生产与运作系统面临的挑战，企业都要认真对待，付出巨大努力。

第二节　生产与运作管理概述

一、生产与运作管理的概念

生产与运作管理是指为实现企业的经营目标，有效地利用生产资源，对生产与运作过程进行计划、组织、控制，生产和提供满足社会需要、市场需求、生态环境要求的产品和服务的管理活动的总称。

在市场经济体制下，经营目标、经营方针、经营决策的确定，是企业管理的核心。企业各项管理要围绕它们来进行。生产与运作管理也不例外，它必须以实现企业的经营目标、经营方针、经营决策为宗旨，按照它们的要求组织生产与运作。这也明确了生产与运作管理在企业管理中的地位和作用。

与企业人力资源管理、财务管理、市场营销管理等一样，生产与运作管理的基本职能是计划、组织、控制，属于企业管理的基本职能。

二、生产与运作管理的发展

随着生产的发展，生产与运作管理也应运而生，并得以发展。时至今日，生产与运作管理的名称从19世纪的制造管理，发展为20世纪前半叶的生产管理，进一步发展为生产与运作管理或生产运营管理。

1776年英国经济学家亚当·斯密在《国富论》中强调了劳动分工和专业化的优越性。由于实行劳动分工，每个工人的工作范围缩小，工作熟练程度提高，致使工作速度加快。而专业化的实施，使生产过程中工具的变换、原材料使用的变更减少，形成工作的简化，生产中管理的作用明显体现出来，这一阶段的生产与运作管理习惯上被称为“制造管理”。

被称为“科学管理之父”的泰勒在生产与运作管理上做出了突出贡献。他倡导管理是一门科学。通过实践，他提出了生产与运作管理的一些有效做法。例如，设置专职的计划部门与其他业务部门分离，认真开展时间研究和定额管理；在操作方法和工具使用上实行标准化；管理人员明确规定工作程序、加工路线；生产的实际工作按照职能划分，由组长负责，称为“职能组长制”等。

与泰勒同期的在生产与运作管理上做出重大贡献的代表人物还有甘特。他发明的“甘特图”至今仍被广泛采用，该图是表述生产计划及完成计划情况的有效工具。吉尔布雷斯夫妇对生产动作及产生疲劳问题进行了研究，首创分解动作研究，为提高劳动效率做出了贡献；同时，他们还强调加强对人的管理，发挥人在生产与运作管理中的作用。后来，梅约的霍桑试验把心理学、人类学研究渗透到生产与运作管理中。

在生产与运作管理中具有生产方式里程碑意义的是1913年美国福特汽车公司的T型汽车生产移动式装配流水线。这种大批量生产方式使生产效率大大提高，成本显著降低，成为20世纪企业采用的代表性生产方式。到20世纪六七十年代，生产与运作管理习惯上被称为“生产管理”。

时代在前进，随着科学技术的进步，生产力水平的提高，人们的需求日益多样化，大批量生产已不能适应市场的需求，加之计算机的广泛使用，以及服务业的迅猛发展，生产管理从观念到范围及生产方式的采用等都发生了重大变革。由于生产与服务过程和特点的相近性，服务融入生产管理研究范畴，物料需求计划、制造资源计划、准时生产方式、企业资源计划、敏捷制造等相继出现，并得到采用及推广，把生产与运作管理推向了新的层次。尤其是随着经济全球化进程的加快，企业竞争的加剧，计算机及网络技术的深入应用，以及企业打造核心竞争力的需要，供应链管理等发展很快，使生产与运作管理在一个全新的环境和平台下运行，生产管理被人们称为生产与运作管理或生产运营管理，甚至简称为运作管理、运营管理。

总的来看，生产与运作管理的发展出现了以下几个方面的显著变化：

（1）现代生产与运作管理的管理范围与传统的生产与运作管理相比大大增加，由原来的仅考虑加工过程本身向外扩展，使其与经营管理等的界限愈加模糊，趋向一体。企业生产与运作管理、经营管理、财务管理、企业文化管理、人力资源管理等相互渗透、相互影响、相互作用。

（2）按照市场需求，多品种、中小批量、单件生产成为企业生产的主流。为此，针对这种类型的生产如何进行管理是企业主要考虑的问题，企业应尽快适应市场特点，采用相应的管理思路。

（3）以计算机及网络技术为代表的先进科学技术给生产与运作管理带来的作用和影响，甚至可以说产生了生产方式的革命性变革。各类企业结合本企业实际，加快在生产与运作管理中运用计算机及网络技术，使先进科学技术尽快服务于生产与运作管理，充分显现其效能，推动生产、服务的快速发展，提高生产、服务对市场迅速反应的能力。

（4）改变了长期以来生产与运作管理侧重于研究制造业的状况。随着时代的发展、客观需求的变化，生产与运作管理逐步向服务业扩展。服务业与制造业是相对的，从过程来看，制造业主要产出有形产品，满足用户需求；服务业涉及面很广，有的可提供有形产品，如饮食服务业，有的提供的则不是有形产品，而是无形服务。服务业根据与用户的接触程度的不同，可分为纯服务型的服务业（如医院、旅馆、公交运输甚至教育等）、混合型的服务业（如银行、餐厅、商店等）、偏重制造型的服务业（如仓库、供应、批发、后勤、行政等）。制造业与服务业的生产与运作管理有相通的地方，有共同点。比如，从其运作过程来看，二者基本上都属于投入生产要素，都是经过过程转换，实现一定形式的产出的过程，企业对这一过程都需要进行计划、组织、控制。所以，制造业生产与运作管理强调的一些问题，对服务业也是适用的。例如，制造业强调以市场为导向，生产适销对路的产品，而服务业立足于市场，用户导向更为突出；制造业要求讲求经济效益，服务业对此的要求绝不亚于制造业；至于制造业强调的质量问题、成本问题等，服务业更不可忽视。因此，生产与运作管理从制造业向服务业扩展是很自然的，是生产与运作管理发展的必然趋势。当然，制造业与服务业也存在一些区别，它们的主要区别见表 1-1。

表 1-1 制造业与服务业的主要区别

行业	制造业	服务业
特点	提供有形产品； 产品可以再销售和调换； 产品可以库存； 质量可以直接衡量； 销售与生产分离； 消费者反作用（干预）程度相对很小； 产品可以运送； 对需求的反应可以按周、月、季等较长期进行； 所服务的市场可以是地区、全国、全球	提供无形产品； 再次提供服务十分困难； 生产与消费同时进行； 质量可以领会但难以衡量； 销售是服务提供的一个组成部分； 消费者反作用（干预）程度相对大； 通常很难运送； 对需求要立即或短期（时、日、周）内反应； 所服务的市场是当地的

与制造业相比，人们认为服务业最突出的特征是服务产品的无形性、生产与消费的同步性、提供服务的异质性，以及服务的不可存储性。既然制造业与服务业存在区别，企业在进行生产与运作管理时就要研究其特点，采取相应的计划、组织、控制等。传统的生产与运作管理长期以来侧重于制造业，所以随着生产与运作管理向服务业扩展，企业需要认识服务业自身的诸多特点和规律，借鉴和研究制造业生产与运作管理的成果，开拓服务业生产与运作管理的研究领域。

三、生产与运作管理的内容

随着时代的发展，生产规模的扩大，生产形式的多样，生产与运作管理的内容也在不断扩大。同时，它与其他管理的界限也在逐步淡化，相互的渗透与影响日趋明显。

生产与运作管理的内容概括为如图 1-2 所示的五个方面，也可以看作比较广义的生产与运作管理。

（一）明确生产与运作系统职能战略

生产与运作系统职能战略工作主要有：①生产与运作系统总体策划，如自制、外购、生产批量（简称批量）、运作类型等；②产品和服务的选择、开发及设计；③生产与运作系统设计。

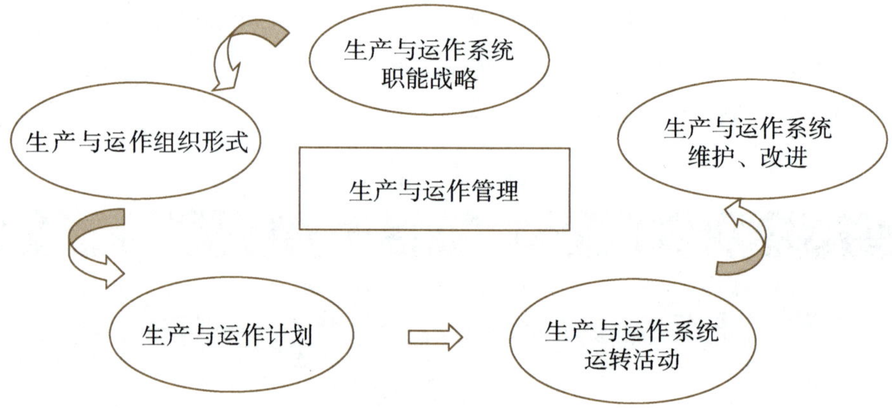

图 1-2　生产与运作管理的内容

（二）确定合理的生产与运作组织形式

合理的生产与运作组织形式的主要内容有：①对企业的生产与运作过程，从空间、时间等角度进行分析；②研究布置问题，对生产线的设置进行分析和确定，以适应生产与运作的客观要求，保证生产与运作的正常进行；③从时间、动作的角度对生产与运作进行研究，制定合理、科学的劳动定额，从而使生产过程省力、高效；④要适应市场经济的需要，对市场需求要有灵敏的嗅觉、快速的应变能力，考虑生产与运作管理体制问题，形成良好的生产与运作管理机制，促进生产发展。

（三）制订科学的生产与运作计划

科学的生产与运作计划的内容有：①认真调查研究，分析市场需要、社会需求，进行生产与运作预测，这是生产与运作和市场营销的重要接口，体现了生产与运作围绕市场和经营决策的意识与思想；②根据生产与运作预测结果，结合企业实际，认真、严肃地编制综合生产计划、主生产计划、生产作业计划，形成企业的生产纲领。

（四）实施准确的生产与运作系统运转活动

生产与运作系统运转活动主要有以下内容：①实施生产作业计划；②生产与运作控制；③生产与运作现场管理。

（五）提供良好的生产与运作系统维护、改进

生产与运作系统维护、改进的主要工作是因地制宜地积极推行、改进生产方式，主要通过以下途径实现：①业务流程再造；②大规模定制生产；③精益生产；④供应

链管理；⑤企业资源计划、商务智能；⑥清洁生产、循环经济、低碳经济等。

生产与运作管理的内容对于每一种生产形式来说都有不同的含义。同时，它也在不断变化。科学技术的迅猛发展，会不断赋予生产与运作管理新的内容，进而使其内容更加丰富。

四、生产与运作管理应遵循的原则

生产与运作管理应遵循的原则是多方面的，是不断变化和深化的，既强调一般原则，又关注自身特点。归纳起来，生产与运作管理应强调以下几个原则：

（一）以用户为中心的原则

以用户为中心的原则，是企业在市场经济条件下必须遵循的首要原则。

强调以用户为中心，就是企业组织生产经营，必须按市场规律、用户需求来进行。自始至终，企业组织的生产经营活动要立足于用户、服务于用户。突出以用户为中心，这要求企业各级领导、全体员工树立强烈的用户意识、竞争意识，认识到只有通过满足用户需求才能体现出企业存在的价值。这就要求企业利用各种渠道、通过各种形式，将这一原则落实到每个员工，认识用户，了解用户，熟悉用户，分析和研究市场容量、市场潜力、服务对象、服务标准、竞争对手，利用自身优势，扬长避短，利用市场资源实现协调合作与共赢，占领市场，从而主动地把握市场，扩大市场占有率。

突出以用户为中心，要敏锐地认识用户，积极地适应市场变化，主动地应对用户需求，要加紧产品和服务的开发、研究，果断地进行产品、服务结构调整，不断满足用户的需求。

企业管理人员必须从思想观念到行动上，坚定树立以用户为中心的原则，主动面对市场，迎接市场的变化和挑战。

（二）创新的原则

创新是企业的生命线，创新就是贴近市场，以用户为导向并超越用户导向，敢于不断否定和突破企业的昨天，不断树立生产与运作的新思路，坚持在符合客观规律的基础上大胆改革现有的生产与运作体制、制度、方法、工艺，以生产和提供更新、更好的产品和服务给用户，努力推进技术创新，尤其是进行自主创新，跟上飞速发展的时代步伐，既满足市场需求，又从创新中获得效益，求得企业持续发展，使企业保持鲜活的生命力。

（三）讲究经济效益的原则

纵观企业生产经营中的经济增长方式，长期以来主要依靠生产要素数量的增加来实现经济增长，走的是一条粗放型的路子。其结果是资源浪费严重，投入量大，而产出并不丰厚。效益问题始终是困扰企业的大问题。为此，企业必须高度重视效益问题，要在符合市场需求的前提下，充分、合理地调配和利用资源，以最低的劳动消耗和资金占用，生产出尽可能多的适销对路的产品和提供更多的服务。

讲究经济效益，要强调从大处着眼、小处着手，即在强烈的市场竞争意识下，企业应力求在市场上做大文章，抢占市场；同时要围绕这一原则，扎扎实实地做好生产的每一项细微工作，在生产与运作的全过程中做到精心设计、精心安排、精心操作、精打细算，以保证投入产出之比最大化。

（四）节能减排、保护环境的原则

这一原则与讲究经济效益的原则是相通的，加强节能减排是提高经济效益的主要途径。进入 21 世纪，人类面临资源紧张、环境恶化的挑战，人类从来没有像今天这样关注环境保护问题，2009 年底，联合国在丹麦哥本哈根召开气候变化大会，环境污染问题的严重性震惊了全球。人类文明的发展，需要生产提供丰富的物质基础。企业的生产与运作直接影响资源的加剧紧缺和环境的加速污染。企业要发展，摆在面前的一个迫在眉睫的问题就是节能减排、保护环境。企业的生产与运作应坚持节能减排、保护环境，实施科学发展，讲究经济效益、社会效益、生态效益的统一，主动承担社会责任，绝不可为应付一时之急走过场，必须从产业结构调整到产品、服务结构调整，直至生产与运作全过程，都遵循节能减排、保护环境的原则。

（五）科学管理的原则

现代化生产与运作必须提倡科学管理。提倡科学管理，就是尊重客观规律，积极推行符合现代化大生产的组织、制度和方法。企业要按照科学管理的要求，把生产与运作指挥系统建设好，做到坚强有力、统一协调。要加强规章制度的建设，严格遵守，严明纪律，不断地使企业各项基础工作迈上新的台阶。

讲科学管理，应强调安全生产，强调以人为本、预防为主、安全第一。同时，又要强调节能降耗，以科学发展观引领生产与运作工作，积极推行清洁生产、循环经济，在追求经济效益、社会效益的同时，把生态效益放在突出位置。

信息管理是科学管理的重要一环，对生产管理的影响很大。企业要形成及时、准确、有效的信息运行机制，发挥其效用。

（六）均衡生产与运作的原则

在生产与运作管理中坚持均衡生产与运作的原则，是要求企业在生产与运作过程中有计划、按比例地组织生产，消除盲目生产与运作，克服前松后紧等现象。企业要对生产与运作过程中的人力、物力、时间等认真统筹策划，遵循计划，按部就班地进行，防止生产与运作打乱仗、瞎指挥。

生产与运作管理是企业管理大系统中的子系统，它和其他系统有着密不可分的关系，它们彼此相互影响、相互制约，因此要强调系统管理、协作配合；对于生产与运作管理子系统内部也强调协调配合。

第三节　生产与运作战略

一、企业战略及其组成

（一）企业战略的概念和特点

1. 企业战略的概念

第二次世界大战以后，科学技术和经济迅速发展，企业经营管理的外部环境、内部环境都发生了深刻的变化，市场竞争愈演愈烈。企业要想在激烈的市场竞争中占有一席之地并保持生命力，就必须在经营管理上，由思考眼前问题，转向对企业经营的长远目标的研究，由一般性地分析企业经营问题，转向站在全局高度、在更高的层次上研究企业的经营问题，这就是企业战略问题。

企业战略是时代发展的产物，是企业经营管理实践深入的必然。人们从不同的角度认识它、理解它、阐述它、界定它，以表明它的含义。

企业战略是指企业为适应外部环境，谋求企业的生存和发展，对生产经营活动实行总体性管理的决策和谋划。

2. 企业战略的特点

企业战略具有一系列特点，主要包括：

（1）总体性，即企业战略要从全局、总体来考虑；

（2）指导性，即企业战略为企业的运行和发展指出方向；

（3）未来性和长期性，即企业战略注重企业未来、长期的发展；

（4）现实性，即企业战略虽然考虑到长远，但起步于脚下，从现在开始分析；

（5）竞争性，即企业战略立足于创新竞争，寻求市场竞争的一席之地；

（6）集合性，即企业战略是集中了各类人员的智慧，集合了各方面的信息，应用了多种方法汇集而成的；

（7）创新性和变革性，即要不断地对企业战略进行调整、创新；

（8）适应性，即战略管理离不开现实，要与现实管理相适应；

（9）可操作性，即企业战略能通过一个个具体工作加以体现。

（二）企业战略的作用

（1）实施企业战略，要求企业认真分析企业内外部环境，把握社会、经济动向及发展趋势，明确企业发展方向、发展目标，这实质上是确定企业的定位问题。

（2）在明确目标的基础上，合理配置、利用资源，追求效益最大化，实现整体的优化和提高。

（3）有利于推动企业各项工作的开展。为了实现企业战略目标，管理工作必须上水平，人员素质必须提高，等等。

（三）企业战略的组成

1. 企业战略的构成要素

（1）经营范围。经营范围是指企业在所处行业所具有的产品和市场地位，经营的内容与规模等。

（2）增长向量。增长向量表明企业在不同的经营条件下，从事生产经营活动的方向。增长向量要素见表 1–2。

表 1–2　增长向量要素

项目	现有产品	新产品
现有方向	市场渗透	产品开发
新方向	市场开发	多种经营

（3）竞争优势。竞争优势是指企业产品与市场的特殊属性，以及这种特殊属性给企业带来的竞争地位。

（4）协同作用。协同作用主要体现为企业各种要素联合起来相互配合所产生的合力效应，使总产出量的增加比单个因素产生的增加总和要高。

2. 企业战略的组成层次

从层次上看，企业战略包括：

（1）企业总体战略。这是为整个企业制定的战略。从构成要素上看，对企业总体战略而言，企业的经营范围和增长向量是主要的。

（2）经营战略。这是企业中各个经营单位自身所制定的战略，是企业总体战略的具体展开。在这一层次中，竞争优势这一构成要素显得尤为突出。

（3）职能战略。这是企业内主要职能部门的短期战略，如产品战略、市场营销战略、生产与运作战略、财务管理战略、人力资源管理战略等。

企业战略在企业中的位置及构成如图 1-3 所示。

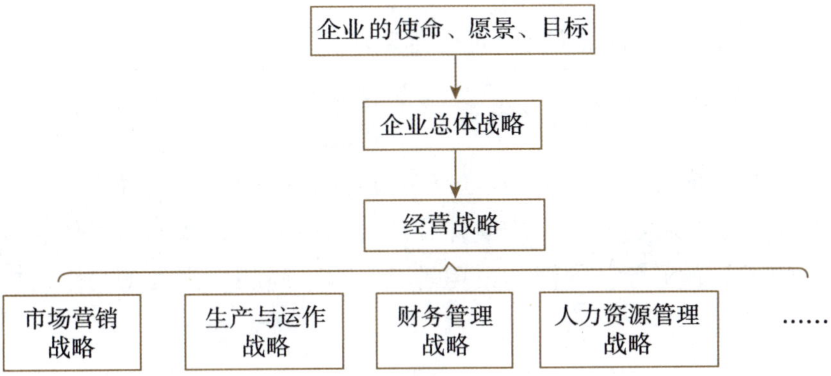

图 1-3　企业战略在企业中的位置及构成

二、生产与运作战略的概念及作用

（一）生产与运作战略的概念

生产与运作战略属于职能战略，是企业总体战略下的一个子战略。生产与运作战略是指在企业总体战略的指导下，根据目标市场和产品、服务的特点，在构造生产与运作系统时确定的指导思想、规划、决策内容及其实现程序。

生产与运作战略具有目标性、协调性、层次性等特点。

生产与运作战略在企业战略中的地位如图 1-3 所示。从图 1-3 中可清楚地看到，生产与运作战略处于职能战略位置，是职能战略的一个组成部分，它和其他职能子战略共同构成职能战略。

（二）生产与运作战略的作用

生产与运作战略既具有一般战略的作用，又有其特有的作用。它的作用主要体现在：

（1）生产与运作战略的实施，能够保证企业总体战略的实现。例如，企业要在未来市场竞争中确定一个实现目标，就必须通过生产与运作战略对生产与运作系统的规划来实现。离开了生产与运作战略功能的发挥，企业战略、目标只是一纸空文。

（2）生产与运作战略对其他职能子战略起到基础性、支撑性、协调性作用。从基础性、支撑性上看，生产与运作战略对市场营销战略的作用非常突出。没有生产与运作战略作为基础，市场营销战略的实现很困难。

（3）生产与运作战略指导着生产与运作系统的运作和发展。

三、生产与运作战略的内容

生产与运作战略的内容很广泛，可概括为以下几个部分：

（一）生产与运作系统定位决策

生产与运作系统定位，主要是指生产与运作系统确定为何种生产类型。关于生产类型的分析、研究将在第二章中具体介绍。通过介绍，我们可以体会到，不同的企业，不同的产品、服务，不同的市场需求，有不同的生产类型与之对应，针对性很强。

（二）生产与运作能力决策

确定多大的生产与运作能力，或生产与运作能力不足时如何扩大生产与运作能力，选择何种类型的生产与运作能力，都是生产与运作能力决策的内容。

1. 企业、车间及设备决策

其内容包括：

（1）制造过程的形式。例如，说明是自制还是外包、外购。

（2）企业的规模。例如，是建一个大企业、车间，还是建许多小企业、车间。

（3）企业地址的选择。例如，企业是建在靠近市场的地方，还是建在靠近原材料产地的地方。

（4）车间布置。例如，是采取工艺专业化，还是采取对象专业化，或是按照混合原则进行车间布置。

（5）投资方向。例如，企业是将资金投资于厂房、设备，还是投资于科研、技术储备或人力资源。

（6）设备的选择。例如，是选用通用设备，还是选用专用设备；是选用普通设备，还是选用数控设备等自动化程度高的设备。

（7）工艺装备的形式。例如，是选用临时性的、最少量的工艺装备，还是按批量生产的要求准备工艺装备。

2. 生产与运作计划及控制决策

其内容包括：

（1）库存策略。例如，为防止故障产生而设置的保险库存或缓冲库存，其储备量是少一些好，还是多一些好。

（2）质量控制。例如，是追求高质量，还是追求高可靠性，或是低成本。

（3）控制的内容。例如，在控制制造过程中是采取最少的劳动消耗、设备停工率与成本，还是追求生产中最大成果、最高材料利用率，或是采用其他思路。

（4）控制的详细程度。例如，是采取详细控制，还是采取粗略控制。

3. 管理人员决策

其内容包括：

（1）管理人员的选择。例如，是选择受过技术训练的一线管理人员，还是选择未经技术培训的管理人员。

（2）管理监督形式。例如，是采取严格、集中的形式，还是采取松散、分散的形式。

4. 产品设计和工艺方面的决策

其内容包括：

（1）生产线的规模。例如，是针对多个用户，还是针对单个用户。

（2）设计的稳定性。例如，是采取冻结设计不做更改，还是根据订货的具体要求做出设计上的更改。

（3）技术上的风险性。例如，是采用新技术，还是采取追随其他领先企业的做法。

（4）工程设计形式。例如，是采用集中统一的自行设计，还是采用联合、委托或分包设计形式。

5. 组织与管理方面的决策

其内容包括：

（1）组织形式。例如，是按产品、按工艺阶段，还是按地理条件等因素来决定建立企业、车间，组织生产。

（2）风险程度。例如，是依据少量信息，还是依据大量信息来做决策。

（3）人员的组织。例如，是按工段的形式组织生产，还是按班组的形式组织生产。

（4）管理的执行方式。例如，考虑管理的细致程度，考虑组织吸引力的大小。此外，是单凭领导决策，还是员工参与决策或管理。

以上阐述了生产与运作战略的部分内容，粗看起来，比我们一般认识的战略层次似乎低一些，但仔细想来，就生产与运作战略而言，它是具体的，是决策性的，是要去执行的。它不同于计划，不同于工作要求。所以，在生产与运作战略上既要考虑大的问题，又不可忽略小的问题。如果仅着眼于大的问题而不考虑具体问题，那么生产与运作战略将无法落地和实施，这与生产与运作系统本身的特征是不相符的。

四、生产与运作战略的制定和实施

（一）生产与运作战略的制定

企业制定生产与运作战略，是一件十分重要，但又复杂、涉及面广，具有一定难度的重要工作。企业在制定生产与运作战略时，从大的方面看，首先要收集企业内外部的各种信息和资料，明确形势、任务、所处环境、要求、政策、法规，对现状的把握、分析要十分透彻，在此基础上，拟订战略方案。战略方案要符合客观实际，要与企业总的战略目标相一致，要有明确的目标、行动计划。在拟订战略方案时，一般选择几种方案，然后反复进行研究、论证，寻找出一个切实可行的生产与运作战略方案。这一方案还要与企业其他战略方案相协调。

生产与运作战略制定程序如图 1–4 所示。

生产与运作战略的制定是一个系统工程，在其制定过程中企业一定要注意不断获取多方面的信息，考虑客观事物的动态性，预计未来客观事物的发展、变化。

（二）生产与运作战略的实施

生产与运作战略制定后，企业要认真实施，把规划性的东西变成现实。生产与运作战略的实施要做以下工作：

（1）要让每一位员工都认识生产与运作战略的内容、作用。长期以来，企业忽视了对战略问题的研究，现在这一状况有了重大转变。但是，不少企业把战略问题仅看成领导的事，认为战略问题应该由领导研究、决策、执行，实际上这是不正确的。企业战略问题，尤其是生产与运作战略问题，应当让每一位员工都明白，都清楚企业的努力方向、企业的内外部环境及状况、企业在此客观条件下如何去运作等。员工站得越高、看得越远，境界就越高，行动的统一性、自觉性、主动性就越高，就会以高度的劳动热情、积极态度面对生产现场繁杂的工作。

（2）生产与运作战略往往是一些原则性的东西，直接操作性不够。所以，为了便于实施，企业要在实施前制订生产与运作战略的执行计划，使计划与时间、空间紧密结合，并做到内容具体可行。

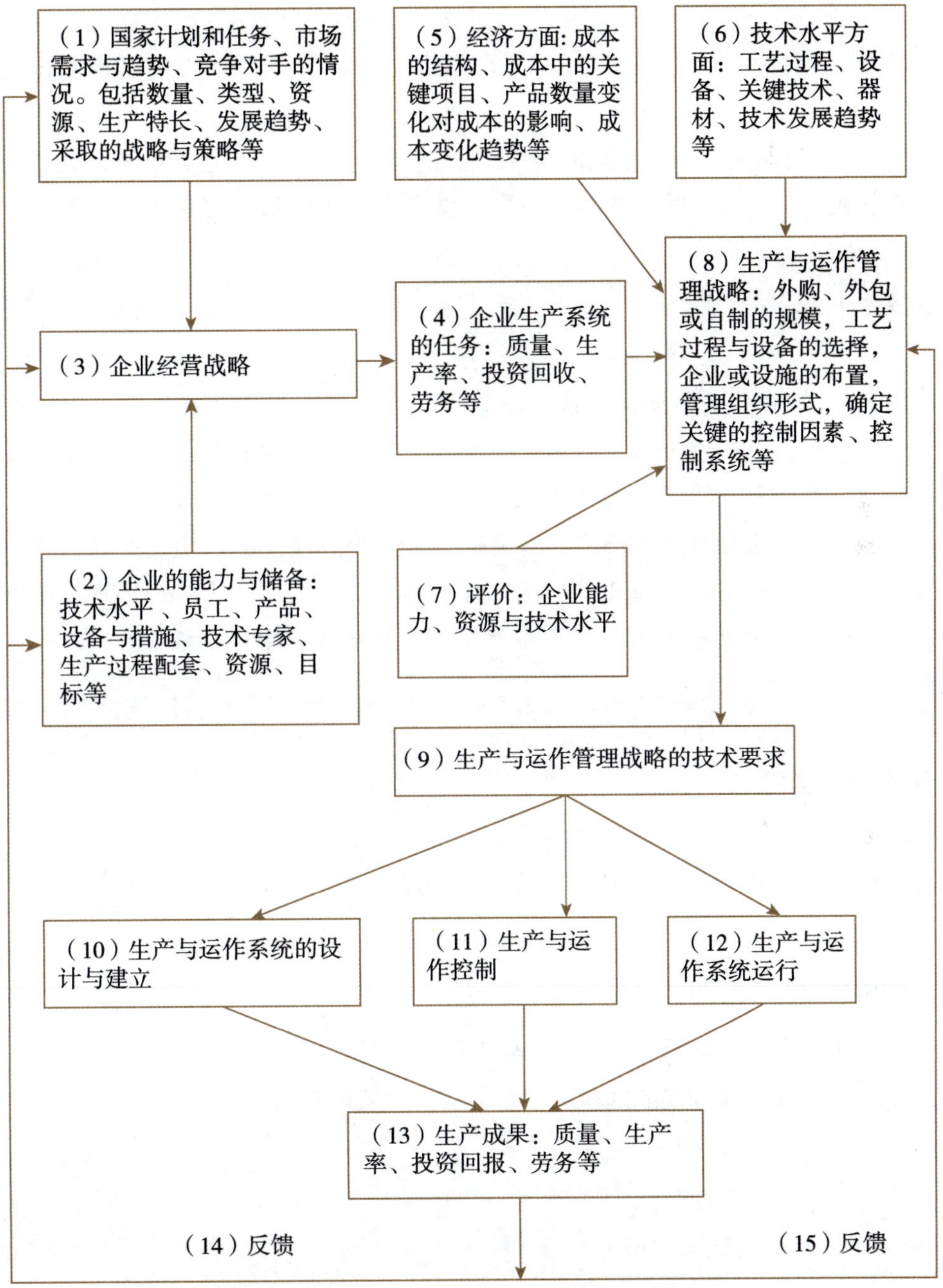

图 1-4 生产与运作战略制定程序

（3）企业在实施生产与运作战略时，态度一定要坚决，决策了的东西一定要千方百计去实现。一项决策的落实涉及多个方面，在实施时不可一遇到难处就缩手缩脚，甚至后退。要想尽一切办法，创造条件，努力实现生产与运作战略。

（4）企业在实施生产与运作战略的过程中，内外部条件、环境会发生变化，一些预想不到的问题和局面会发生，所以企业要注意及时对生产与运作战略做出适当的调整。

（5）企业在执行生产与运作战略的过程中，还应注意经常进行检查，既要检查内容的实施情况，又要在时间进度上严格检查和控制，做到准确、到位。

本章小结

本章首先介绍了生产与运作系统的结构，明确提出了该系统的基本运行规律是“输入—转化—输出”，指出该系统的基本功能，强调了该系统的结构化要素和非结构化要素，然后集中论述了新形势下企业生产与运作系统面临的挑战，从而清晰地说明了企业生产与运作系统承载的责任和义务。其次，介绍了生产与运作管理的概念、发展沿革，提出了生产与运作管理的五大基本内容，并提出实施生产与运作管理应遵循的原则。最后，主要对生产与运作战略做了分析和研究，重点介绍了生产与运作战略的制定和实施。

复习思考题

1. 举例说明“输入—转化—输出”过程的内容。
2. 说明生产与运作管理的概念及要点。
3. 明确指出生产与运作管理涵盖的内容。
4. 联系实际论述企业生产与运作系统面临的挑战。
5. 论述生产与运作战略的内容。

第二章　生产与运作过程分析

学习目标

1. 记忆：生产与运作过程及其符号表示法；生产与运作类型划分。

2. 阐述：合理组织生产与运作过程的原则，不同生产与运作类型的特征及典型产品。

3. 应用：根据实际产品和服务的特点绘制简单的生产流程图。

4. 计算分析：产品在工序间不同移动方式下生产周期的计算和选择分析。

第一节　生产与运作过程

一、生产与运作过程的概念及其组成

（一）生产与运作过程的概念

企业的生产与运作过程如前所述是一个“输入—转化—输出”的过程，即从各种生产要素进入企业，经过生产、服务过程转化，到形成具有新的使用价值的产成品和服务的过程。

生产与运作过程要适应市场经济的客观环境，立足于用户需求，做到高效率、低消耗、高质量，为企业的正常运行打下坚实的基础。

（二）生产与运作过程的组成

企业不同，其生产与运作过程千差万别，归纳起来可大致包括以下几个部分：

1. 生产技术准备过程

这主要是指在投入正式生产操作前的有关生产技术准备工作，如产品设计、工艺设计、工艺设备的设计和制造、标准化工作、定额工作、劳动组织的配置、设备的合理摆放和调整等。

生产技术准备过程中进行的这些工作，其作用越来越重要。生产技术准备过程中工作的好坏将直接影响、制约后续过程，企业应加强对这一过程的关注。由于科学技术的高速发展、客观实际的迫切要求，一些先进的技术应用于这一过程，尤其是计算机及网络技术的应用，给这一过程的变革带来了巨大的推动。

成组技术（group technology，GT）是用于产品设计，组织生产，增强对市场多品种、中小批量产品需求适应性，提高效益的有效方法和途径。

计算机辅助设计（computer aided design，CAD）是通过某种模式或方法的建立，将产品设计过程计算机化，依靠计算机进行科学分析和计算，做出判断及选择，以求得适应需要的产品设计结果和图纸。

计算机辅助工艺过程设计（computer aided process planning，CAPP）是在工艺过程设计中，使用计算机以帮助提高设计的标准化、自动化，它把产品的设计信息、企业的有关生产数据输入计算机，系统地产生科学、合理、高效、适用的产品的工艺过程。

并行工程（concurrent engineering，CE）及并行设计，将产品设计和制造及其相关过程的多项任务同时交叉进行，在设计阶段就考虑到产品整个生命周期中从概念形成到产品使用、报废处理的所有因素。

随着科学技术的进步，更多的新技术将被应用到这个过程中来。

2. 基本生产过程

这是指直接把劳动对象转化为产品的过程，习惯上称为产品的加工过程，是实现产品的使用价值的基本阶段。

这个过程是生产与运作过程的中间环节，对产品的质量、成本、交货期等的影响很大。

对这一部分工作的改进是生产与运作过程的重点。运用计算机辅助设计、柔性制造系统、计算机辅助质量控制、数控技术，以及准时生产方式、物料需求计划、制造资源计划、企业资源计划等新型生产方式，不断推进基本生产过程的变化和发展。

3. 辅助生产过程

这主要是指为保证基本生产过程的正常运转所进行的各种辅助性生产活动，如企业中为正常生产提供动力的生产、工具制造、设备检修等。它从属于基本生产过程，影响基本生产过程。

4. 生产服务过程

这主要是为基本生产过程、辅助生产过程提供服务的过程，比较典型的是原材料和半成品的供应、运输、保管等，它的影响力不可忽视。

二、合理组织生产与运作过程的基本要求

合理组织生产与运作过程十分重要，基本要求有：

1. 目标性

企业在组织生产与运作过程中，要把目标性放在首位，明确其指导思想和生产与运作系统要实现的目标。一定要把适应市场需求放在中心位置来确定目标，这样才能做到眼界高、方向明确、思路清晰，从而保证生产与运作过程组织的有效性，提高企业效益。

目标性不是抽象的，它是通过一些具体指标体现的，如由针对市场需求的产品品种要求、质量要求、数量要求等具体反映出来。

2. 综合性

在具体组织生产与运作过程中，企业要把各方面的因素，尤其是生产与运作过程中各个阶段、各个组成部分综合加以考虑，把局部与整体结合起来，强调局部服从总体。

3. 连续性

这一要求强调产品在整个生产与运作过程中各阶段、各工序间流动，在时间上紧密衔接，始终使生产与运作处于连续运动状态，尽可能地减少停顿或等待等无价值甚至影响价值增长的行为。企业应在积极采用新型生产方式上下功夫。现实生产中出现的大量在制品积压现象，就是典型的生产与运作过程不连续的具体表现。

4. 比例性

这一要求主要强调生产与运作过程各阶段、各工序间在生产与运作能力上要保持一定的比例，以保证生产与运作的顺畅进行。企业要在生产与运作能力的平衡、协调上下功夫。比例性直接影响生产的均衡，企业在考虑比例性时要围绕产品的品种、数量上做文章。

5. 平行性

加快生产速度，解决局部影响全局的有效方法是在平行性上下功夫。平行性是指在生产与运作过程中一些活动、工序在时间上采取平行作业，采用并进的方式。它的直接效果体现在企业生产周期的缩短上。它实现了单位时间内产量增加的效果，对适

时地占领市场、保证市场供应具有明显的作用。

6. 柔性

这一要求强调在生产与运作过程中组织多品种生产，同时根据市场需求在短时间内完成产品、服务的类型转换，体现组织的灵活性、可变性、随机调控性、快速响应能力。

以上这些要求是相互影响、相互作用的，不可截然分开。企业要结合生产与运作过程的实际，根据不同的时段、不同的客观条件要求，在考虑问题时有所侧重。这些内容将在下面论述生产与运作过程的时间组织、空间组织时加以体现。

三、生产与运作过程的符号表示法

准确表述生产与运作过程，有利于组织规范化、标准化的生产与运作，同时也有助于生产与运作过程的不断改进，实现科学化、合理化的生产。

生产与运作过程的表示方法很多，要讲究简明、清晰、有效的原则。为此，下面介绍一种符号表示法，各种符号及其说明见表 2-1。

表 2-1 生产与运作过程的符号简表

生产与运作过程要素	符号		符号说明	调查项目
	基本符号	应用符号		
加工			表示原材料、半成品和零件发生物理、化学变化，或处于分解、装配状态	批量大小，加工时间，设备名称，工夹模具名称，加工部位，操作者及其他有关事项
			表示第五道加工工序	
			表示 A 零件第三道加工工序	
		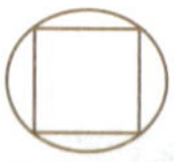	表示以加工为主，同时进行检验	
搬运			表示在制品从一处移至另一处的状态，其直径为加工符号直径的 1/3	批量大小，搬运手段，搬运时间、距离、重量，装卸方法、工具，搬运者及其他有关事项
		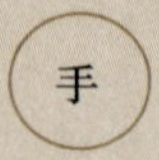	表示手工搬运	
		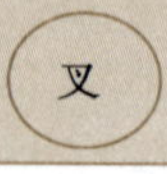	表示叉车搬运	

续表

生产与运作过程要素	符号		符号说明	调查项目
	基本符号	应用符号		
检验			表示对在制品进行数量和技术质量的检验	批量大小，检验部位、方法、器具，检验标准，合格率，检验者及其他有关事项
			表示进行数量检验	
			表示进行质量检验	
			表示以数量检验为主，同时进行质量检验	
停留			表示在制品处于停顿或保管状态	停留数量、时间、场所，放置容器、方法，保管条件及其他有关事项
		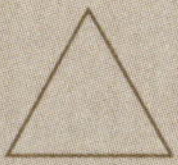	表示原材料储存	
			表示零件、半成品和产品的保管、停顿	
			表示工序内的单件停留，工序间的单件停顿	
			表示工序内的批量停留，工序间的批量停顿	

从表 2-1 可以看出，符号表示法的基本符号有四个，它们代表着生产与运作过程中的加工、搬运、检验、停留四个基本方面。

图 2-1 所示为运用符号表示法表述的玩具小熊生产与运作过程分工序的生产过程简图，它清楚地表明了玩具小熊生产的基本工艺过程。

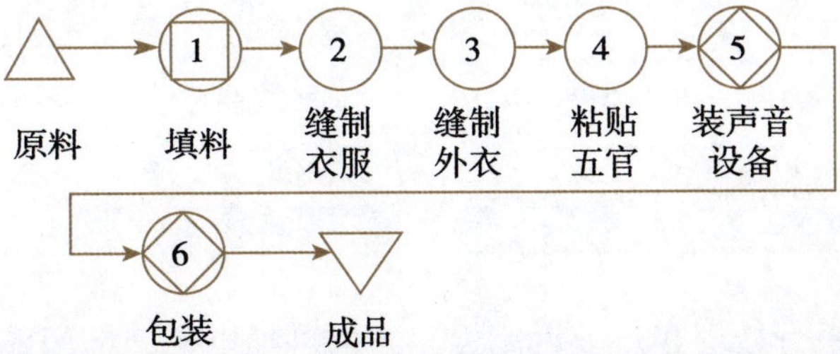

图 2-1　玩具小熊生产与运作过程分工序的生产过程简图

用符号表示法，无须写出更多的文字，就可表达出生产与运作过程。

上面介绍的是一种基本符号表示法。有些地方还使用了五个符号表示法，即除了上述的四个生产与运作过程要素符号外，还增加了储存（表示符号为 D）。

四、流程图

随着服务业的快速发展，体现其生产与运作过程的流程管理成为人们关注的重点。

流程是为特定用户、市场，即特定目标，提供特定产品和服务所设计的一系列规定活动程序，或一连串相关联的步骤或作业活动。

流程图可分为：①基本流程图，由开始、结束、工作项目、决策支撑点等组成。②跨功能作业互动图，除基本流程图的组成部分以外，加转接点，以各单位的职责为依据。其与基本流程图的区别在于是否标出职责部门。③由上至下流程图，即以结构性方式写明工作执行顺序，无开始与结束，按工作大致过程分几块，按块划分，每一块又有具体内容。④平面流程图，即在平面上按各单位实际位置标出工作路线。

常用流程图一般分三级。一级流程图为公司级流程图，如公司主导业务流程图、公司决策流程图等。二级流程图为部门级流程图，如企业技术研发工作流程图、人力资源管理流程图、市场营销流程图等。三级流程图为部门内具体工作级流程图，如人员招聘工作流程图、销售工作流程图、统计工作流程图等。生产与运作使用的主要是三级流程图。各级流程图应做到层层相扣，逐级展开，以流程为中心，形成强有力的流程管理网。

一般流程图表示符号见表 2-2。

表 2-2　一般流程图表示符号

名称	符号	名称	符号
开始或结束		数据库	
活动		文件	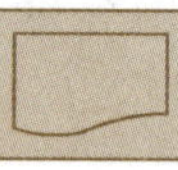
流线		连接	
判定	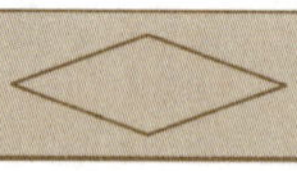		

图 2-2 所示为银行处理客户投诉流程。如果再辅以实施部门或主管，便形成一个完整的国际流行的矩阵式流程图。

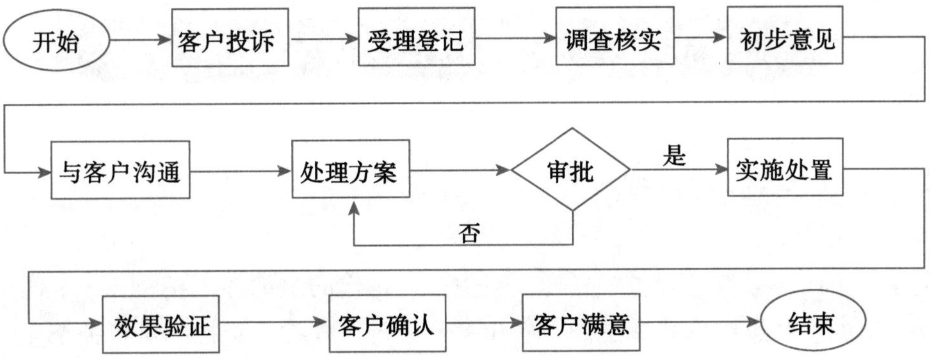

图 2-2　银行处理客户投诉流程

制作流程图的步骤为：

第一步，明确活动过程的开始与结束；

第二步，确定活动中必要的步骤并进行程序化；

第三步，画出表示该过程的流程草图；

第四步，评审草图；

第五步，根据评审结果改进流程图；

第六步，将改进流程图进行模拟试验，亲历效果、验证，再做改进；

第七步，做出正式流程图，注明执行开始日期、颁布单位、流程图号码等。

流程确定之后执行是关键，在企业中要强调在理解的基础上坚决执行，执行力是生产与运作管理中非常重要的一环，全体员工在下气力研究战略的同时必须明白战略是执行出来的。

流程管理与本书后面将要介绍的项目管理在实施上有所不同，二者的区别如图 2-3 所示。

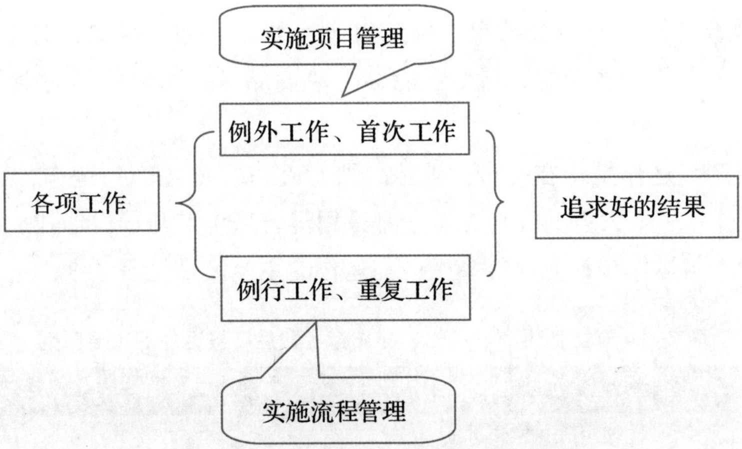

图 2-3　流程管理与项目管理实施的区别

第二节 生产与运作类型

一、生产与运作类型划分

企业的生产与运作过程各式各样，对生产与运作的组织各不相同。为了便于选择和建立合适的生产组织形式和编制实施生产计划等，要按一定标准对各种企业的生产与运作过程进行分类，这就是生产与运作类型划分。

1. 按生产形式划分

按生产形式，可将生产与运作分为加工制造型生产与运作和提供劳务型生产与运作。

加工制造型生产与运作是一个庞大的生产类别，主要是对输入的物品通过物理的、化学的或机械的作用，形成一种新的物品输出的生产形式，如机械、化工、纺织、煤炭等多种加工形式。

提供劳务型生产与运作是一种非制造型的加工形式，典型的如服务、修理等。

2. 按组织生产与运作供应的角度划分

按组织生产与运作供应的角度，可将生产与运作分为订货型生产与运作、补充存货型生产与运作及混合型生产与运作。

订货型生产与运作主要是指按用户的订单来组织生产。一些大型、特大型产品，如船舶、大型水轮发电机等属于这种类型。这种类型的产品，资金占用大，生产周期一般较长，各种消耗较高，如不采取订货型生产与运作方式，生产了卖不出去，会给企业造成重大损失。这类产品质量要求高，交货期要求严格，企业要认真按合同办事。

补充存货型生产与运作又称备货型生产与运作。这种类型的产品无须订货，企业要依据市场调查与预测所得的结果，确定生产产品的品种、数量，对于达不到品种、数量要求的，要组织生产补足，像日用百货、小商品、家用电器等的生产多属于这种生产类型。

混合型生产与运作是指在一个企业中，既存在订货型生产与运作，又存在补充存货型生产与运作。一些大型、综合性企业都采用混合型生产与运作形式。

订货型生产与运作和补充存货型生产与运作的主要区别见表 2-3。

表 2-3 订货型生产与运作和补充存货型生产与运作的主要区别

项目	订货型生产与运作	补充存货型生产与运作
产品	按用户要求进行生产，产品不标准，往往是改造产品或新产品	标准产品

续表

项目	订货型生产与运作	补充存货型生产与运作
对产品的需求	基本无法预测	可以预测
设备	以通用设备为主	多采用专用设备，以求效率高
生产人员	操作人员技术多样、全面	专业化人员
交货期	严格按订货要求走	有存货，可以不要求十分严格
价格	订货确定	事先确定
生产与运作管理复杂性	难度大一些	难度小一些

3. 按加工工艺过程划分

按加工工艺过程，可将生产与运作分为加工装配式生产与运作和连续式生产与运作。

加工装配式生产与运作主要是通过物理的、机械的作用，把单体的、以零件为主的物品组合成一个组合形体的加工，如机械设备、汽车、家用电器、手表、缝纫机、家具等的生产。这种生产与运作形式的工艺过程是多工序，比较复杂的，各工艺过程之间既是分割的，又是紧密联系的，生产的计划、组织、控制具有一定难度。

一般来讲，连续式生产与运作是材料种类相对单一，数量较大，按一定的工艺顺序不断进行加工的生产形式，如冶金、化工、炼油等都是采取的典型的连续式生产与运作形式。这种形式的加工过程顺序化、程序化、自动化程度较高，加工连续性强，只要把加工设备、工艺参数控制好，生产就会较顺利地进行。

连续式生产与运作和加工装配式生产与运作的比较见表 2-4。

表 2-4　连续式生产与运作和加工装配式生产与运作的比较

项目	连续式生产与运作	加工装配式生产与运作
用户数量	较少	较多
产品品种数	较少	较多
产品差别	有较多标准的产品	有较多用户要求的产品
营销特点	依靠产品的价格与可获得性	依靠产品的特点
资本 / 劳动力 / 材料密集	资本密集	劳动力、材料密集
自动化程度	较高	较低
设备布置的性质	流水线生产	批量或流水线生产
设备布置的柔性	较低	较高
生产与运作能力	可明确规定	模糊
扩充能力的周期	较长	较短

续表

项目	连续式生产与运作	加工装配式生产与运作
对设备可靠性要求	高	较低
维修的性质	停产检修	多数为局部修理
原材料品种数	较少	较多
能源消耗	较高	较低
在制品库存	较低	较高
副产品	较多	较少

4. 按产品生产的重复性、稳定性划分

在划分生产与运作类型的标准中，最常见、最典型的是按产品生产的重复性、稳定性划分。按这种标准，可将生产与运作分为大量生产与运作、成批生产与运作和单件生产与运作。成批生产与运作又可分为大批生产与运作、中批生产与运作、小批生产与运作。

企业的习惯说法是大批大量生产与运作、成批生产与运作、单件小批生产与运作，这些是实用性的组合称谓。

二、不同生产与运作类型的特征及典型产品

下面以按生产的重复性、稳定性划分的生产与运作为例，说明它们的不同特征，见表 2-5。

表 2-5　不同生产与运作类型的特征

项目	大批大量生产与运作	成批生产与运作	单件小批生产与运作
产品品种	单一或很少	较多	很多
产品产量	很大	较大	单个或很少
工作的工序数目	1～2 道工序	较多	很多
设备布置	按对象原则布置，采用流水线生产或自动线	既按对象原则，也按工艺原则布置	基本按工艺原则布置
工艺装备	采用高效率自动化专用工艺装备	专用和通用工艺装备并用	基本采用通用工艺装备
生产设备	广泛采用专用设备	专用、通用设备并用	采用通用设备
设备利用率	高	较高	低
应变能力	差	较好	很好

续表

项目	大批大量生产与运作	成批生产与运作	单件小批生产与运作
要求工人技术水平	低	较高	很高
劳动定额的制定	详细	有粗有细	粗略
劳动生产率	高	较高	低
计划管理工作	较简单	较复杂	复杂多变
生产控制	容易	难	很难
产品成本	低	较高	高
产品设计	按“三化”(系列化、通用化、组合化)设计	“三化”程度较低	按用户要求设计

下面以连续式生产与运作和加工装配式生产与运作为例，说明各种生产与运作类型下比较典型的产品，见表 2–6。

表 2–6　各种生产与运作类型下比较典型的产品

工艺特征 / 产品结构		连续式	加工装配式		
				结构复杂	
功能特征	重复程度	单质或多质	结构简单	“三化”程度高	“三化”程度不高
专用产品	单件小批	特殊订货的特种钢材试制产品	结构简单的专用设备仪器	房屋建筑	大型船舶重型机器、大型水轮机专用成套机器设备
通用产品	成批	制药、纺织印染、炼钢、轧钢	大地测量仪、生物显微镜等普通仪表	工业汽轮机、桥式起重机、某些电子仪器仪表	机床、机车、飞机
	大批大量	造纸、水泥、炼油、化工	自行车、手表、洗衣机、农机具	小轿车、电视机	拖拉机、军用卡车

从表 2–6 可以看出，企业应从市场需求、产品特点等方面去确定和选择相适应的生产与运作类型。同样，这些产品在生产与运作类型选择上的定位也不是一成不变的。

三、不同生产与运作类型企业的生产与运作管理侧重点

通过表 2–5、表 2–6 可以看出，不同生产与运作类型从表面上看是根据产品数量

的多少划分的，而其内涵应认真体味。在对待不同生产与运作类型时，企业要认真理解其特征，从而进行合理的选择。

不同生产与运作类型企业的生产与运作管理侧重点不同。下面以连续式生产与运作和加工装配式生产与运作为例进行说明，见表 2–7。

表 2–7　不同生产与运作类型企业的生产与运作管理侧重点

<table>
<tr><th rowspan="3">功能特征</th><th rowspan="3">重复程度 \ 产品结构 \ 工艺特征</th><th>连续式</th><th colspan="3">加工装配式</th></tr>
<tr><th rowspan="2">单质或多质</th><th colspan="3">产品由零部件组成</th></tr>
<tr><th>简单</th><th>复杂</th><th>“三化”程度高</th></tr>
<tr><td rowspan="2">专用产品</td><td rowspan="2">单件小批</td><td colspan="4">按用户的订单组织产品的设计和制造</td></tr>
<tr><td colspan="4">提高企业竞争力的关键：强大的产品设计能力，短的产品设计和制造周期，良好的售后服务，包括对产品的安装调试、培训用户对产品的正确使用和维修。
生产与运作管理的重点：①及时掌握企业的设计能力、生产能力和成本情况，以便对随机到达的订单进行正确决策；②随着产品的变化，分析计划期生产资源的不平衡情况，抓住瓶颈环节，提高瓶颈环节的能力；③抓住各产品中的关键零部件，安排好关键零部件的生产进度和物流平衡；④监控生产的成套性，保证产品交货期</td></tr>
<tr><td rowspan="2">通用产品</td><td rowspan="2">成批</td><td colspan="4">根据市场预测和用户订单制订生产计划：小批生产以订单为主，大批生产以预测为主</td></tr>
<tr><td colspan="4">提高企业竞争力的关键：适应市场需求，不断开发新产品，更新老产品，提高产品质量。
生产与运作管理的重点：①优化产品组合，在满足市场需求和生产资源的约束条件下，寻求最佳经济效益；②合理的生产批量和生产间隔期，科学组织各种产品的轮番生产；③采用成组生产单元、生产线等组织形式，简化零部件进度计划，改善零部件加工过程各工序之间的衔接；④对于复杂结构的大型产品，首先要安排好关键零部件的生产进度，组织好物流平衡</td></tr>
<tr><td rowspan="2">通用产品</td><td rowspan="2">大批大量</td><td colspan="4">根据市场预测制订生产计划，控制库存，以应对市场需求的波动</td></tr>
<tr><td colspan="4">提高企业竞争力的关键：优良的产品质量；低廉的价格；备件供应充分；维修服务方便。
生产与运作管理的重点：①保证原材料、动力不间断地连续供应；②加强设备维修，保证设备不出故障；③集中制订计划，大量应用经过优化的标准计划；④实现对生产过程的实时监控，保证均衡地按节拍进行生产，保持产品质量的稳定性；⑤不断降低消耗，降低产品成本</td></tr>
</table>

通过以上分析比较，三种生产与运作类型中以大批大量生产与运作的优越性最为突出，大量的重复性生产，使产品质量容易得到保证，而且成本分摊到每个产品上成

本最低，效率最高，优势明显。进入 20 世纪，流水线被用于工业生产，并成为代表性生产方式，正说明了这一点。但是 20 世纪六七十年代以后，社会的发展，科技的进步，人们需求水平的变化，已使许多大批大量生产的产品没有市场，转而使多品种、中小批量生产的产品成为市场的主体。在这种客观现实情况下，认真分析、研究生产类型的内涵，有着重要意义。

大批大量生产与运作的优越性明显，而多品种、中小批量生产又是客观要求，寻求有效的结合形式，或者是进行创新，这是在分析、研究生产与运作类型后应认真思索并积极采取对策的重要问题。

第三节　生产与运作过程的时间组织与空间组织

一、生产与运作过程的时间组织

研究生产与运作过程的时间组织，主要是要正视客观实际，不断寻求科学方法，用最短的时间生产出产品或提供服务。这方面需要研究的问题很多，下面仅就加工对象在生产与运作过程中的移动方式问题做一介绍。在分析这些问题时，依据的原则前面已做了介绍，即目标性、综合性、连续性、比例性、平行性、柔性等。

产品在生产中要经过多道工序，如果产品仅有一件，只要依次经过一道道加工工序，就可完成产品加工，无所谓移动方式问题。然而，实际上产品的生产往往是非单件的。这就自然而然地产生了在每道工序生产的产品如何往下一道工序移动的问题。是生产一件就将其搬运到下一道工序，还是全部生产完了统一搬运到下一道工序？不同的移动方式，会带来在一道工序上加工产品的安排问题。是连续加工，还是间断加工？加工方式不同，产生的结果也会不同，从而使最终的生产完成时间产生差异。

（一）产品在工序间的移动方式

产品在工序间的移动方式有顺序移动方式、平行移动方式、平行顺序移动方式等。

1. 顺序移动方式

顺序移动方式是指产品在一道工序加工完成后，被统一搬运到下一道工序去加工的方式。

顺序移动方式下，产品全部生产完成的生产周期的计算公式如下：

$$T_{\text{顺}}=n\sum_{i=1}^{m}t_i$$

式中：$T_{\text{顺}}$——顺序移动方式下产品加工的生产周期；

n——批量；

m——加工工序的道数；

t_i——第 i 道工序的单件工时。

【例 2-1】某零件投产批量为 3 件，经过 4 道工序加工，每道工序单件作业时间依次为 10 分钟、5 分钟、20 分钟、10 分钟，请问在顺序移动方式下，将 3 件零件全部生产出来所需要的时间是多少？

$$T_{\text{顺}}=n\sum_{i=1}^{m}t_i=3\times(10+5+20+10)=135\text{（分钟）}$$

其甘特图如图 2-4 所示。

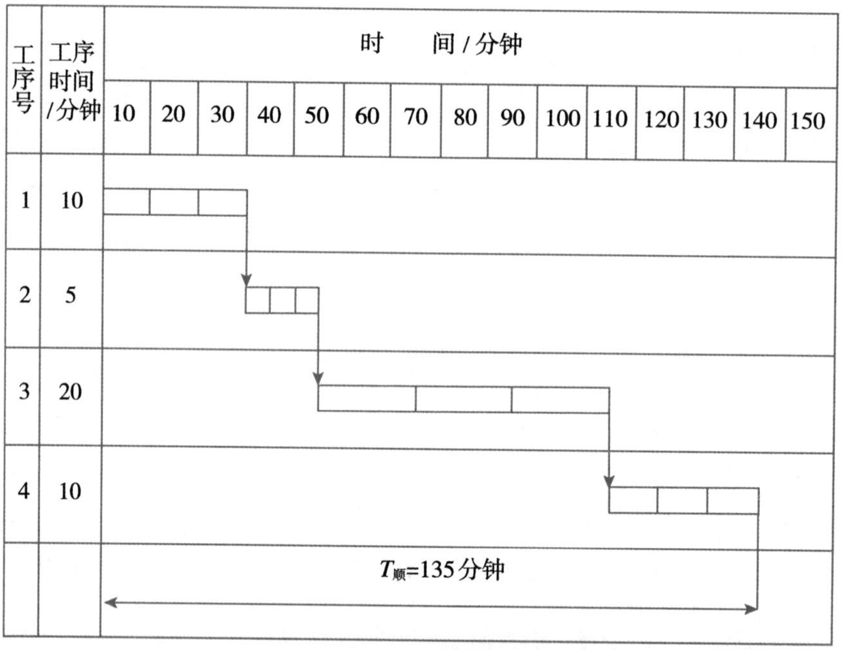

图 2-4　顺序移动方式示意图

顺序移动方式是最简易的一种工序间的移动方式。在计算产品加工的生产周期时，没有考虑移动所需要的时间，这里做一说明，在讨论以下两种移动方式时亦如此。

2. 平行移动方式

平行移动方式是指一批产品中的每个产品在某道工序加工完成后，马上移到下一道工序去加工，由此形成一批产品中的每个产品在各道工序上平行地进行加工。

平行移动方式下，产品全部生产完成的生产周期的计算公式如下：

$$T_{平}=\sum_{i=1}^{m}t_i+(n-1)\ t_{最长}$$

式中：$T_{平}$——平行移动方式下产品加工的生产周期；

$t_{最长}$——在各道工序中，单件工时最长的那道工序的单件工时；

公式中 m、n、t_i 的意义同前。

按照这一公式，例 2-1 的平行移动方式下产品加工的生产周期为：

$$T_{平}=\sum_{i=1}^{m}t_i+(n-1)\ t_{最长}$$

$$=(10+5+20+10)+(3-1)\times 20=85\ (分钟)$$

其甘特图如图 2-5 所示。

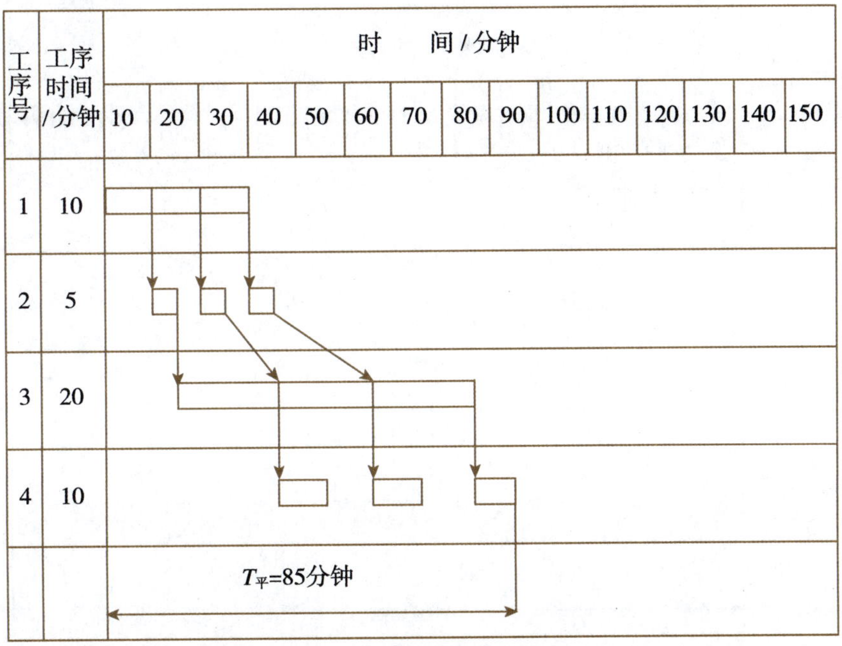

图 2-5　平行移动方式示意图

3. 平行顺序移动方式

平行顺序移动方式是将顺序移动方式和平行移动方式结合起来，进行优势互补的方式。这种方式下，每道工序上产品加工是连续的，而且每个产品在一道工序加工完成后就被移到下一道工序去加工。

平行顺序移动方式下，产品全部生产完成的生产周期的计算公式如下：

$$T_{平顺}=\sum_{i=1}^{m}t_i+(n-1)\left(\sum t_{较大}-\sum t_{较小}\right)$$

式中：$T_{平顺}$——平行顺序移动方式下产品加工的生产周期；

$t_{较大}$——比前后两个相邻工序单件工时均大的工序的单件工时；

$t_{较小}$——比前后两个相邻工序单件工时均小的工序的单件工时。

公式中 m、n、t_i 的意义同前。

注：计算时默认第一道工序前和最后一道工序后存在一个单件工时为 0 的工序。

按照这一公式，例 2-1 的平行顺序移动方式下产品加工的生产周期为：

$$T_{平顺}=\sum_{i=1}^{m}t_i+(n-1)\left(\sum t_{较大}-\sum t_{较小}\right)$$

$$=(10+5+20+10)+(3-1)\times(10+20-5)=95\text{（分钟）}$$

其甘特图如图 2-6 所示。

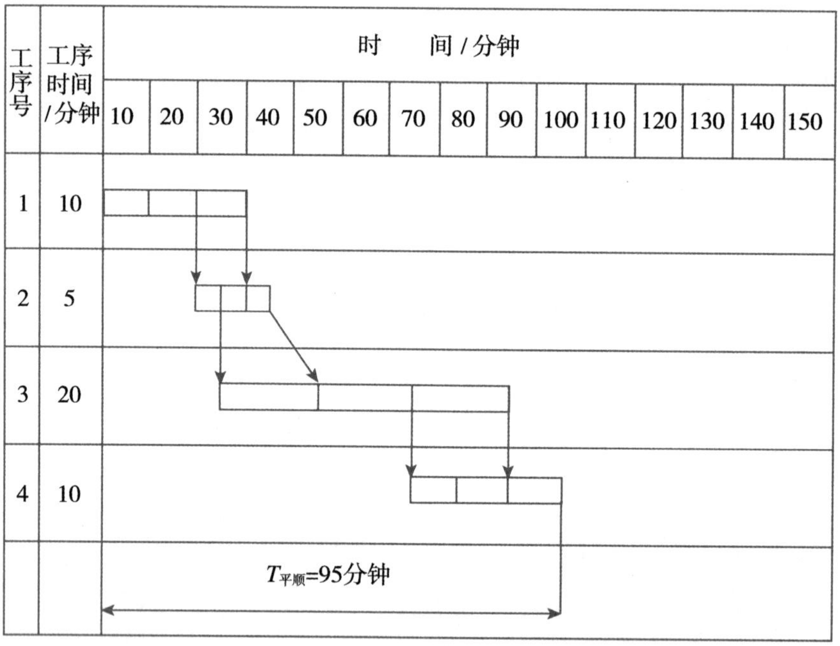

图 2-6　平行顺序移动方式示意图

（二）三种移动方式的比较

通过对三种移动方式的比较可以看出：

（1）顺序移动方式的优点是，组织生产较简单，设备在加工产品时不出现停顿，工序间搬运次数少；其不足是生产周期长。

（2）平行移动方式的优点是，充分利用平行作业的可能，使生产周期达到最短；其不足是一些工序在加工时，会出现时干时停的现象，对设备运转不利，同时运输次数多，组织生产比较麻烦。

（3）平行顺序移动方式吸取顺序移动方式和平行移动方式的优点，生产周期较短，每道工序在加工一批产品时不发生停顿现象，使设备能连续、正常运转。其不足是运输次数较多，组织生产比较复杂。

在实际生产与运作工作中，要结合实际，因地制宜地选择。从生产与运作类型角度考虑，单件小批生产与运作类型宜采用顺序移动方式，大批大量生产与运作类型宜采用平行移动方式或平行顺序移动方式。从企业内部生产单位采取的专业化形式角度考虑，采用对象专业化的生产单位，其生产产品批量较大，故宜采用平行移动方式或平行顺序移动方式。而在工艺专业化的生产单位中，设备布置有其自身特点，使运输受到较大的影响和限制，故宜采用顺序移动方式。

从工序的加工量、产品的自重及体积考虑，加工量大、产品较重、体积较大的，宜采用平行移动方式或平行顺序移动方式；反之，为了减少搬运次数，降低搬运难度，宜采用顺序移动方式。

在产品加工中，变换产品加工对象时，如果调整设备工作量较大，则不适合采取平行移动方式和平行顺序移动方式。

二、生产与运作过程的空间组织

企业必须提供合理、适当的空间来保证生产过程。在提供的空间内，以什么样的形式去组织生产单位，是使空间得以有效利用的基础。现代企业生产与运作要按照分工的原则，组织专业化生产。

（一）生产与运作过程空间组织的典型形式

生产与运作过程的空间组织有两种典型的专业化形式，即工艺专业化和对象专业化。

1. 工艺专业化

工艺专业化又称工艺原则，是按照生产与运作过程的工艺特点来组织生产单位。在工艺专业化的生产单位中，布置了类型大致相同的设备，配备了工种大体相同的工人，进行工艺方法基本相同的加工。

按照工艺专业化的形式组织生产单位进行生产存在许多优越性，主要有：①适应市场需求变化能力比较强，适应生产的产品广泛，易于进行更新换代；②生产能力和生产力可以得到充分利用，如在生产中某台设备发生故障，别的设备还可以使用，使生产不致中断，协作配合性强；③工作内容相同或近似，给进行工艺管理和指导工作带来极大的便利。

这种组织形式也有一些缺点，由于产品不是在一个生产单位内完成，要由几个生产单位相互连接和协作去生产，会造成生产周期长，以及由此产生的诸如加工运输量大、流动资金占用多等一系列问题。

2. 对象专业化

对象专业化又称对象原则，是按照加工产品来设置生产单位。在一个生产单位内，要集中生产一种产品或一类产品的全部或绝大部分加工设备。它是以加工产品、零部件为对象的组织生产单位的一种专业化形式。

对象专业化形式有其突出的优点，这是由其生产单位的结构形式决定的。在一个生产单位内，集中着生产某种或某类产品所需要的各种设备，配备着各相应工种的工人，因此其生产比较集中，内部管理比较紧凑。由于在一个生产单位内完成产品的全部或基本加工过程，生产周期短，由此使加工运输量、流动资金占用等明显减少。这是工艺专业化形式所不能比的，是对象专业化形式的优势所在。

对象专业化形式的缺点也比较明显，集中体现为对市场需求变化的适应性差，即一个生产单位生产的产品，由于市场需求变了，产品就无法销售出去。而这个生产单位配备的是仅生产某种或某类产品的设备。市场不需要该产品了，生产就得停下来，转产要动大筋骨，要大变化，这是比较难的。另外，如果某个设备发生故障，会造成整个生产工艺过程的中断，影响生产，使设备利用率受到影响。此外，在一个生产单位内，各工艺阶段的内容不同，会给工艺管理和指导带来不便。

（二）生产与运作过程空间组织典型形式比较

工艺专业化与对象专业化的比较见表 2-8。

表 2-8 工艺专业化和对象专业化的比较

序号	比较项目	工艺专业化	对象专业化
1	品种变换适应性	强	差
2	生产能力利用	好	较差
3	加工和运输路线	长	短
4	中间仓库面积	大	小
5	生产周期	长	短
6	在制品占用量	多	少
7	运输与保管费	多	少
8	流动资金占用和周转速度	占用多、周转慢	占用少、周转快

续表

序号	比较项目	工艺专业化	对象专业化
9	产品成本	高	低
10	产品质量	不稳定、难保证	稳定、易保证
11	生产管理	复杂	简单
12	适用范围	单件小批	大批大量或成批
13	经济效益	差	好

通过对工艺专业化和对象专业化形式的分析、比较，可以看到，它们各有利弊。因此，不同的企业，应结合产品的特点、生产数量的多少，有针对性地选择适合自己的专业化形式。

工艺专业化形式多适用于单件小批生产与运作类型的生产，其产品的变更性大，而设备的生产适应性强。当然，由于设备生产适应性强，其专业化程度就略显不足，带来的问题是效率不高。

对象专业化形式多适用于产品品种、产品结构比较稳定的大批大量生产与运作类型的场合。生产内容、工艺稳定，就可以采用高效率的设备，给企业带来较好的效益。这要求企业要选准产品目标，认真把握市场，充分发挥出这种专业化形式的优势。

在实际生产中，企业可以把二者结合起来，因为许多产品的生产要求发挥出两种专业化形式的综合优势。

三、企业布置

企业布置是指选定企业地址，并在此基础上对组成企业的各个部分（包括下属部门，如车间、服务场地、办公室、库房等）、各种设备，以及企业内运输线路等进行统筹规划、合理安排，以向用户提供好的产品和服务为宗旨，从最有利于当前的生产经营及其长远发展的角度，对各项资源进行整合、布置，实现最佳配置，发挥最好效益的一系列活动。

企业布置的内容主要包括企业选址、企业总平面布置、车间布置、办公室布置等。

市场经济条件下，企业会经常性地开展重组、兼并工作，以及搬迁、扩建、改造活动，这使得企业布置成为一项十分凸显现实意义的工作。对企业布置的基本内容的学习、掌握，有助于我们认识这项工作的重要性，并有效地加以实施。

（一）企业选址

根据市场需求新组建一个企业，或由于扩大规模、城乡规划、合理利用资源等，迁出原址，在一个新的地方建立企业等都有一个地址选择问题。现实情况表明，地址选择得好，会给企业带来许多有利的条件、巨大的商机和活力，会给企业组织生产经营活动带来巨大便利，使各项功能得到有效的发挥，使企业产生良好的效益，有利于企业长远发展，从而极大地增强企业竞争力。相反，地址选择不当，会导致先天不足，以致后患无穷，以后要经常地去做补救工作，劳民伤财不说，还要牵涉企业领导和有关人员的大量精力，许多企业对此有切身体会。所以，把企业选址工作做好意义重大。

1. 影响企业选址的主要因素

影响企业选址的因素是多方面的，有的很直观，有的则需要认真分析、思考才能看得清楚。影响企业选址的主要因素可归纳为以下几个方面：

（1）党和国家的有关方针、政策；国民经济发展的整体需要和布局、规划；各地方的规划、发展及有关法规。

（2）市场需求。要针对市场去选定企业地址，力求做到贴近市场，最有效地满足市场需求，如时间短、距离近，运输、销售、服务便利，从而达到为用户提供产品和服务最快、成本最低、质量最高、使用后最满意的目的。

（3）资源的利用。这方面涉及的因素较多，有物力资源方面的问题，也有人力资源方面的问题等。物力资源方面主要有材料、能源等。人力资源方面不可忽视的一个现实问题是：一些在城市中设立的企业，根据经济发展、城市功能变化的需要，迁往市郊或其他地区，地点的变更，会给企业带来一些新的问题。原居住在城市内、企业附近的员工要到较远的地方去工作，这使他们在生活、交通、居住、子女上学等方面有了诸多不便，造成后顾之忧。在企业地址选择时，这些问题如果处理得恰当，能够调动员工的积极性，他们会把工作做得更好，而如果处理得不好，他们会工作不安心，企业将元气大伤，一蹶不振。另一个人力资源问题就是劳动力资源。一个新的企业建起来，对人员需求很大，一部分要在新址附近吸纳，企业就要摸清当地劳动力资源情况，认真做好招工、培训工作，员工的基本素质将全面影响工作的效果。在人力资源方面还要考虑的是：努力依托科技力量，加大和大专院校、科研单位的联系。在逐步以科技进步实现企业发展的客观形势下，高度重视这方面的问题十分必要。

（4）气候、地质、水文等自然条件。

（5）协作关系。企业选址应便于企业与相关单位的联络、协作、配合。

（6）环境保护和景观。把环境保护专门列出来考虑是有其现实意义的。在选择企业地址时，要严格按照国家有关环境保护的要求，认真治理“三废”（废气、废水、废渣），消除污染，绝不可借迁址转移污染。

（7）创造发展的条件。主要是考虑办企业不能光顾眼前，要想到发展，想到新建企业能否适应客观条件、市场需求的变化，并具有应变能力。

企业在选址时，要考虑供应链问题，要把供应链各环节关系协调、配合好，认真考虑供应链上下游企业位置、联络方式，使供应链优势得到较好的发挥。

随着改革开放的深入，我国一些企业具备了相当的实力，开始跨出国门到国外去办企业、求发展。企业在境外选址时，有政治的、经济的、人文的等多方面的新的问题。对此，企业要充满信心地去摸索，借鉴成功经验，熟悉国际惯例，稳妥地与国际接轨，开创新的局面。

2. 企业选址程序

（1）准备工作。准备工作主要有：确定选址的基本思路、总体目标；围绕选址目的收集相关政策、环境、流程、交通运输、工作要求等方面的资料；成立专门组织等。

（2）调查研究。多方实地勘察可选现场及周围环境、市场、资源状况；走访相关部门，了解和咨询有关政策、规定、要求。这一环节一定要把情况摸透，在此基础上提出初步意见。

（3）制定方案。在掌握内外情况的基础上认真制定各种方案，结合现场实际提出各种方案的利弊，请专家及相关人员进行评议，比较和充实方案，进行可行性研究，经过反复论证，制定一个好的方案，报上级主管部门审批。

3. 企业选址的方法

企业选址因涉及因素多，既有定性的东西，又有定量的东西，所以形成固定的方法、模式比较困难。人们在实践中运用的一些方法是有效的，如投资费用比较法、分等加权法、重心法等。但不管运用哪种方法，都要求尽可能详细地占有资料、信息、规定、制度、制约因素，然后发动大家，群策群力制定多种方案，请有关专家、有丰富实践经验的人对方案进行可行性论证，取长补短，形成一个最稳妥的方案。下面仅介绍重心法。

重心法是一种把物理学中求重心的方法移植到企业选址上来进行地址选定的方法，如图 2–7 所示。

重心法主要用于确定配送中心、销售中心、中间仓库等的位置，使总运输成本最低。主要考虑现有设施之间的距离、需运输的物流量、采用的运输方式及价格等。为简化计算，可对一些条件做必要的假设。重心法首先选择一个坐标系，以确定各单位的坐标位置，然后明确各单位的运输量，各单位坐标为（X_i，Y_j）（i 取 1，2，3，…；j 取 1，2，3，…），拟建部门地址坐标为（X_P，Y_P）。

重心法是一种比较粗略的方法，当供应点很多时使用起来就很麻烦。不过，随着计算机的应用，经过模拟试验是可以得出合适方案的。此外，重心法考虑的因素侧重点太强，也限制了它的应用。

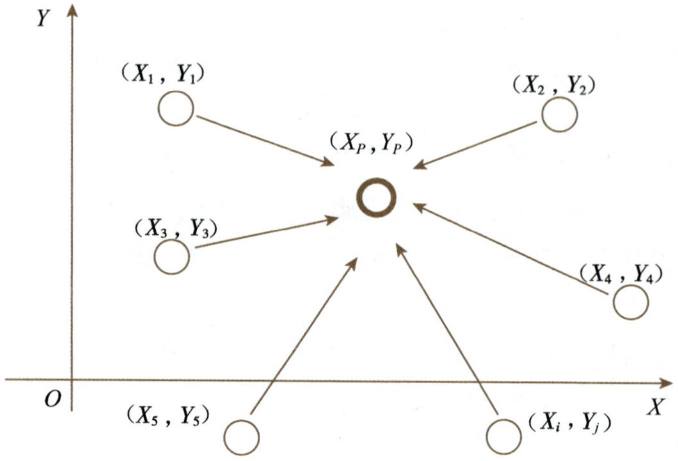

图 2-7　重心法示意图

进行企业地址选择的方法还有积点法、位置度量法、盈亏平衡点法、线性规划法、分枝界限法、引力模型法、直接推断法等，可在具体开展这项工作时，结合实际，因地制宜，灵活、有机地加以选择，以达到选择满意地址的目的。

服务业选址十分重要，这会直接影响企业经济效益，必须慎重对待。著名的零售商巨子沃尔玛十分关注选址问题，其在选址时遵循的原则有：①超市选在经济比较发达的城镇，因为这些地方居民生活有较大需求；②选在城乡接合部，因为这些地区交通便利，便于存放停车，房屋及地价成本低，符合城市发展规划，会带来更多客流，从而降低投资风险；③独立拥有店面，不与其他大型零售店聚集，与其他店、商保持一定距离，防止恶性竞争；④认真考虑连锁发展计划，不过度分散设点，建立适宜的配送中心，在低运输成本下运作，做到持续平价。

（二）企业总平面布置

企业总平面布置是企业布置中的一个重要工作内容，是企业地址确定以后，或进行改造、扩建时要进行的工作。

所谓企业总平面布置，就是对企业内各个部分，包括生产车间、库房、服务部门、公用设施、绿化设施、道路等进行安排，根据它们的作用，相互之间的联系、影响，加以科学、合理的布置，确定在企业内的平面、立面位置，并相应确定运输线路、运输方式，以便顺利地组织生产、服务活动。

1. 企业总平面布置的原则

在进行企业总平面布置时应遵循一些总体原则和具体原则。

企业总平面布置的总体原则主要有：

（1）有利于企业内各项生产、服务活动的正常进行，提高经济效益。

（2）有利于加强管理。这和有利于企业内生产、服务活动的正常进行不仅不矛盾，而且二者是相辅相成、缺一不可的。

（3）有利于保证生产、服务的安全进行，增进员工的身心健康。保护环境，让员工在一个安全、舒适，没有污染、危害的环境中工作。

企业总平面布置的具体原则有：

（1）综合的原则。它是指把影响企业总平面布置的各种因素尽可能地都考虑进去，从系统的角度加以综合分析。

（2）单一流向的原则。它强调避免在生产、服务过程的安排上出现迂回和交叉，这样能减少不安全因素和混乱状况，让操作人员在一个顺畅的环境中工作，它还强调物料搬运等线路要分明，不受干扰，不发生交叉等带来的碰撞。

（3）最小最大的原则。它强调用最小的人的活动量、物的搬运量、信息的传递量等去实现生产出最大量的适销对路的产品或提供服务，解决好输入、输出的关系，追求高的经济效益，人尽其力，物尽其用，信息尽其效。

（4）安全的原则。在进行企业总平面布置时，一定要把安全生产放在重要位置，强调安全第一，防患于未然。安全始于设施布置阶段，在照明、防尘、噪声、防潮、高空作业、防护安全等方面采取一系列的有效措施，营造一个良好、安全的工作氛围。

（5）立体的原则。随着土地资源的紧张、地价的上涨，企业在进行企业总平面布置时，一定要在向高空发展上做文章。单层房屋效益太低，要向多层房屋发展，以充分利用空间，节省占地面积，降低成本。这就要求在进行企业总平面布置时，事先要考虑得细一点，做好地基等方面的准备。否则，一旦房子盖起来再加高，地基不允许，会造成浪费。当然，在向立面发展时，要因地制宜，实事求是，一味追求高，也会产生新的问题。

（6）弹性的原则。在进行企业总平面布置时，对企业内各个部分的布置不要一下子就排得满满当当的，要留有余地。因为企业要随着市场需求的变化，不断做必要的调整、补充和改建、扩建，只有采取灵活的方式，才能留出发展的后路。

2. 企业总平面布置的步骤及具体方法

（1）企业总平面布置的步骤。企业总平面布置的基本步骤可归纳为：

第一步，围绕企业总平面布置去收集各种有关资料。这些资料主要包括：企业的生产类型，生产规模，产品结构，工艺特点及流程，市场需求状况，供应分布，原材料、辅助材料，零部件，外协件，燃料、动力的供应情况，员工数量，居住情况，生活服务情况，企业及附近地形、地质、水文、风向气候等自然条件，企业内外部运输情况，周围人文环境情况，对于特殊作业的安全、卫生要求，等等。企业要在事前进行认真的资料收集，并到现场去走访、详细勘察，掌握第一手资料，以保证决策的正确性。

第二步，进行模型布置。在资料收集的基础上，企业就可以围绕自身的基本任务去考虑未来的发展，进行模型布置。

第三步，选择、确定方案。针对模型布置所显示的几种方案，请专家及相关人员等认真地进行技术经济论证分析，选定一个最优方案以供实施。

（2）企业总平面布置的方法。企业总平面布置的方法有以下三大类：

第一类是在纸上做图，即按照有关的规定、标准，在图纸上绘制出企业总平面图。这类方法的优点是简单易行，成本比较低；其缺点是立体感不强，修改起来不方便。随着计算机的运用，应用一定的软件将有关数据、资料输入计算机，就可以很快地显现出有关方案。

第二类是在沙盘上布置，即把企业的各个部分用一定的材料做成一定比例的模型，然后放置到沙盘上，形成企业总平面布置的模型。这类方法的优点是看上去直观，立体感强、更形象，使人们观察起来，更容易分析和看出问题；其缺点是比较费事，成本相对较高，如果可选择的方案较多，做起来就较难一些。

第三类是在计算机上操作分析，即在软件支撑下，方案表述清晰，立体感很强，可随时修改、补充、调整，极为简便。这类方法现已成为设施布置的基本方法。

（三）车间布置

在生产制造型企业，生产车间的布置是影响生产的主要方面。车间布置得好，生产进行就顺畅，否则，会给生产带来一系列的阻碍。

车间布置是对车间内部各部分的布置，它既包括组成车间的各主要部分，如基本生产部分、辅助生产部分、仓储部分、通道、车间管理部分、生活福利部分等的布置，也包括每一个部分内部的布置。

各部分的布置，应以基本生产部分为中心，其他部分的布置要围绕它，从属于它，服务于它。

基本生产部分内部要考虑的主要问题是生产设备的布置。企业应按照一定的生产工艺流程将设备合理地固定下来，使操作者的位置，物料、工具的存放，物品的流动等大致确定下来，所以在车间布置时，应把着眼点放在基本生产部分的设备布置上。

1. 设备布置的主要形式

设备布置的主要形式有以下几种：

（1）工艺导向布置形式，又称机群式布置形式，是将大致相同类型的设备相对集中地摆放在一起，形成一个群体，对产品进行相同和相似的加工。这种设备布置形式有利于多品种、小批量生产条件。

（2）产品导向布置形式，又称流程式布置形式，是将设备按产品加工的工艺顺序进行摆放，形成一种生产线，完成对产品的全部加工。这种设备布置形式有利于少品种、大批量生产条件，典型的形式就是流水线生产。

（3）混合式设备布置形式。它是介于工艺导向布置形式和产品导向布置形式之间的一种相互结合的形式。

选择哪种形式都要从生产的产品出发。不同产品的品种和数量是考虑的重点，要保证符合工艺流程的要求，要使生产正常、平稳地进行，要使生产对象运动线路最短、运量最少，还要使操作者工作方便、省力、安全，生产效率达到最高。

2. 车间布置的具体方法

在车间布置中有关设备布置的最典型方法是从至表法。

在进行车间布置时，涉及的因素越来越多，限制性条件也逐渐增加，利用手工方式进行运作已越来越难。计算机的应用为此提供了许多便利。企业在实践中已采用计算机进行了一些工作，主要有以下方面：

（1）作业相关图法。利用计算机操作进行，计算机已逐步替代系统布局时的人工工作。需要指出的是，由于受到计算机软件开发的限制，一些调整、修正工作还需由人工来完成。

（2）设备相对位置的计算机安排法（CRAFT 法）。这种方法是采用计算机进行运算，使设备布置达到总运输费用最少，经过计算机的反复试算，最后确定总运输费用最少的方案。

（3）相关布局的计算机法（CORELAP 法）。它是以各个基本单位之间的相互关系为基础，运用计算机来确定合适方案。它能处理的关系量较大。

（4）自动布局设计程序法（ALDEP 法）。它是把基本单位之间的相互关系列为优选值表，从表中可以查到任何两个基本单位的关系评分，当只有两个基本单位处于相邻位置时才给分，所有相邻位置的给分总和是该布局的得分，通过反复比较找到最优布局。

车间布置的一些方法也适用于企业总平面布置。

（四）办公室布置

办公室是管理人员、技术人员、行政人员集中办公的场所。它是贯彻党和国家各项方针政策，研究市场需求，进行企业决策，策划各项工作，制订有关计划，处理和解决问题，收集和处理各种信息、资料，为企业提供多方面服务等的地方，至关重要。

它的工作效率和服务水平对企业生产经营的影响极大，办公室要成为坚强有力的决策点、指挥点、管理点、服务点。

办公室布置主要考虑实现上述要求，营造一个良好的工作环境，从实际工作需要出发，讲求效率，确定办公室内各有关组成的位置。这方面的问题有：要研究人的行为心理，力求形成一个使人心情舒畅的工作环境；要充分利用工作面积，要把诸如办公桌的摆放、计算机及网络的设置、文件柜的设立等细节都加以考虑，创造坚实的工作基础。

一些企业结合开展 5S 活动［整理（seiri）、整顿（seiton）、清扫（seiso）、清洁（seiketsu）、素养（shitsuke）］和定置管理，把办公室管理也纳入其中。通过开展这些活动，在办公室内设置定置图，按图布置各种办公用品，做到物各有位、整齐美观、方便工作。定置工作应有人专管，有执行制度，定期或不定期地进行检查，使办公室布置规范化、制度化。办公室布置作为一种无形力量，强有力地支持着办公室的工作高效、有序、健康地进行。

随着时代的发展、科技的进步，办公室的设置也要结合实际，由传统的封闭式办公室向开放式办公室发展，采用有效形式打破办公室之间隔绝的界限，形成一个信息收集高效、信息传递高效、决策高效、办事高效、服务高效的集合体。这既能提高效率，又能降低成本，减少办事环节和人员，使办公室的功能进一步提升。

计算机的应用也使办公室布置发生变化，网络的发展实现了远程办公，将使办公室形成一种新的形式，说其是一场办公室革命亦无不可。当然，这项工作要求具有一定的客观基础和条件，在主观上具备一定的水平。

四、流水线生产

在企业管理的发展历史中，20 世纪初美国福特汽车公司创造的汽车流水线生产方式是工业生产发展的一个里程碑。在随后的半个多世纪里，这种生产方式使人类充分享受了它带来的利益。我国在改革开放之初，从国外引进，以及自己制造了大量流水线，较好地保证了产品的更新换代，满足了人们对新产品的需求。各种由流水线生产出来的家用电器、汽车等，一段时期内作为现代化的标志出现，这足以说明流水线的作用。

当然，时代发展到今天，科技的进步、人们生活水平的提高和需求的变化，原有的单一流水线生产已不适应形势的发展，要求人们重新认识流水线。企业一方面要管好、用好流水线生产方式，另一方面要面对市场需求的变化，充分利用原有基础，结合实行新型生产方式，适应“互联网 +”时代，充分利用大数据、云计算、移动互联网、物联网等改造流水线，变大规模生产为大规模定制生产，既充分发挥流水线生产的优势，又满足用户个性化需求，使用户需求得到合理、有效、快速、准确的满足，努力跟上时代发展和需要的步伐。

（一）流水线生产的概念、特点及流水线的分类

1. 流水线生产的概念

流水线生产是加工对象在生产过程中，按照一定的工艺路线，有规律地不断从前一道工序流到后一道工序进行加工，最终形成产品的一种比较先进、科学的生产组织形式。它说明流水线生产是围绕产品来组织的，离开了产品，流水线生产就失去了意义。

流水线生产是按固定的生产工艺过程来设置的，它的顺序性很重要，这是它便于管理的基础之一。流水线上加工对象的加工、移动、停留等都是有规律的，这是它便于管理的又一方面。

2. 流水线生产的特点

从流水线生产实际运作来看，既有优越性，又有局限性，这就形成了流水线的自身特点。

流水线生产的优越性包括：

（1）工作地的专业化程度高。在流水线的每个工作地仅承担一个或极少数几个工序加工就可以了。由于加工内容高度一致，属于大批大量生产，大大提高了专业化程度。

（2）生产节奏性强。即按照一定的节拍或节奏有规律、连续地进行生产，使生产的均衡性加强。

（3）生产过程封闭性强，自成系统，便于控制、协调。

（4）流水线上各工序之间的生产能力可相对控制。由于工序之间多采取平行移动方式，生产周期短，保证了生产过程的比例性、平行性、同步性。

从流水线生产具备的优越性可以看出，流水线生产能满足市场对产品的大批量需求，使产品成本低、效率高、供应快，而流水线生产本身又有利于管理，从而形成了提高经济效益和促进企业进步的优势。

流水线生产的局限性主要表现在以下方面；

（1）流水线生产的自身设置决定了流水线有一些不足，突出之处是它只能生产一种或一类产品，一旦市场需求变化，它的适应变化能力往往较弱，这一点在生产现实中表现比较突出。

（2）流水线生产由于自身条件限制，它的最大产量是固定的，搞超产易受到制约。

（3）流水线生产，由于操作者始终固定在一个工作地或工序上，进行重复性劳动，

给操作者身心带来一些不当的影响，应定期轮换工作内容，适当做一些调节。

3. 流水线的分类

在实际生产中，由于加工对象千差万别，对应的流水线生产部署形式多种多样，需要按照一定的规律对流水线生产进行分类。流水线生产的基本形式如图 2-8 所示。

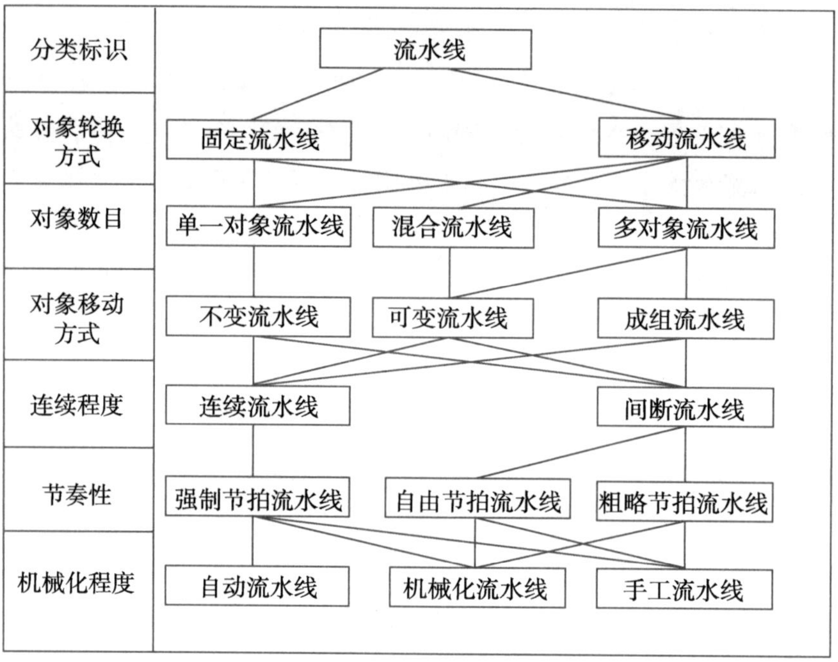

图 2-8 流水线生产的基本形式

在图 2-8 中，左边栏目表明了流水线生产分类的角度，右边栏目显示了按不同角度具体进行的分类。长方框之间的连线表示的是不同分类下流水线生产之间的联系，如“强制节拍流水线”框下连三条连线，分别连着“自动流水线”框、“机械化流水线”框、“手工流水线”框，表示强制节拍流水线下按机械化程度，又有三种形式。

（1）按对象轮换方式，流水线可分为固定流水线和移动流水线。

固定流水线是指加工对象在生产过程中不动，而操作人员、工具按一定顺序先后有规律地围绕加工对象进行作业。这主要是在生产大型、重型不便移动的产品时应用，如大型、重型机床加工等。

移动流水线是指加工对象在生产过程中是移动的，即加工对象不在一地全部加工完成，操作人员、工具等相对固定，如汽车装配流水线，电冰箱、电视机等家用电器装配流水线均属于移动流水线。

（2）按对象数目，流水线可分为单一对象流水线、混合流水线和多对象流水线。

在流水线上长时间只生产一种加工对象，就是单一对象流水线。混合流水线是指在一条流水线上一段时间只生产一种加工对象，另一段时间改为生产另一种加工对象。多对象流水线是指在流水线上能生产两种或两种以上的加工对象。

（3）按对象移动方式，流水线可分为不变流水线、可变流水线和成组流水线。

上述单一对象流水线从这个角度看就属于不变流水线，生产的加工对象是固定不变的。可变流水线、成组流水线都属于多对象流水线。可变流水线在流水线上能生产两种或两种以上的加工对象。加工对象变换时，流水线也要做适当的调整。成组流水线亦能加工两种或两种以上的加工对象。加工对象变换时，流水线本身无须做调整。

（4）按连续程度，流水线可分为连续流水线和间断流水线。

连续流水线上，加工是连续不断进行的，工序之间没有等待停顿现象；反之，则为间断流水线。

（5）按节奏性，流水线可分为强制节拍流水线、自由节拍流水线和粗略节拍流水线。

这里主要强调的是是否按一定的节拍速度运转。目前大量流水线生产都是强制节拍流水线。其他流水线实际意义不大，有时在建线初期，为了使流水线能正常运转而加以采用。

（6）按机械化程度，流水线可分为自动流水线、机械化流水线和手工流水线。

它们的区别主要体现在加工对象在生产过程中工序间移动的输送方式上。由于采用不同方式，形成自动化、机械化、手工方式。目前，以机械化流水线为多见，如橡皮带式传送、链条式传送、随行夹具式传送等。

（二）流水线的设计

1. 组织流水线生产的条件

上流水线对于企业来讲是一件大事，有时会决定企业的兴衰。因此，一定要谨慎，不可草率从事。上流水线时，要考虑的问题很多，归纳起来，企业应具备以下方面：

（1）需上流水线的产品市场需求一定要很大，或市场前景良好，这样上流水线才合算。否则，流水线时开时停，甚至完全停顿，损失就惨重了。这是上流水线至关重要的一点。因此，要认真做好市场调查、市场预测工作。随着市场需求由大批量需求向单件小批，甚至个性化发展，流水线的设置更应慎重。

（2）上流水线的产品在结构、工艺、性能上要比较先进。这一条与第一条也是紧密相关的。与其他企业生产的同类产品比较，如果结构、工艺、性能比较落后，就会使竞争力变差。所以，企业要认真分析产品的结构、工艺、性能等，要使它们处于领先位置。

（3）产品在加工时能划分为一个一个的简单工序，这样才能形成流水线。若工序加工过程拆不开，加工形式界限性不强，企业就无法组织流水线生产。

（4）企业自身要具备充分条件。例如，上流水线的资金能否筹措，技术条件是否具备，使用面积是否具备，管理制度、管理水平能否跟得上。如果存在问题，则要积极地创造条件，解决问题。

（5）企业外部条件的保证，如协作配套问题，材料供应问题，能源、动力的保证问题，等等。

2. 流水线生产的设计工作

流水线生产的设计工作主要包括两部分内容：技术设计和组织设计。

技术设计主要进行以下工作：工艺路线、工艺规程的设计；专用设备的设计；通用设备的选用；专用工艺装备的设计；通用工艺装备的选用；运输传送装置的设计；有关控制、检验、计量、显示装置的设计；等等。一般把这一部分称为“硬件”设计，这些工作主要由工程技术人员完成。

组织设计主要进行以下工作：有关“软件”方面的工作，如流水线生产节拍、节奏的确定；工序同期化；设备配置；工人配备；输送方式选择；实地布置形式确定；流水线工作标准指示图表的编制等。这些工作主要由管理人员完成。

我们主要研究生产与运作管理问题，因此，在谈及流水线生产的设计时，主要是研究流水线生产的组织设计。组织设计的内容较多，这里仅就单一对象流水线生产节拍或节奏的确定做介绍。

节拍是流水线生产最重要的期量标准之一，指在流水线生产上前后两个相邻加工对象投入或产出的时间间隔。节拍反映出流水线生产的速度。节拍的计算公式为：

$$r = F_e/N = F_o \cdot K/N$$

式中：r——节拍；

F_e——流水线有效工作时间；

N——规定生产期限的实际产量；

F_o——流水线制度工作时间；

K——时间有效利用系数，一般取 0.90 ～ 0.96 范围内的数据。

当计算出节拍太小，不便于进行考核，同时加工对象的体积、重量太小，不便于单个运输、计量时，可用节奏的概念。

节奏是在流水线生产上前后两批相邻加工对象投入或产出的时间间隔。节拍和节奏的区别，就在于核算加工对象的数量。节奏的计算公式为：

$$r_o = r \cdot Q$$

式中：r_o——节奏；

r——节拍；

Q——批量。

本章小结

本章首先主要针对生产与运作过程做了比较全面的分析，突出强调了在合理组织生产与运作过程中的基本组成问题，用图示的方法描述了生产与运作过程，重点介绍了流程图；然后就生产与运作类型的特征及典型产品做了介绍，同时指出不同生产与运作类型企业的生产与运作管理的侧重点。其次，着重对生产与运作系统的时间组织、空间组织做了深入介绍、分析。在时间组织中，突出了产品在工序间的三种移动方式的运行、特点及其应用。在空间组织中，重点突出了工艺专业化、对象专业化问题，介绍了企业布置的四个方面及流水线生产。本章既有定性分析，也有定量分析。

复习思考题

1. 生产与运作类型的划分与什么因素有关？
2. 不同类型的生产与运作有什么特点？请结合相关的产品进行说明。
3. 生产与运作过程的表示符号有哪几种？联系实际加以表述。
4. 联系实际分析工艺专业化和对象专业化的特点、二者的对比及其应用。
5. 产品在工序间的移动方式有哪几种？它们各自的特点、产品加工的生产周期的计算公式各是什么？
6. 结合实际例子分析流水线生产分类，并说明如何计算节拍与节奏。

第三章　生产与运作准备管理

学习目标

1. 记忆：影响生产与运作能力的因素；生产与运作能力核算的方法。
2. 阐述：新产品开发的程序及服务蓝图。
3. 应用分析：根据给定的任务进行劳动定额的制定和编制定员。

第一节　生产与运作能力规划

一、生产与运作能力概述

生产与运作能力是生产与运作系统内部各种资源能力的综合反映，直接关系到能否满足市场需要的问题。因此，企业必须了解生产与运作能力。

企业的生产与运作能力有广义和狭义之分。

广义的生产与运作能力是指技术能力和管理能力的综合。技术能力包括人的能力和生产设备、面积的能力。人的能力取决于人员数量、实际工作时间、出勤率、技术水平、思想觉悟等因素的组合。生产设备、面积的能力取决于生产设备、面积的数量、水平、开动率、完好率等因素的组合。管理能力包括管理人员管理经验的成熟程度，应用管理理论、方法的水平和科学态度、能力等。

狭义的生产与运作能力主要是指技术能力中生产设备、面积的生产与运作能力。一般情况下，谈到生产与运作能力时，主要强调的是狭义的生产与运作能力，是指固定资产的生产与运作能力，即企业在一定的生产组织技术条件下，在一定时期内，全部生产性固定资产所能生产某种产品的最大数量或所能加工处理某种原材料的最大数量。它是反映企业生产可能性的一个重要指标，其含义可简单概括为：

（1）企业的生产与运作能力是按照直接参加生产的固定资产来计算的。

（2）生产与运作能力必须和一定的技术组织条件相联系。生产与运作能力按其技术组织条件的不同可分为三种：设计能力（企业基建设计时设计任务书和技术文件中所规定的生产与运作能力）、查定能力（考虑采取各种技术组织措施，进行技术改造后，企业或主管部门重新调查和核定的生产与运作能力）、计划能力（企业在计划年度内实际可能达到的生产与运作能力）。企业制订的是年度生产计划，必须以年度企业能够拥有的技术组织条件，即计划能力为基础。

（3）生产与运作能力反映的是一年内的实物量。生产与运作能力是针对生产一定种类产品或处理一定种类原材料而言的，因此，生产能力必须以实物量作为计量单位。但是，由于不同企业产品的品种数量多寡不同，具体核算时又有以下几种情况：①品种单一的企业，可用具体产品作为生产能力的计算单位，如汽车厂的汽车辆数、化肥厂的合成氨吨数等；②品种比较稳定的多品种成批生产企业，则可用代表产品或假定产品作为计量单位（换算办法后面介绍）；③生产多变的多品种单件小批生产企业，则可采用能说明各种产品数量特征的某个重要技术参数作为计量单位，如大型汽轮机厂和大型发电厂用功率（千瓦）作为计量单位。

二、影响生产与运作能力的因素

企业生产与运作能力的大小主要取决于以下三个要素：

1. 固定资产的数量

这是指计划期内用于生产的全部机器设备的数量、厂房和其他生产用建筑物面积。设备的数量应包括正在运转的和正在检修、安装或准备检修的设备，也包括因暂时没有任务而停用的设备，但不包括已报废的、不配套的、封存待调的设备和企业备用的设备。生产用建筑物面积包括企业厂房和其他生产用建筑物面积，一切非生产用的房屋面积和场地均不应列入。

需注意的是，辅助车间（工具车间、机修车间）所拥有的与基本车间相同的设备，不能参与企业基本产品的生产与运作能力的计算，除非有多余设备用来生产基本产品，才能把多余设备计算在内。

2. 固定资产的有效工作时间

这是指按照企业现行制度计算的机器设备的全部有效工作时间和生产用建筑物面积的全部利用时间。固定资产的有效工作时间同企业现行制度、规定的工作班次、轮班工作时间、全年工作日数、设备计划修理时间有关。在连续生产条件下，设备的有效工作时间一般等于全年日历日数减去设备修理的停工时间。在间断生产条件下，设备的有效工作时间由制度工作日数、班次、每班工作时间和设备计划修理停工时间决定。

季节性生产企业的有效工作时间应按全年可能的生产日数计算，或者按昼夜生产与运作能力确定，而不核算其全年生产与运作能力。

生产用建筑物面积的利用时间一般不存在停工修理时间，可直接根据企业是连续生产还是间断生产的不同要求，分别按日历日数或制度工作日数确定。

3. 固定资产的生产效率

这是指单位机器设备的产量定额或单位产品的台时定额、单位时间单位面积的产量定额或单位产品生产用建筑物面积占用额。

设备的生产率定额，是计算生产与运作能力的最基本的要素。在设备数量及工作时间总数一定的情况下，定额水平对生产与运作能力的大小有着决定性作用。定额应定得先进、合理，且一般一年修订一次。也就是说，企业在制订计划时，要对现行定额进行必要的修正。

三、生产与运作能力核算

企业生产与运作能力的核算，是根据影响生产与运作能力的三个要素，在查清和采取措施的基础上，首先计算设备组的生产与运作能力；平衡后确定小组、工段、车间的生产与运作能力；然后各车间进行平衡，确定企业的生产与运作能力。具体核算时，应根据企业或企业内部各生产环节的不同生产特点采取不同方法。

这里主要介绍设备组生产与运作能力的核算。

（一）单品种生产条件下生产与运作能力核算

设备组生产与运作能力的核算同企业生产的产品品种数量有直接联系。单品种生产条件下，设备组的生产与运作能力按下列公式计算：

$$\begin{matrix}\text{设备组的生产}\\\text{与运作能力}\end{matrix}=\begin{matrix}\text{设备组的设备}\\\text{台数}\end{matrix}\times\begin{matrix}\text{单位设备的}\\\text{有效工作时间}\end{matrix}\times\begin{matrix}\text{单位设备单位}\\\text{时间产量定额}\end{matrix}$$

或

$$\text{设备组的生产与运作能力}=\frac{\text{设备组的设备台数}\times\text{单位设备的有效工作时间}}{\text{单位产品的台时定额}}$$

当生产与运作能力取决于生产用建筑物面积时，用下列公式计算：

$$\text{生产用建筑物面积的生产与运作能力}=\text{生产用建筑物面积}\times\text{生产用建筑物面积利用时间}\times\text{单位时间单位面积产量定额}$$

或

$$\text{生产用建筑物面积的生产与运作能力}=\frac{\text{生产用建筑物面积}\times\text{生产用建筑物面积利用时间}}{\text{单位产品占用生产用建筑物面积的时间定额}}$$

式中：

$$\text{单位设备的有效工作时间}=\text{全年制度工作时间}\times\text{每日工作小时数}\times(1-\text{设备修理必要停工率})$$

$$\text{单位产品占用生产用建筑物面积的时间定额}=\text{单位产品占用生产用建筑物面积定额}\times\text{单位产品占用的时间定额}$$

流水线生产与运作能力按下式计算：

$$\text{流水线生产与运作能力}=\frac{\text{流水线有效工作时间}}{\text{节拍}}$$

（二）多品种生产条件下生产与运作能力的核算

多品种生产条件下生产与运作能力一般可采用代表产品法或假定产品法核算。

1. 代表产品法

代表产品法是以代表产品为标准确定设备组的生产与运作能力。其计算步骤如下。

首先，确定代表产品。代表产品是反映企业专业化方向、产量较大、占用劳动量较多、在结构或工艺上具有代表性的产品。

其次，计算出以代表产品为标准的设备组的生产与运作能力。

再次，将其他产品的计划产量用换算系数分别折合成代表产品的产量。换算时，一般用台时定额或产量定额作为换算标准。

换算系数的计算公式：

$$\text{换算系数}=\frac{\text{某种产品的台时定额}}{\text{代表产品的台时定额}}$$

最后，计算出设备组各种计划产品的生产与运作能力。

【例 3-1】某厂车床组有车床 10 台，每台车床全年有效的工作时间为 4 648 小时。在车床上加工 A、B、C 三种产品，它们的计划产量分别为 280 台、400 台、220 台，单位产品的台时定额分别为 45 台时 / 台、50 台时 / 台、55 台时 / 台，试用代表产品法求车床组的生产与运作能力。

首先，确定 B 产品为代表产品。

其次，求出以 B 产品为标准的车床组的生产与运作能力，即

$$以B产品为标准的车床组的生产与运作能力=\frac{10\times 4\ 648}{50}=930（台）$$

再次，计算各产品的换算系数（结果见表 3-1）。

最后，把 A、C 产品换算为 B 产品，并算出核算为具体产品单位的生产与运作能力。具体计算及其结果见表 3-1。

表 3-1 代表产品法计算生产与运作能力

产品名称	计划产量/台	单位产品台时定额/（台时/台）	换算系数	换算为代表产品的量/台	各种产品占全部产品的比重	以代表产品为计算单位表示的生产与运作能力/台	换算为具体产品单位的生产与运作能力/台
①	②	③	④	⑤=②×④	⑥	⑦	⑧=⑦×⑥/④
A	280	45	0.9	252	28.19%	930	291
B	400	50	1.0	400	44.74%		416
C	220	55	1.1	242	27.07%		229
合计	900	—	—	894	100%		936

2. 假定产品法

假定产品法是指在计算生产与运作能力时以假定产品为标准计算设备组的生产与运作能力。在企业产品品种比较复杂，结构、工艺的劳动量差别较大，不易确定代表产品时，可采用假定产品法确定设备组的生产与运作能力。其步骤如下。

首先，计算假定产品的台时定额：

$$\begin{matrix}假定产品的\\台时定额\end{matrix}=\sum\left(\begin{matrix}该产品的\\台时定额\end{matrix}\times\begin{matrix}该产品产量占假定产品\\总产量的百分比\end{matrix}\right)$$

式中，假定产品总产量以各种产品计划产量总和表示。

其次，计算设备组生产假定产品的生产与运作能力：

$$\begin{matrix}以假定产品为标准的\\生产与运作能力\end{matrix}=\frac{设备台时\times 单位设备的有效工作时间}{假定产品的台时定额}$$

最后，根据设备组假定产品的生产与运作能力，计算出设备组各种计划产品的生产与运作能力。其计算公式：

$$\begin{matrix}计划产品的生产与\\运作能力\end{matrix}=\begin{matrix}假定产品的生产与\\运作能力\end{matrix}\times\begin{matrix}该产品产量占假定产\\品总产量的百分比\end{matrix}$$

【例 3-2】某企业铣床组有铣床 14 台，每台铣床的全年有效工作时间为 4 553 小时，铣床组加工 A、B、C、D 四种产品，它们的计划产量分别为 200 台、100 台、140 台、

160台，单位产品的台时定额分别为100台时/台、60台时/台、100台时/台、120台时/台。试用假定产品法计算铣床组的生产与运作能力。

计算结果见表3-2。

表3-2 假定产品法计算生产与运作能力

产品名称	计划产量/台	各种产品占总产量的比重	单位产品的台时定额/(台时/台)	假定产品的台时定额	以假定产品为单位的生产与运作能力/台	铣床组各种计划产品的生产与运作能力/台
①	②	③	④	⑤=③×④	⑥	⑦=③×⑥
A	200	33.33%	100	33	4 553×14/98=650	217
B	100	16.67%	60	10		108
C	140	23.33%	100	23		152
D	160	26.67%	120	32		173
合计	600	100%	—	98	650	650

第二节 产品研发

产品研发就是企业开发新产品、服务，改造老产品、服务，采用新技术，改变生产组织、工艺过程等的一系列技术活动。它对于企业至关重要，是生产与运作管理中非常关键、重要的一环。产品、服务研发的重要性在经济全球化、市场经济快速发展、竞争加剧的环境下尤为突出。它使企业能快速应对市场需求，在市场竞争中不断占领市场和扩大市场占有率，增强企业的竞争力和生存力，拓宽企业的经营领域，不断寻求新的经济发展增长点。产品研发涉及企业的多个方面，尤其像企业战略相关部门，市场调查与预测、销售、服务等营销部门，人力资源管理部门等，要通盘考虑，整体运作。在产品研发中，应突出重点，集中人力、财力、物力和技术开发新产品、新服务，选用新材料、新能源，对关键生产工艺技术更新改造。

本节主要简单介绍产品研发，产品研发包括新产品开发、老产品改造及服务蓝图等问题。

一、新产品开发

（一）新产品开发的原则

新产品是一个相对概念，是指相对于老产品在原理、结构、材料、技术、用途、性能等某一个方面或某几个方面具有新的改进或新的创造的产品。新产品按地域范围，可分为全球性新产品，国内新产品，省、市范围内新产品，企业新产品等；按技术特性，可分为全新性产品、换代性产品、改进性产品、仿制性产品等；按技术开发方式，可分为独立研制的新产品、技术引进的新产品、联合开发的新产品等；按开发的决策主体，可分为企业自主开发的新产品和用户委托开发的新产品；按市场方向，可分为目标市场再定位的新产品、降低成本的经济型新产品、以提高性能为主的新产品、具有全新功能的新产品，以及高级、豪华型新产品等。

新产品开发非常重要，它直接关系到企业的生存和发展。产品是企业盈利的资本，有了盈利，企业才能存活和发展。在竞争激烈的市场环境下，企业要靠新产品赢得用户，占领市场。企业只有开发新产品，才能形成差异化和个性化优势，领先于其他企业产品，使企业在市场中巩固强势地位；企业靠新产品开发，能不断推动技术创新，保持生机和活力，健康发展。同时，新产品能使企业不断树立新的企业形象，赢得用户的肯定，并在客观上推动社会的进步，体现时代潮流，其各层次的意义非同小可。

新产品开发的原则概括为：

（1）坚持以用户为中心，不断满足用户需求是新产品开发的出发点和归宿。这是最新产品开发的基本原则，离开了这一原则，开发新产品就是空谈。

（2）突出技术特点，发挥技术优势，使新技术成为新产品的生命线。

（3）讲究经济效益。开发新产品要使企业具有好的经济效益，按市场规律办事。

（4）保持持续开展的原则，使新产品开发健康、持续地进行，而不是一锤子买卖。

（二）新产品开发程序

新产品开发程序可用图 3-1 表示。

图 3-1 表明了新产品开发的基本程序，从大的方面看，首先是通过调查研究，多方位、多层面地收集相关信息，然后形成新产品创意，结合市场、企业实际进行分析，提出初步设计，进行样品或小批试制，研究其可行性。在此基础上进行详细设计，生产并正式投放市场。在这一过程中，企业必须十分重视投放市场设计工作，主要是产

品投放市场的合法性，以及对市场投放的切入点、布局、宣传等的开拓性工作。

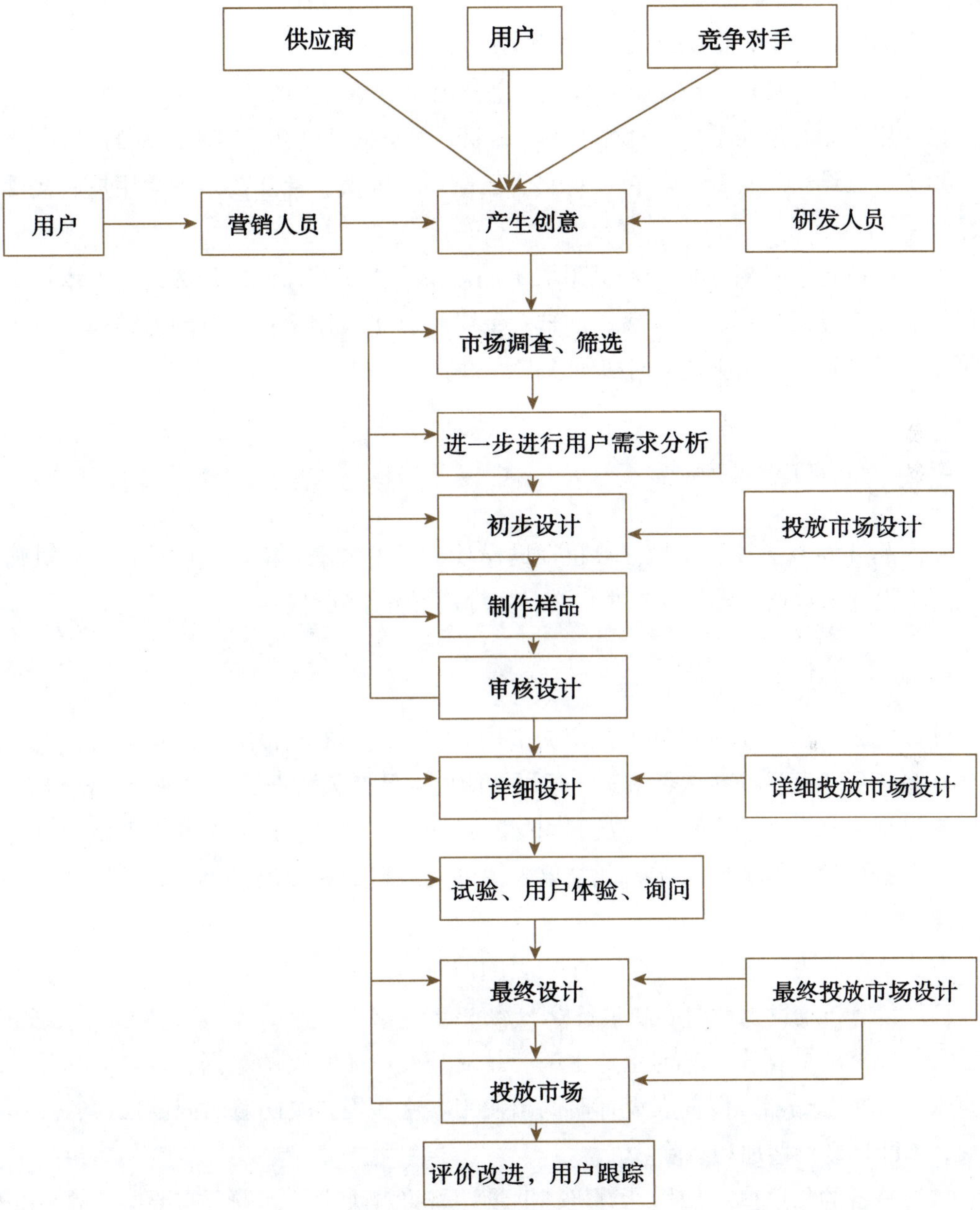

图 3-1 新产品开发程序

二、老产品改造

老产品改造在产品开发中占有一定位置，它使产品开发有一定基础，对市场情况、用户需求掌握也更为准确，相对于新产品开发，老产品改造更容易一些、成本更低一些。

老产品的类型主要根据现实情况来划分，包括：

（1）生产时间较长，市场比较成熟，已被用户熟悉、喜欢的产品。

（2）用户需要但在结构、性能、工艺、材料等方面及使用上存在不足的产品。

（3）产品结构、性能、工艺、材料等已落后、陈旧，耗能高，不为用户所接受的产品。

老产品改造应针对不同老产品采取不同对策，主要有：改进局部设计；增加辅助功能；简化产品结构；改进外观；改造产品结构，扩大用途；改进动力结构。对于上述第三类老产品，企业应选择时机，该淘汰的坚决淘汰。

三、产品开发方法

新产品开发方法较多，如计算机辅助设计、成组技术、模块化设计、计算机辅助工艺过程设计、价值工程等，这里仅结合实际情况介绍几种。

（一）计算机辅助设计

计算机辅助设计是由设计人员根据市场需求、用户的具体需求提出构思，由计算机对有关产品的大量资料进行检索，根据性能要求及有关数据、公式进行计算和优化，将图形显示出来，然后由设计人员利用交互式图形系统对设计方案或图形做必要的修改，寻求最优的方案或图形，将此结果以图形及数据形式加以输出。其中的主要工作由计算机完成。

图3–2所示为计算机辅助设计的一般工作过程。

应用计算机辅助设计时必须具备以下条件：

（1）完整的数据库。凡与企业生产产品或开发产品有关的数据、资料、标准等应先存入计算机存储器，以便在设计时调出使用。这些资料要随着时间的推移、工作的进展，不断地进行增加和删除。

（2）完备的程序库。使用计算机辅助设计需将解决设计问题所需要的计算、分析方法，都编制成相应的计算机程序，汇集起来，以便设计时调出使用。

（3）具备人机会话功能的交互式图形系统。交互式图形系统是指可以利用实时输入/输出装置，如光笔图形显示器、图像记录仪、自动绘图仪等，实时输出设计图纸及有关数据，实时输入设计人员的修改、调整指令等。

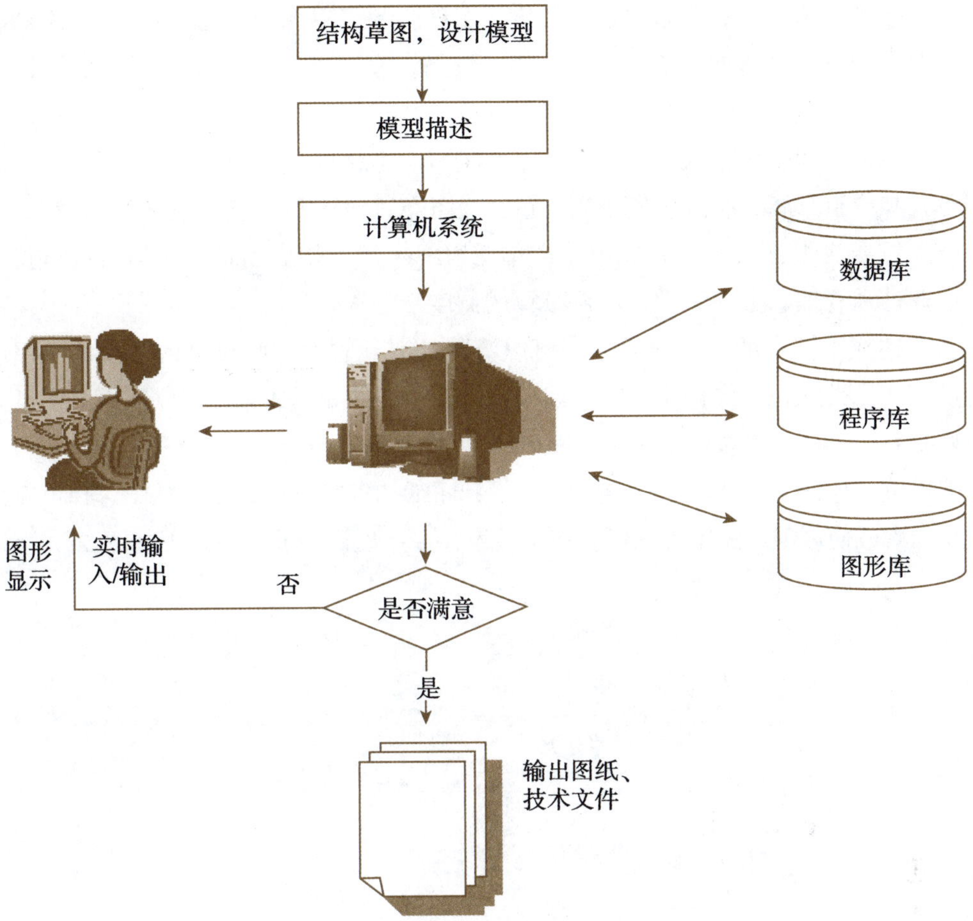

图 3-2　计算机辅助设计的一般工作过程

（二）成组技术

成组技术又称群组技术，它是以零件的相似性为基础，对零件进行分类编组，按组进行合理的生产技术准备，以及生产过程的组织和计划工作。成组技术之所以备受重视，是因为它可以使多品种小批量生产得以成组生产，从而扩大批量，提高经济效益。

成组技术的主要工作内容如下：

（1）对企业所有零件，按几何形状、尺寸大小、加工工艺、精度要求、毛坯种类等进行相似性分析，并按一定的规则进行零件的分类编码，按照一定的相似性程度建立零件族、零件组。

（2）按照零件的分类编码，利用相似零件图册、设计指导资料进行产品设计工作。这样，可以把相似性设计和标准化工作结合起来，尽量减少零件的种类和规格，从而增加零件结构和工艺的相似性，以便条件成熟时，建立零件设计准备自动化系统。

（3）按照成组工艺的要求改进工艺设计工作，制定零件族（组）的工艺方案和工艺规程，选择或设计制造成组加工设备、工艺装备，实现工艺要素和工艺装备的标准化。在条件具备时，建立生产工艺准备自动化系统。

（4）根据企业的生产大纲、设备数量与构成、零件族（组）的划分情况，建立成组生产单元和成组车间，制定投资规划，进行设备布置设计和工作地组织。

（5）按照成组工艺文件和成组生产单元组织生产，相应制定、实施与成组技术有关的作业计划管理、劳动管理、经济核算的制度和办法。

从上述成组技术的工作内容中，可以清楚地看到它对产品设计的作用。应用成组技术进行产品设计，可将企业中已设计、制造过的零件编码成组，建立起设计图纸和资料的检索系统，从中查找有关资料，将所设计的零件的结构形状、尺寸等转化成相应代码，然后按该代码对其所有零件组的零件设计图纸和资料进行检索，从中选择可直接采用或稍加修改便可采用的零件图纸。成组技术在产品设计中的应用过程如图 3-3 所示。

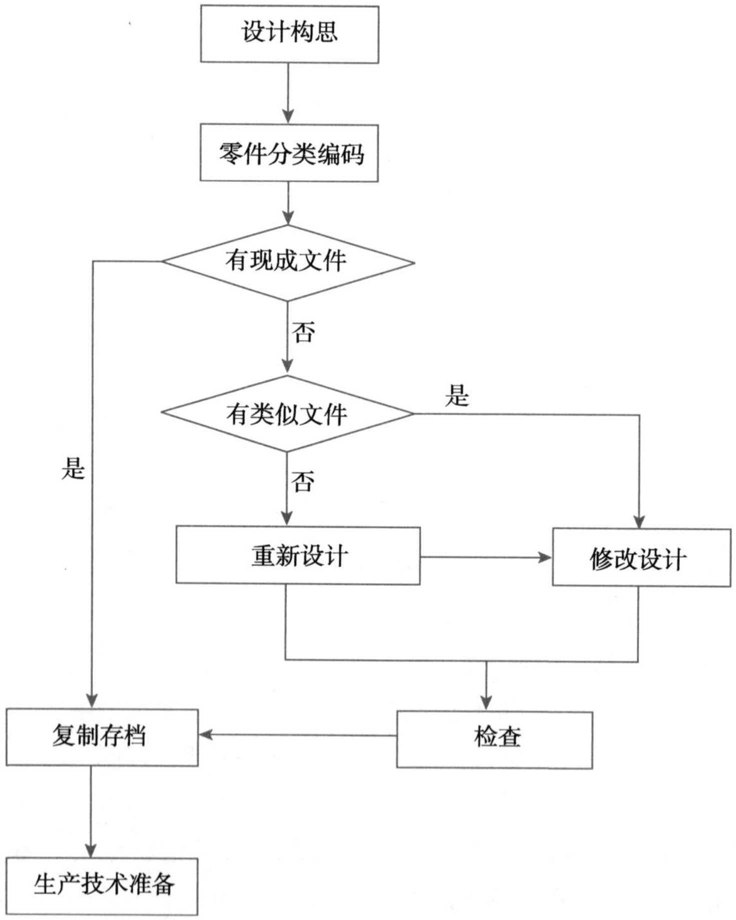

图 3-3　成组技术在产品设计中的应用过程

（三）模块化设计

模块化设计是以企业的标准件、通用件，以及以往生产过的零部件为基础，以组合方式或堆积木的形式来设计产品。在市场经济条件下，企业面临日益严峻的竞争，仅仅生产一种产品的企业是很难生存的。因此，大多数企业实行“哑铃式”战略，进行产品多样化生产，使产品设计强度加大。模块化设计不失为一种敏捷式、低成本的设计方法。

（四）计算机辅助工艺过程设计

计算机辅助工艺过程设计是在工艺过程设计中使用计算机以提高设计的标准化、自动化的技术。它把产品的设计信息和企业的生产数据都输入计算机中，能使系统产生出适用的工艺规程。从结构上看，计算机辅助工艺过程设计大体包括三个基本方式：

1. 检索式（或派生式）

检索式（或派生式）是应用成组技术的原理，对现有零件进行编码、分类，按照工艺相似件组成不同的零件族（组），然后为每一族（组）编制一份族（组）内所有零件通用的标准工艺规程，将标准工艺规程存入计算机中。在编制新的零件工艺时，先将新零件编码，依据编码找到它所归属的零件族（组），并检索出该零件族（组）对应的标准工艺规程，再由工艺设计人员按照该零件的设计要求对原标准工艺规程做必要的调整，就得到该零件的工艺规程。这种方式开发起来比较容易、实用，但工作量大，创新性不够。

2. 创成式

创成式与检索式完全不同，是根据零件的结构、物理特征及现在具备的生产工艺手段，综合技术条件等因素，根据一系列的加工制造决策逻辑，自动地从有关数据库中得到信息，在不需要人工干预、调整的情况下，得出新零件的工艺规程。这是一种理想的方式，但困难很大，人们正在积极探索它。

3. 混合式（或半创成式）

混合式（或半创成式）是对上述两种方式的折中，是计算机根据零件的形状、加工要素等一系列原始设计信息进行逻辑判断，依据由已有零件分类归组之后总结出来的典型的优化工艺路线，以及典型的优化的工艺手段编辑成一个新零件的工艺规程。它吸取了检索式和创成式的优点，开发起来比较容易。这种方式是目前进行计算机辅助工艺过程设计的主要方式。

计算机辅助设计、计算机辅助工艺过程设计、计算机辅助制造、计算机辅助工程及计算机辅助生产管理等的结合，为计算机集成制造系统的实现创造了良好的条件。

（五）价值工程

价值工程（value engineering，VE）是通过对研究对象的功能（function，符号为 F）、成本（cost，符号为 C）分析，寻求用最经济的寿命周期费用，实现产品必要功能的有组织的活动。价值工程中所指的价值（value，符号为 V）是功能与成本的比值，即

$$价值（V）=\frac{功能（F）}{成本（C）}$$

这里的功能是指能满足用户需求的必要功能；成本是指用户为获得功能所支付的全部费用，包括购置费和使用费。衡量价值的大小主要是看功能与成本的比值如何。应用价值工程的目的即努力使产品物美价廉。价值工程的特征如下：

（1）以功能分析为核心。功能分析是价值工程独有的研究方法。企业通过功能分析恰如其分地确定产品的必要功能，并寻求实现必要功能的最经济手段和方法。

（2）以不断创新为手段。价值工程的实质是“推陈出新”，否定原有的产品设计，打破原有的功能系统，综合运用各种创新技巧，改进老产品，开发新产品。

（3）以集团智慧为动力。运用价值工程改进和开发新产品时，强调依靠集体的智慧，群策群力，集思广益，开发出更新的产品方案。

（4）以提高产品价值为目的。国外统计资料表明：通常，在产品设计中，不必要的功能往往占 30% 左右。也就是说，有 30% 的成本是耗用在不必要的功能上，造成了极大的浪费。而价值工程就是要消除这种浪费，通过功能分析去掉多余、过时及不必要的功能，从而降低产品成本，提高产品价值。

（5）以定量分析为根本方法。价值工程活动从确定对象开始，到功能评价、成本计量、新方案形成及实施，直至成果评价全过程的每一阶段都运用量化方法，将那些无法用统计、会计资料反映，不宜用具体尺度衡量的指标进行量化，从而使得对问题的论证不再停留在“好”“坏”的判断上，而是通过准确的量化进行比较和证明。

（6）价值工程活动的过程，实质上就是分析问题、发现问题和解决问题的过程。整个过程围绕八个基本问题展开：它是什么？它有什么用？它的成本是多少？它的价值是多少？是否有其他方法去实现此功能？新方案的成本是多少？新方案是否能满足要求？它的效果有多大？

从价值的表达式可以看出，提高价值的基本途径有：①功能提高，成本降低；②功能提高，成本不变；③功能不变，成本降低；④成本稍有提高，功能大大提高；⑤功能稍有下降，成本大大下降。需注意的是，价值工程不是偷工减料。产品定价应在价值工程之后，不应在价值工程之前。

在产品设计阶段，使用价值工程意义很大，因为设计阶段很大程度上决定了产品的性能和费用。一旦设计失误（成本高或功能不够），则企业要么长时间地承受高成本

和不适应市场需求的压力，要么付出沉重的返工代价。

四、服务蓝图

关于服务设计问题这里主要介绍服务蓝图。服务蓝图是服务设计的基本工具，它是美国学者奥斯托克于 1984 年提出的概念。服务蓝图通过视觉化的手法，把划分为前台、后台的服务体系，展示在服务系统每个人员的面前。

服务蓝图可清晰、直观地反映服务过程及各类人员的行为方式，可使企业进一步深入了解服务系统性能，把握服务系统中的服务关键点，寻求提高服务质量、改善服务环境的措施和方法。服务关键点有决策点、体验点、技术点、失败点、顾客特点等。服务蓝图为全面提升服务质量、提高顾客满意度提供了有力依据。

（一）服务蓝图的构成

服务蓝图包括三要素：①四种行为，即顾客行为、前台员工行为、后台员工行为、支持活动；②三条线，即互动分界线、可视分界线、内部互动分界线；③有形展示，即顾客与服务系统交互过程中所接触到的（看到的、听到的、触摸到的、用到的）各种有形内容。服务蓝图基本框架如图 3–4 所示。

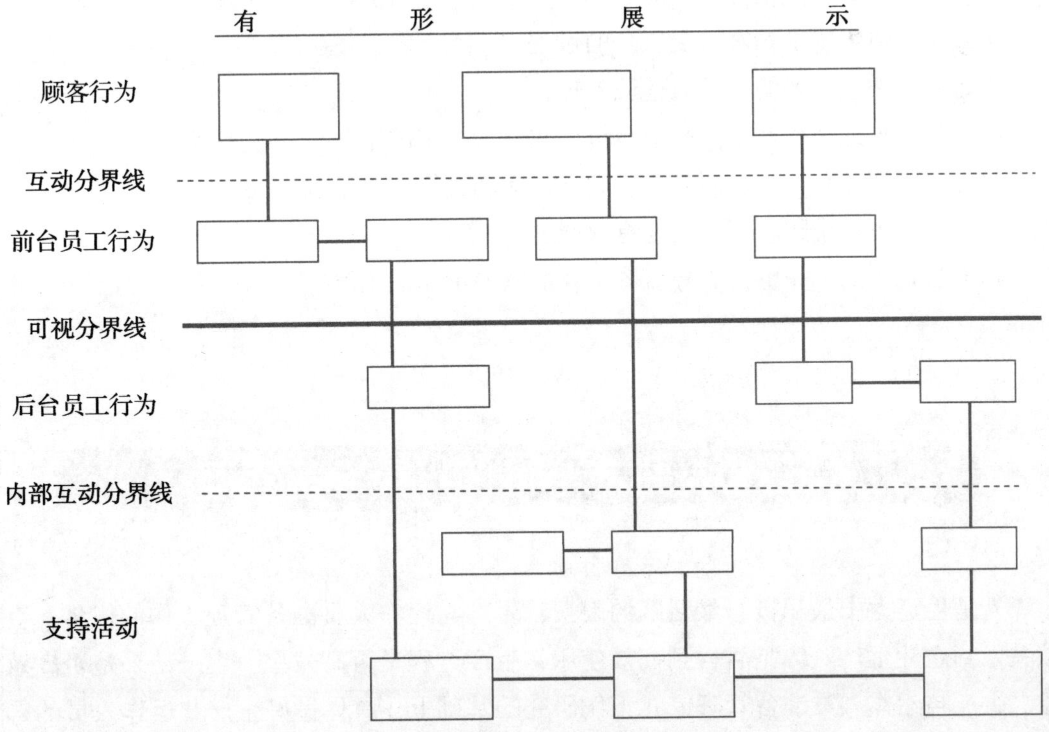

图 3–4　服务蓝图基本框架

（二）服务蓝图的作用

服务蓝图的作用具体包括：

（1）服务蓝图能让员工树立全局观点、整体性服务意识，清楚地看到每个人在其中的位置，在服务整体中的职能和作用，从理性上树立实现以顾客为导向并超越顾客导向的服务理念。

（2）通过展示服务各环节组成要素及关系，形成服务战略。

（3）通过对服务人员与顾客接触线的分析，明晰顾客在哪个环节感受和评价服务质量，为改进设计打下基础。通过内部互动分界线的显示，发现顾客在服务现场的接触点，以促进服务传递质量的持续改进。

（4）认清服务过程中的薄弱环节，从而确定服务质量，改进服务目标。

（5）为内外部营销活动提供重要基础，为明确成本、收入和向不同服务要素投资提供基础。

（6）能清楚地提供由表及里提高服务质量的途径。

（三）绘制服务蓝图的步骤

绘制服务蓝图的步骤如下：

第一步，明确制定服务蓝图的目标。

第二步，清晰辨别顾客接受服务的过程。

第三步，站在顾客的位置表述服务过程。

第四步，描述为顾客服务的前台员工和后台员工的服务行为、支持活动。

第五步，把顾客行为、服务行为和支持活动进行有机组合。

第六步，为每个顾客行为加上有形展示。

第七步，绘制出完整的服务蓝图，并加以展示、使用。

第三节　生产与运作人员准备管理

人是生产力中最积极、最活跃的因素，生产与运作人员准备管理工作的优劣，直接关系到企业生产资源是否得到高效使用，生产过程是否高效率，生产结果是否高效益。生产与运作人员准备管理应在工作研究的基础上，具体做好生产与运作人员的选择、培训、分配、考核及奖评等工作，以充分体现市场经济环境下以人为本的原则，调动员工的积极性、创新性，为企业持续发展打下坚实基础。这里主要在工作研究的基础上讨论劳动定额和定员的问题。

一、工作研究

工作研究是劳动科学管理的重要内容，其实质就是在既定的条件下，运用系统分析，研究资源的合理利用，排除作业中不合理、浪费、混乱的因素，以寻求一种最佳的、经济的作业方法。工作研究主要包括方法研究和时间研究。方法研究的目的是制定标准作业，时间研究的目的是制定标准时间。方法研究和时间研究是相互联系的：方法研究是时间研究的基础，时间研究是选择和比较方法的依据。

（一）方法研究

方法研究是对现行或拟议的工作方法进行系统的记录和分析，以寻求最经济、最合理、最有效的工作程序和操作方法的一种管理技术。

方法研究的内容有以下两部分：

1. 生产过程分析

企业通常采用5W1H分析法（表3-3）对生产过程进行考察分析和改善，分析的方法是提问，即对工作方法进行反复提问。

表3-3　5W1H分析法

逐轮提问	第一轮提问	第二轮提问	第三轮提问	结论
	现状	为什么	能否改善	新的方案
对象（what）	干什么	为何要干	能否干别的	应该干什么
原因（why）	干的必要性	理由是否充分	有无新的价值	新的理由
地点（where）	在哪儿干	为何在此干	能否在别处干	应该在哪儿干
时间（when）	何时干	为何在此时干	能否在其他时间干	应该在何时干
人员（who）	谁来干	为何由他干	能否由别人干	应该由谁干
方法（how）	怎样干	为何这样干	有无其他办法	应该如何干

2. 动作研究

这是一种以细微动作为研究对象的分析方法。它是把某项作业的动作分解为最小的分析单位（动素），来对作业进行定性分析，以找出最合理的动作，使作业达到标准化的一种方法。

动作研究是生产过程研究的基础和细化。在动作研究中，动作经济研究是其核心内容。

（二）时间研究

时间研究是各种时间测定技术的总称。它是以时间为单位，把工人所进行的工作细分为若干单元，分别加以观测，并记录其时间值，进行分析研究，建立标准工作时间的一种管理技术。

所谓标准工作时间，是指采用一定方法，在一定条件下，由具有相当技能且生理条件适宜的工人，在不损害其健康的范围内，完成某一工作经常所需的时间。确定标准工作时间的方法主要是现场观测，具体有工作日写实法、瞬时观测法和测时法。

1. 工作日写实法

工作日写实法是对一个轮班内的工时利用情况，按照时间消耗顺序，进行实地观察、记录、分析的一种方法。该方法一般可按五步进行，即“选择—记录—观察—整理—总结”。

（1）选择，是根据目的去确定被写实对象。

（2）记录，是在确定被写实对象的基础上，将被写实对象的具体情况填入有关记录表，应在观察日之前完成。

（3）观察，是在预先确定的观察日，在规定的轮班内，按时间顺序观察并记录被写实对象的工作活动。在观察时，要做到观察人坚守岗位，实事求是地对被写实对象情况做记录。

（4）整理，是将观察结果加以分类、整理、汇总，按工时消耗的不同性质将发生时间区别，求出占总时间比例。

（5）总结，是将整理的资料分析研究，发现问题，寻找原因，制定对策，落实任务，检查总结，以求改进。

2. 瞬时观测法

瞬时观测法是把统计学中的抽样理论和方法应用到现场观察中的方法。瞬时观测法是以随机方式，在不定的时间条件下，以观察随机过程来测定具体工作时间的一种方法。其具体步骤是：首先，做准备工作，包括选择观测对象、做一系列说明工作、确定观测项目内容、确定观测时刻、确定观测次数、确定巡回路线，以及准备好瞬时观测的专用表格和记录工具等；其次，进行观测和资料的整理分析；最后，确定标准时间。

3. 测时法

测时法是对完成某项工作（或某道工序），按操作顺序在实地观测工时消耗的一种方法。测时的目的是通过开展这项工作，总结先进人员的操作经验，寻求比较合理的工作方法和工序结构，了解各个操作内容的工时利用情况，以便制定标准工作时间。

测时的形式有两种：①单测，即对一道工序的各个操作进行顺序的连续观测，以求出单件工作时间；②抽测，即对一道工序中的某一个或某几个操作进行观测，以求出某一个或某几个操作时间的标准资料。测时的步骤是“准备—观测—整理分析—评定”。

准备，主要有选择测时对象、划分工序的操作项目、确定定时点、规定观测次数、准备表格及测时工具等工作。整理分析资料时，相关工作人员要计算每个操作者各次的延续时间；求出每个操作延续时间的合计数及平均值；计算稳定系数，即每个测时所取得的数列中最大值与最小值之比，它是用以检查所取资料是否可靠的标准，稳定系数越接近 1 越好。

二、制定劳动定额

工作研究，尤其是时间研究为制定劳动定额提供了良好的前提条件。实际上，上述介绍的制定标准工作时间的方法也正是制定劳动定额的方法之一。

（一）劳动定额概述

1. 劳动定额的概念

劳动定额是指在一定的生产组织技术条件下，为生产一定量的合格产品或完成一定量的符合要求的工作科学、规定合理的劳动消耗量的标准。劳动定额的分类见表 3–4。

表 3–4　劳动定额的分类

分类方式	内容
按表现形式划分	时间定额、产量定额、看管定额、服务定额、人员定额、销售定额等
按在管理中的作用划分	现行定额、标准定额、计划定额等
按使用范围划分	全国定额、地区定额、行业定额、企业定额等
按综合程度划分	产品或任务综合定额、单件或单项定额

2. 企业劳动定额常用的基本形式

（1）工时定额。它是指工人生产单位合格产品所需的时间。这是用时间表示的劳动定额，也可称为时间定额。

（2）产量定额。它是指工人在单位时间（每小时或每个轮班）内应该完成的合格产品数量。这是用产量表示的劳动定额。

这两种定额在数值上成反比关系，可以相互换算。另外，还有一种看管定额，指一个工人或一组工人同时看管几台机器设备。企业采用什么形式的劳动定额，要根据生产组织的需要而定。

3. 劳动定额的作用

（1）劳动定额是企业编制计划，管理、组织生产的重要基础。

（2）劳动定额是评定员工劳动成绩，正确确定员工劳动报酬并实施分配的重要依据。

（3）劳动定额是挖掘生产、工作潜力，提高劳动生产率的重要手段。

（4）劳动定额是企业进行经济核算的重要基础资料。

（二）工时消耗分类

为了科学地制定劳动定额，企业首先要对工时消耗进行正确分类，为制定先进、合理的定额提供依据。一般地，企业把总的工时消耗分为两类：定额时间和非定额时间。具体划分如图3-5所示。

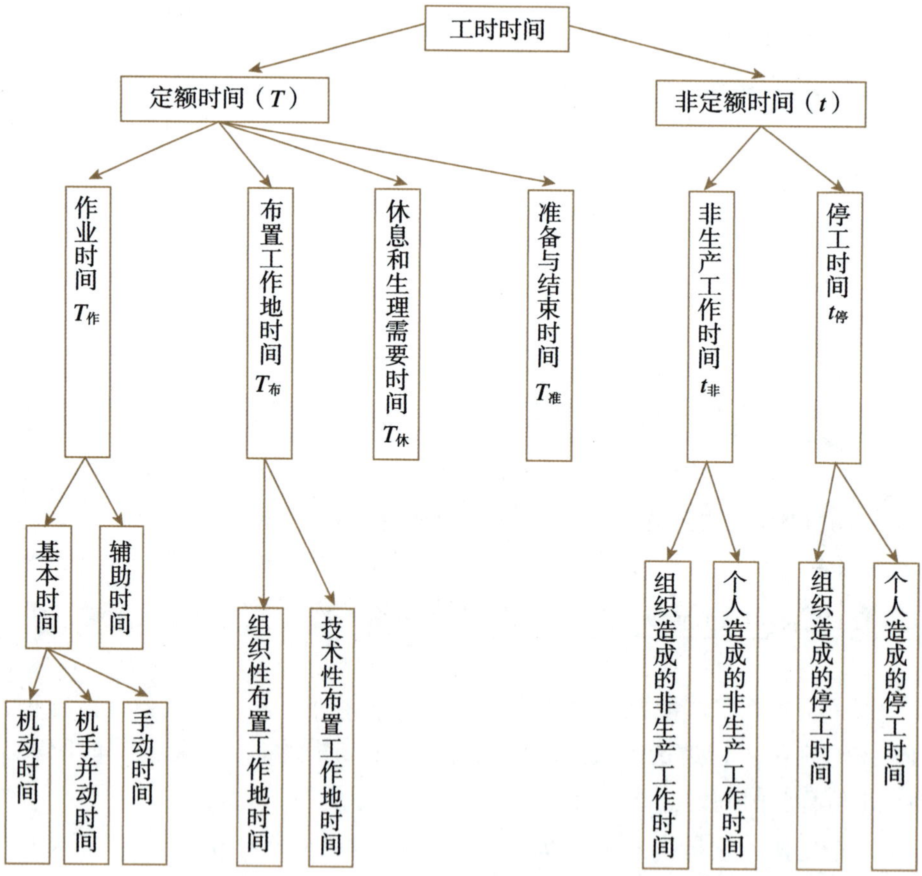

图3-5　工时消耗时间分类

各类工时消耗的定义、特征和举例等可参见表 3–5 和表 3–6。

表 3–5 定额时间分类

序号	1			2			3	4
分类	作业时间	作业时间组成之一：基本时间	作业时间组成之二：辅助时间	布置工作地时间	布置工作地时间组成之一：技术性布置工作地时间	布置工作地时间组成之二：组织性布置工作地时间	休息和生理需要时间	准备与结束时间
定义	劳动者执行某工序的工艺技术程序，以实现工艺目的的所消耗的时间	劳动者使用机器设备，改变劳动对象的几何形状、位置、理化性质等所消耗的时间	劳动者为完成基本操作而实施某些辅助操作所消耗的时间	劳动者在工作班内，为使工作地保持正常工作状态和良好作业环境所消耗的时间	劳动者在作业过程中，为使技术装备、加工条件处于正常状态而消耗的时间	劳动者为实行文明生产而对工作地实施组织措施所消耗的时间	劳动者在工作班内用于消除疲劳及生理上正常需要所消耗的时间	劳动者为完成一批产品加工或一项单独工作而进行事前准备及事后结束所消耗的时间
特征	随每一工件重复出现	随每一工件重复出现	随每一工件重复出现	随工作班重复出现	随工作班重复出现，与机器延续时间成正比，发生在工作过程中	随工作班重复出现，一般发生在工作班开始与结束时	随工作班重复出现，视作业性质、条件及劳动强度而有所差别	随产品批次重复出现
举例	铸件造型；金属结构件制作；产品装配；工件切削的全部操作等	机械加工工序的金属切削；装配工序的铲削；焊接工序的切、割、焊等	工件装卸；开关机器进退刀；移动刀架；工作自检测量	新的一天或一个班次开始，对工作任务要求、设备工作状态，以及开始工作的准备情况进行检查、确认	调整机床；更换刀具；消除切屑；整理毛坯、成品	设备检查、加油、试运转；领取、放置、收拾工具和文件；清扫整理现场；交接班等	休息；喝水、擦汗；吸烟；上洗手间等	接受任务，熟悉技术文件；设备工具调整；首件加工、交验；交换工具，清理现场；填写工票等

表 3-6 非定额时间分类

序号	1			2		
分类	非生产工作时间	非生产工作时间组成之一：组织造成的非生产工作时间	非生产工作时间组成之二：个人造成的非生产工作时间	停工时间	停工时间组成之一：组织造成的停工时间	停工时间组成之二：个人造成的停工时间
定义	劳动者在工作班内做非生产性工作或生产中的无效劳动所消耗的时间	劳动者在工作班内由组织安排从事非生产性工作所消耗的时间	劳动者在工作班内由于个人原因从事非生产性工作或无效劳动所消耗的时间	劳动者在工作班内由于外部或个人原因造成停工所消耗的时间	劳动者在工作班内由于组织管理原因造成停工所消耗的时间	劳动者在工作班内由于个人原因造成停工所消耗的时间
产生原因	组织安排；个人负责	组织因某种需要占用生产时间	工作处理不当或技术失误	管理不善或企业外部影响，个人违反劳动纪律或其他原因	企业内组织管理不善，企业外部工作缺陷	个人违反劳动纪律
举例	社会活动；个人用于非生产或无效劳动时间等	因无生产任务或停工而进行的临时安排等	个人造成的废品、次品、返修品；个人做非生产工作等	等待物资；等待生产任务；擅离工作岗位	等待检验；等待修理、工具；等待工艺文件等	迟到、早退、中途离岗；矿工；临时事假或病假；个人造成停工事故等

在成批生产条件下，由于工作地轮番生产几种产品，每轮番生产一种产品都需要消耗一次准备与结束时间。因此，企业除了制定单件时间定额外，还要单独制定准备与结束时间定额，并将其分摊到每一件产品的时间定额中去，这个时间定额叫单件计算时间定额。其计算公式为：

$$单件计算时间定额=单件时间定额+\frac{准备与结束时间}{每批产品的数量}$$

在单件生产条件下，单件时间定额可粗略计算。其计算公式：

$$单件时间定额=作业时间\times\left(1+\frac{布置工作地与休息和生理需要时间占作业时间的百分率}{}\right)+\frac{准备与结}{束时间}$$

在时间定额中，除了作业时间，其他时间均可称为宽放时间。宽放时间的确定是时间研究中最有争议的问题。其原因是多种多样的，最主要的是与个人差异、工作性质及工作环境有关，具体计算方法可参考有关专著。

（三）劳动定额的制定方法

企业在制定劳动定额时要考虑劳动者的技术熟练程度和水平、生理条件，机器设备、工具等状况，原材料、燃料、协作件的质量和供应情况，劳动强度等客观环境条件等。

工业企业中常用的劳动定额的制定方法，除了已介绍过的时间研究方法（属技术分析法）外，还有经验估工法、统计分析法、类推比较法和技术分析法等。

劳动定额制定的方法，应根据企业的生产类型、管理和技术水平、专职定额人员素质等因素决定。各种制定方法的基本定义、特点、优缺点和适用范围可参见表 3–7。

表 3–7　制定劳动定额的方法比较

项目		基本定义	特点	优缺点	适用范围
经验估工法		由专业人员根据自己的生产实践经验，参照生产技术文件和实物，考虑生产技术组织条件来估算定额的方法	凭专业人员的实践经验	方法简便，制定速度快，但技术依据不足	多品种单件小批生产；新产品试制；一次性临时定额
统计分析法		利用过去生产过的同类型产品或类似产品工序的实际工时消耗的资料，在分析比较的基础上制定定额的方法	凭统计资料的数据	方法比较简便，制定速度快，但定额的可靠性取决于统计资料的质量	成批生产
类推比较法		以同类产品典型零件的定额和规定参数为依据，进行分析比较后制定定额的方法	以典型零件定额和规定参数为依据类推比较	制定速度比较快，但如果典型零件或参数不当，会影响定额质量	多品种单件小批生产
技术分析法	技术测定法	在分析生产技术组织条件和总结先进经验的基础上，应用测定和写实方法来制定定额的方法	根据现场测定的时间数据	方法较复杂，工作量较大，但技术依据较充分，定额质量较好	成批生产、大批大量生产
	技术计算法	在合理的工艺规程和工作地组织的基础上，利用各种实践标准和工艺参数标准来计算定额的方法	根据时间标准和工艺参数标准进行计算	方法最复杂，工作量最大，但技术依据充分，定额质量比其他方法好	大批大量生产、成批生产

企业在制定劳动定额时需注意以下几个方面的问题：

（1）劳动定额制定的基本要求是“快”“准”“全”。“快”是时间要求，尽快制定以满足生产与运作的现场需求；“准”是质量要求，定额制定要准确，要做到先进、合理；“全”是范围要求，该制定的都应制定。这三者中，“准”是关键，在“准”的基础上力求“快”和“全”。

（2）定额水平一定要先进、合理，既不能过高以致难以实现，又不能过低以致缺少鞭策。统计分析法中三个计算公式能够体现这个原则。这三个计算公式如下：

$$平均先进工时=\frac{(工序平均实作工时+最先进工序实作工时)}{2}$$

$$平均先进工时=\frac{先进部分工序实作工时之和}{先进部分项数}$$

$$平均先进工时=\frac{\left(\begin{matrix}先进部分实\\作工时之和\end{matrix}+\begin{matrix}平均实作\\工时\end{matrix}\times\begin{matrix}落后部分实\\作工时项数\end{matrix}\right)}{总项数}$$

（3）定额涵盖的工作要全面。每个岗位、每个工人应该确定定额的，一定要确定定额。

（4）要保证相同工作定额的统一和不同工作定额水平的平衡，以免挫伤部分员工的积极性。

（5）定额应根据情况变化做及时、适当的修正。

（6）制定劳动定额时一定要选用适合本企业特点的定额制定方法。

劳动定额制定方法在不断推进，传统的四种方法在不断发展和演进，主要体现为从低级到高级、从不科学到科学的进化过程。劳动定额分为定性分析（主要是经验估工法、类推比较法）和定量分析（统计分析法、技术测定法、技术计算法）。定性分析法主要依靠预测人员的丰富实践经验及主观的判断进行分析预测。其中，类推比较法向典型零件时间定额标准法、静态回归法深入。定量分析通过建立数学模型进行预测，其准确度大大加强。其中，统计分析法从传统统计分析法向时间序列法、动态回归法、学习曲线法深入。技术测定法从传统的技术测定法向效率评定法、抽样推断法深入。技术计算法向详细时间定额标准法、预定动作时间标准法深入。此外，劳动定额制定方法进一步分为整体预测法和分析预测法，前者简便易行，后者详细。劳动定额制定在思考维度上从静态的简单维度向动态的多维度发展，更贴近现实和应用。

三、编制定员

企业应合理编制定员，既要保证生产和工作需要，又要防止人浮于事、窝工浪费。企业必须充分调动各类人员的积极性，以精练的机构和人员、有效的工作去应对激烈的市场竞争，使企业立于不败之地。企业在编制定员时，必须严肃、认真、慎重地进行。劳动定员是编制劳动计划、调配劳动力的重要依据，是促进改善劳动组织、有效建立岗位责任制的依据。搞好定员可使企业人力资源得到有效配置，促进企业生产效率的提高，更好地应对市场竞争。

企业编制定员，是根据企业既定的产品方向和生产规模，在一定时期内和一定的技术组织条件下，规定企业应配备的各类人员的数量标准。编制定员有时可简称“编制”或“定员”。

（一）编制定员的基本要求及范围

编制定员的基本要求有以下三个方面：

（1）应以企业当前和近期生产发展为主要依据。一般情况下，应以设计能力或查定能力为依据。考虑到培养这两种能力往往有一个过程，因而，要以企业当前和近期生产发展为主要依据，深入做好预测工作，要有充分的依据。

（2）定员水平必须先进、合理。所谓先进，主要指定员应建立在尽量采用先进工艺技术，改善劳动组织和生产组织，实行先进、合理的劳动定额，充分挖掘劳动潜力，任务满负荷的基础上，与条件大体相同的同行业的企业比较，使定额人数相对地少。所谓合理，主要指要从企业现实技术装备水平和员工技术水平出发，保证生产与运作的正常需要。

（3）合理安排各类人员的比例关系。它包括直接生产人员和非直接生产人员的比例关系、基本生产人员和辅助生产人员的比例关系、工程技术人员与其他人员的比例关系。企业应设置较大比例的一线工作人员。

企业编制定员的人员范围：基本生产人员、辅助生产人员、服务人员、工程技术人员、管理人员等。

（二）编制定员的方法

1. 按劳动效率定员

这是根据生产任务、工人劳动效率和出勤率定员。其计算公式：

$$定员人数=\frac{每一轮班应完成的生产任务}{(工人班产量定额\times 定额完成率\times 出勤率)}$$

2. 按工时定额定员

其计算公式：

$$定员人数=\frac{(每一轮班应完成的生产任务\times 工时定额)}{(工作班时间\times 定额完成率\times 出勤率)}$$

这种定员方法适用于劳动有定额的人员。

3. 按设备定员

这是根据机器设备数量、工人看管设备的定额、设备开动班次和出勤率定员。其计算公式：

$$定员人数=\frac{(为完成生产任务必须开动的设备台数\times 每台设备的开动班次)}{(工人看管设备的定额\times 出勤率)}$$

这种定员方法适用于以机械操作为主的工种。

4. 按岗位定员

这是根据工人看管或操作的设备的工作岗位数、工作量等因素定员。对于多岗位共同操作的设备，其计算公式：

$$班定员人数=\frac{共同操作的各岗位的生产工作时间总和}{(工作班时间-休息和生理需要时间)}$$

这种定员方法适用于大型联动设备的看管或操作的工种。

5. 按比例定员

这是根据企业员工总数或某类员工总数的比例定员。其计算公式：

$$定员人数=员工总数或某类员工总数\times 定员比例$$

这种定员方法适用于辅助生产人员和某些非直接生产人员。

6. 按组织机构、职责范围和业务分工定员

这是根据职能科室的职责范围、业务分工和工作量来定员。这种定员方法适用于管理人员和工程技术人员。

（三）富余人员安排

当发生下列情况时，企业会产生富余人员：某种产品或服务的市场需求萎缩；生产机械化水平提高；劳动生产率提高，劳动定额下降；重新组织生产，精简机构等。此类问题随着市场经济的深入发展，发生频率会越来越高，发生周期会越来越短，对企业的影响会越来越明显，人员的变动和调配会越来越多变，要求会越来越高。企业要认真做好预测工作，提前做好安排和协调，防止对企业造成大的影响和波动。

对富余人员的安排主要有以下几种主要途径：组织劳动服务公司或生活服务公司；有计划地分期分批组织技术业务的岗位培训；参加本企业新建、扩建项目；参加本企业综合利用、修旧利废或组织其他生产活动；认真做好符合退休和退职条件的员工退休、退职工作；通过人才交流中心，将富余人员调配到其他用人单位；等等。

企业的生产准备除了上述谈到的生产技术准备、生产物资准备、生产人员准备外，还有产品协作配套准备、设备准备、动力准备、理化计量准备等。总之，企业应做好上述各方面的准备工作，为高效、优质、低成本地实现生产与运作目标打下坚实的基础。

本章小结

本章重点放在开展生产与运作工作前期准备管理工作上。首先，强调了生产与运作能力及其核算，立足于对外适应市场需求，对内适应企业客观实际条件和环境等因素。其次，对产品和服务研发问题做了深入分析，明确了其对整个生产与运作的影响，进一步分析了新产品开发的步骤、老产品改造的原则等。突出服务蓝图问题，对服务业如何更好地加强管理提出了有效的方法，具有现实意义。最后，着重对生产与运作的人员准备进行了分析，突出论述了工作研究，强调了劳动定额、定员问题，为认真开展生产与运作工作打下良好的基础。

复习思考题

1. 什么是生产与运作能力？影响生产与运作能力的主要因素有哪些？生产与运作能力核算的方法有哪些？

2. 简述新产品的分类，以及新产品的开发原则、开发程序和方法。

3. 简述服务蓝图的构成，并结合实际绘制服务蓝图。

4. 简述劳动定额的概念、分类，分析工时消耗的分类，指出制定劳动定额的原则、方法。

5. 编制定员的基本要求是什么？编制定员的方法有哪些？

第四章　生产与运作计划制订

学习目标

1. 记忆：生产与运作计划体系；综合生产与运作计划指标。
2. 阐述：准时生产与精益生产的思想；企业资源计划的主要思想。
3. 应用：主生产计划的制订；生产作业计划期量标准的确定和生产作业计划编制方法。

第一节　生产与运作计划

一、生产与运作计划体系

通过有效的生产与运作系统配置生产与运作准备，企业生产与运作具备了可运行的物质基础。为了启动这一物质系统（生产与运作系统），使其高效、优质、低成本地运行，企业要制订生产与运作计划，确定企业在计划期内的总体工作目标。生产与运作计划是物资供应计划、劳动工资计划、财务计划制订的基础。

制造型企业的生产与运作计划体系如图 4–1 所示。

如图 4–1 所示，该体系分三大层次：长期计划、中期计划和短期计划。长期计划规划企业长远发展，由企业战略计划、产品与市场计划、财务计划、企业资源（能力）计划等组成，计划期一般在 5 年及以上，指明企业未来的发展目标和实现路径。中期计划的计划期一般在 1 年左右，它是企业长期计划和短期计划的纽带，衔接对企业计划期内资源和需求之间进行平衡所做的规划和安排。中期计划主要包括综合生产与运作计划、主生产计划等，它使长期计划得以落实，又使短期计划的编制、实施有坚实基础。短期计划是具体实施计划，计划期短，一般在月度及以下，甚至到天、小时、分钟等，如物料需求计划、生产作业计划等。本节主要介绍综合生产与运作计划、主生产计划、生产作业计划。物料需求计划将结合企业资源计划在下一节介绍。

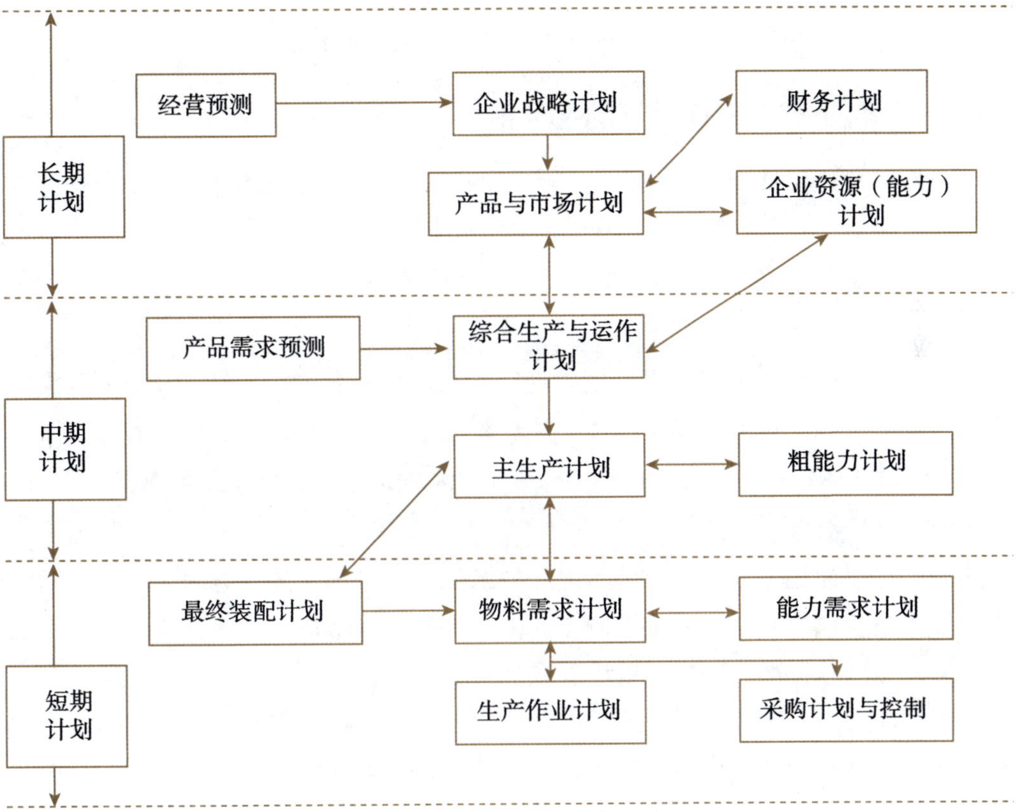

图 4-1　制造型企业的生产与运作计划体系

二、综合生产与运作计划

（一）综合生产与运作计划概述

综合生产与运作计划是关于企业生产与运作系统总体的计划。它所反映的并非某几个生产岗位或某一条生产线的生产活动，也非产品生产的细节问题或一些具体的机器设备、人力和其他生产资源的使用安排问题，而是企业在计划期（本书在此以年度生产与运作计划为讨论对象，计划期为 1 年）应达到的产品品种、产品质量、产品产量、产值、出产期等生产与运作方面的指标，并在时间上对产品出产进度做出安排，它是指导企业计划期生产与运作活动的纲领性方案。

综合生产与运作计划工作是指生产与运作计划的具体统制工作。它将通过一系列综合平衡工作，为生产与运作系统的运行提供一个优化的综合生产与运作计划。

所谓优化的综合生产与运作计划，必须具备以下三个特征：①有利于充分利用销售机会，满足市场需求；②有利于充分利用盈利机会，并实现生产成本最低化；③有利于充分利用生产资源，最大限度地减少生产资源的闲置和浪费。

（二）综合生产与运作计划的主要指标

综合生产与运作计划是由生产指标表现的。为了有效和全面地指导企业计划期的生产与运作活动，综合生产与运作计划应建立包括以产品品种、产品质量、产品产量、产值及出产期五类指标为主要内容的综合生产指标体系。

1. 产品品种指标

产品品种指标是指企业在报告期内规定生产产品的名称、型号、规格和种类。它不仅反映企业对社会需求的满足能力，还反映企业的专业化水平、生产管理水平。产品品种的确定在综合生产与运作计划中占有十分重要的位置，处于首要地位。

2. 产品质量指标

产品质量指标是衡量企业经济状况和技术发展水平的重要标志之一。产品质量受若干质量控制参数控制。对质量控制参数的统一规定就形成了质量标准。质量标准有几种类型，即国际标准、国家标准、部颁标准、行业标准、企业内部标准等。产品质量指标包括两大类：一类是反映产品本身内在质量的指标，主要是产品平均技术性能等；另一类是反映产品生产过程中工作质量的指标，如质量损失率、废品率、成品返修率等。

3. 产品产量指标

产品产量指标是指企业在一定时期内生产的并符合产品质量要求的实物数量。以实物数量计算的产品产量，反映企业生产的发展水平，是制定和检查产量完成情况，分析各种产品之间比例关系和进行产品平衡分配，计算实物数量生产指数的依据。

4. 产值指标

产值指标应包括以下三种：

（1）工业总产值。工业总产值是指以货币表现的工业企业在报告期内生产的工业产品总量。它是反映一定时期内工业生产总规模和总水平的指标，是计算企业生产发展速度和主要比例关系，以及一些经济指标的依据。它在企业中不考核，是计算指标。工业总产值包括成品价值，工业性作业价值，以及自制半成品、自制设备、在产品期末期初结存差额价值。价格根据不同需要采用可变价格或不变价格。

（2）工业商品产值。工业商品产值是工业企业在一定时期内生产的预定发售到企业外的工业产品的总价值，是企业可以获得的货币收入。利用工业商品产值和企业的实际销售收入比较，可以体现出企业生产与市场需求的吻合程度。显然，二者差距越小，说明生产越符合市场需求。工业商品产值包括：企业利用自备材料生产的成品价值；利用订货者的来料生产的成品的加工价值；完成承接的外单位的工业性作业的价值等。销售总额十分重要，企业应高度重视。

（3）工业增加值。工业增加值是企业在报告期内以货币表现的工业生产活动的最终成果。工业增加值与工业总产值确定最终成果的范围不同。工业增加值以社会最终成果作为计算的依据，而工业总产值是以企业最终成果作为计算的依据。以社会范围确定最终成果，不包括企业之间、部门之间相互消耗产品的转移价值。工业增加值的价值由新创造的价值加固定资产折旧构成。

5. 出产期指标

企业生产与运作的出产期是指为了保证企业按时交货所确定的产品出产期限。准确地确定出产期非常重要，若出产期定得太紧，无法按期实现，会给顾客带来损失，影响企业信誉；若出产期定得太松，会失去顾客，影响企业生产与运作能力的发挥。

三、主生产计划

（一）主生产计划的概念和制订程序

1. 主生产计划的概念

主生产计划（master production schedule，MPS）是指确定企业每一具体最终产品在每一具体时间段应生产的数量。它是综合生产与运作计划的分解和细化，其时间段一般定为 1 周，有时定为日、旬、月，根据具体情况而定。

2. 主生产计划的制订程序

制订主生产计划的程序如图 4–2 所示。其前提是有明确的综合生产与运作计划，将产品的预测需求、订单、库存、生产与运作能力等相关信息综合考虑，大致确定主生产计划方案，然后将方案与实际资源反复进行比较，看是否平衡并符合实际条件。若不平衡或不符合实际条件，则修改主生产计划，或对资源进行增加，待平衡并符合后，报有关部门审批。主生产计划的指标主要有计划生产量、存货需求、待分配库存等。

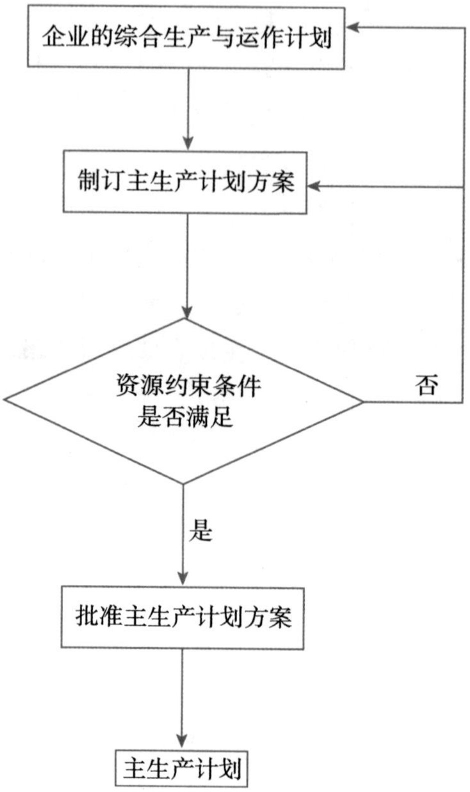

图 4-2　制订主生产计划的程序

（二）制订主生产计划的基本模型

制订主生产计划的基本模型主要有计算现有库存量（projected on-hand inventory，POH）、确定主生产计划的生产量和生产时间、计算待分配库存（available to promise inventory，ATP）等。为简便起见，这里没有考虑企业最终产品的安全库存。另外，主生产计划时间一般以周为单位。

1. 计算现有库存量

现有库存量是指每周的需求被满足后剩余仍可利用的库存量。某周的现有库存量等于上周末库存量加上本周主生产计划生产量，再减去本周的预计需求量或实际订货量（二者取其中较大值）。表达式如下：

$$I_t = I_{t-1} + P_t - \max(F_t,\ Co_t)$$

式中：I_t——第 t 周的现有库存量；

P_t——第 t 周的主生产计划生产量；

F_t——第 t 周的预计需求量；

Co_t——第 t 周准备发货的顾客订货量，即实际订货量。

式中，P_t 是企业第 t 周完成并准备发送的产品数量，这里减去预计需求量和实际订货量（二者经常不同）中较大值的含义是为了最大化地满足需求。

下面举例说明：某企业生产一种产品，据预测，该产品 3 月的需求为 80 件，4 月的需求为 160 件。现对该产品制订主生产计划，计划时间以周为单位。

表 4-1 为记录主生产计划有关数据的表格形式，现有库存量 45 件，在“预计需求量”一栏写明 3 月、4 月共 8 周中的每周需求量，这些需求量是预测的，不一定是实际订货量。“顾客订货量”栏所写数量是顾客的实际订货量，即每周应发给顾客的数量。根据表 4-1 提供的数据和计算公式，第 1 周末现有库存量为 22（45 + 0 − 23）件。取 23、20 中较大值，虽超过预计需求量，但 3 月的整个订货量（50 件）在预计需求范围内（80 件）。第 2 周末现有库存量为 2（22 + 0 − 20）件。第 3 周末现有库存量为 −18（2 + 0 − 20）件，说明缺货，产生负数是要求生产该数量的信号。因计算现有库存量，此时表 4-1 中“主生产计划量”栏还空着。

表 4-1 制订主生产计划有关数据 生产批量：80 件 单位：件

期初库存：45 件	3 月				4 月			
	周次				周次			
	1	2	3	4	5	6	7	8
预计需求量	20	20	20	20	40	40	40	40
顾客订货量	23	15	8	4	0	0	0	0
现有库存量	22	2	−18					
主生产计划量								

2. 确定主生产计划的生产量和生产时间

完成上述步骤后，接着计算主生产计划的生产量和生产时间。关键一条是主生产计划的生产量和生产时间必须保证现有库存量不是负数。一旦现有库存量变成负数，应通过主生产计划补上，这是确定主生产计划的生产量和生产时间的根本依据。

仍按上例，企业要消耗掉现有库存，则主生产计划的第一个生产周应当是直至库存用完的那一周，如表 4-1 所示的第 3 周。第 3 周的主生产计划量应大于或等于零，然后继续计算库存消耗，直至下一次出现缺货，即第 6 周。如此反复进行，再下一次是第 8 周，如表 4-2 所示，这里假设该产品的生产批量为 80 件。

表 4-2　某产品计算主生产计划量　生产批量：80 件　单位：件

期初库存：45 件	3 月				4 月			
	周次				周次			
	1	2	3	4	5	6	7	8
预计需求量	20	20	20	20	40	40	40	40
顾客订货量	23	15	8	4	0	0	0	0
现有库存量	22	2	62	42	2	42	2	42
主生产计划量	0	0	80	0	0	80	0	80

3. 计算待分配库存

待分配库存是营销部门用来应对顾客在确定时间内供货的产品数量。对于临时的、新来的订单，营销部门也可利用待分配库存来签订供货合同，确定供货日期。

待分配库存的计算分为第 1 周和以后各周两种算法。第 1 周的待分配库存算法是用期初库存量加上本周主生产计划量减去直至下一期（不包括该期）主生产计划到达为止的全部顾客订货量。以后各周待分配库存的计算方法：首先只在有主生产计划量时才计算，用该周的主生产计划量减去从该周到相邻下一次主生产计划到货周（不包括该周）顾客全部订货量。以后各周的待分配库存计算中之所以不考虑库存量是因为在第 1 周的计算中被使用过了。

依上例，若企业又收到该产品的订单（见表 4-3），企业须判断在现有条件下按原计划可否接受新订单。判断的主要依据是这些订单的发货时间能否满足，为此还要更新主生产计划的记录。

表 4-3　某产品的新订单　单位：件

订单序号	订货量	交货时间（周序号）
1	5	2
2	38	5
3	24	3
4	15	4

计算待分配库存量，如表 4-4 所示。

表 4-4 待分配库存量 生产批量：80 件 单位：件

期初库存：45 件	3 月				4 月			
	周次				周次			
	1	2	3	4	5	6	7	8
预计需求量	20	20	20	20	40	40	40	40
顾客订货量	23	15	8	4	0	0	0	0
现有库存量	22	2	62	42	2	42	2	42
主生产计划量	0	0	80	0	0	80	0	80
待分配库存量	7		68			80		80

首先确定待分配库存量，第 1 周的待分配库存量为 45 + 0 -（23 + 15）= 7（件），它可满足到相邻下一次主生产计划到达前所接受的顾客订单，即第 1 周、第 2 周顾客订单。此外，由于还剩 7 件，可用于去满足在第 1 周、第 2 周需交货的新订单。第 3 周的待分配库存量为 80 -（8 + 4 + 0）= 68（件），它可满足第 3 周、第 4 周、第 5 周的新订单。由于 4 月未接受订单，因此第 6 周、第 8 周的待分配库存量等于主生产计划量，即 80 件可用于满足第 6 周、第 7 周、第 8 周发货的新订单。

根据以上计算，4 个新订单中，订单 1、2、3 均可满足。满足订单 1 后，第 1 周待分配库存量还剩 2（7 - 5）件。满足订单 2 后，第 3 周待分配库存量还剩 30（68 - 38）件。满足订单 3 后，第 3 周待分配库存量还剩 6（30 - 24）件。订单 4 在第 4 周交货 15 件，此时待分配库存量仅有 8（2 + 6）件，达不到订单 4 的要求，可建议订单 4 的顾客在第 6 周收货或进一步推迟交货时间，否则订单 4 无法满足。

四、生产作业计划

（一）生产作业计划概述

综合生产与运作计划、主生产计划确定以后，企业还要编制生产作业计划，把全年各季度任务按月安排，细到周、日、时，以保证生产计划的顺利完成。生产作业计划是综合生产与运作计划、主生产计划的继续，是其具体执行计划，是建立正常生产与运作秩序、完成生产与运作任务、组织企业日常生产与运作活动的依据。它包括以下几项内容：

（1）编制企业各个层次的作业计划，包括产品进度计划、零件进度计划和车间日程计划。要把企业全年分季的产品生产计划分解为厂级和车间的产品与零部件进度计划，用零部件生产作业计划作为执行计划，并做出车间日程计划，把生产任务落实到车间、工段和班组，落实到每台机床和每个操作者。

（2）编制生产准备计划，包括原材料和外协件供应、设备维修、工具准备、技术文件准备、劳动力调配等项内容。

（3）计算负荷率。计算负荷率是进行生产任务和生产与运作能力（设备、生产面积等）之间的细致平衡。这里的平衡不同于综合生产与运作计划阶段的粗能力平衡，它与各项任务在设备加工上的先后顺序直接相关，与车间日程计划直接相关。

（二）生产作业计划的编制

生产作业计划工作分为两个部分，包括生产作业计划的编制和生产作业计划的实施。生产作业计划的编制与实施如图 4-3 所示。

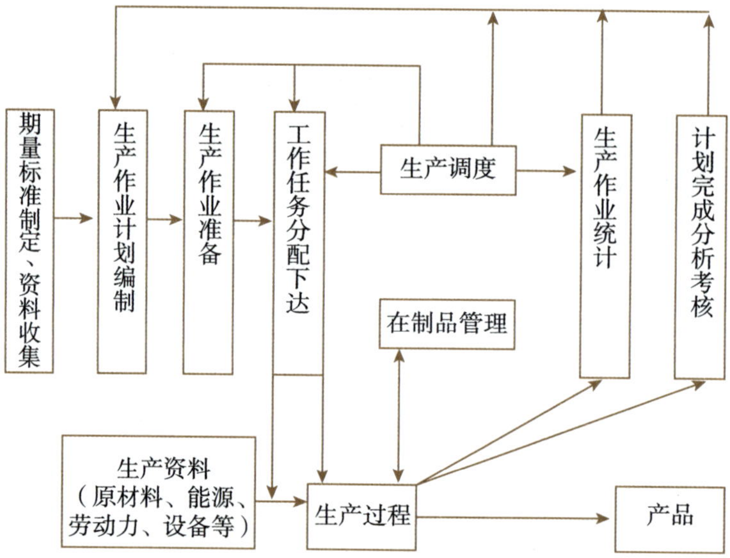

图 4-3　生产作业计划的编制与实施

（1）收集资料。主要收集综合生产与运作计划、主生产计划等的上期计划完成情况，生产与作业准备方面的情况，生产与运作能力情况等资料。

（2）选择计划单位。这是指计划产量选择何种计量单位。每个企业可根据本企业生产类型、生产组织形式、产品结构、加工工艺特点、产品复杂程度等加以选择。

（3）制定期量标准。该内容下面将会具体论述。

（4）选择编制方法。不同类型企业的生产作业计划的编制方法不同。

（5）计划的具体实施与控制。

下面着重介绍期量标准和生产作业计划的编制方法。

（三）期量标准

所谓期量标准，就是为制造对象（产品及零部件）在生产期限与数量方面规定的标准数据。它决定了生产与运作过程各环节之间在生产数量和期限之间的衔接，保证了生产与运作过程的连续性和均衡性，是编制生产作业计划的重要依据。因此，期量标准的水平应当先进、合理。当影响期量标准的因素发生重大变化时，企业必须及时加以修订。

不同的生产类型和生产组织方式需要不同的期量标准，不同生产类型的期量标准见表 4–5。

表 4–5　不同生产类型的期量标准

生产类型	期量标准
大批大量生产	节拍、流水线工作指示图表、在制品定额等
成批生产	生产批量、生产间隔期、生产周期、生产提前期、在制品定额等
单件小批生产	生产周期、生产提前期等

1. 大批大量生产的期量标准

大批大量生产的期量标准主要是节拍或节奏、流水线工作指示图表、在制品定额。前面流水线生产部分已对节拍和节奏做了介绍，这里主要介绍在制品定额。

在制品是指从原材料进入企业到产成品出产，处于生产与运作过程的各个环节，正在储存、加工、运输、停留的毛坯、零件、部件、产成品的总称。在制品定额是指在一定时间、地点和具体的生产组织条件下，为保证生产连续而均衡进行，所必需的在制品数量标准。根据企业实际，按存放地点，在制品可分为车间内部在制品和车间之间在制品。按性质和用途，在制品可分为工艺在制品、运输在制品、流动在制品和保险在制品等。图 4–4 所示为企业在制品占用量构成。

2. 成批生产的期量标准

成批生产的期量标准包括生产批量、生产间隔期、生产周期、生产提前期、在制品定额等。

（1）生产批量和生产间隔期。生产批量就是相同产品（或零部件）一次投入或出产的数量。分批生产产品，是成批生产的主要特征。生产间隔期是指相邻两批相同产品（或零部件）投入的时间间隔或产出的时间间隔。生产批量和生产间隔期的相互关系可用下列公式表示：

$$生产间隔期=\frac{生产批量}{平均日产量}$$

$$生产批量=平均日产量\times生产间隔期$$

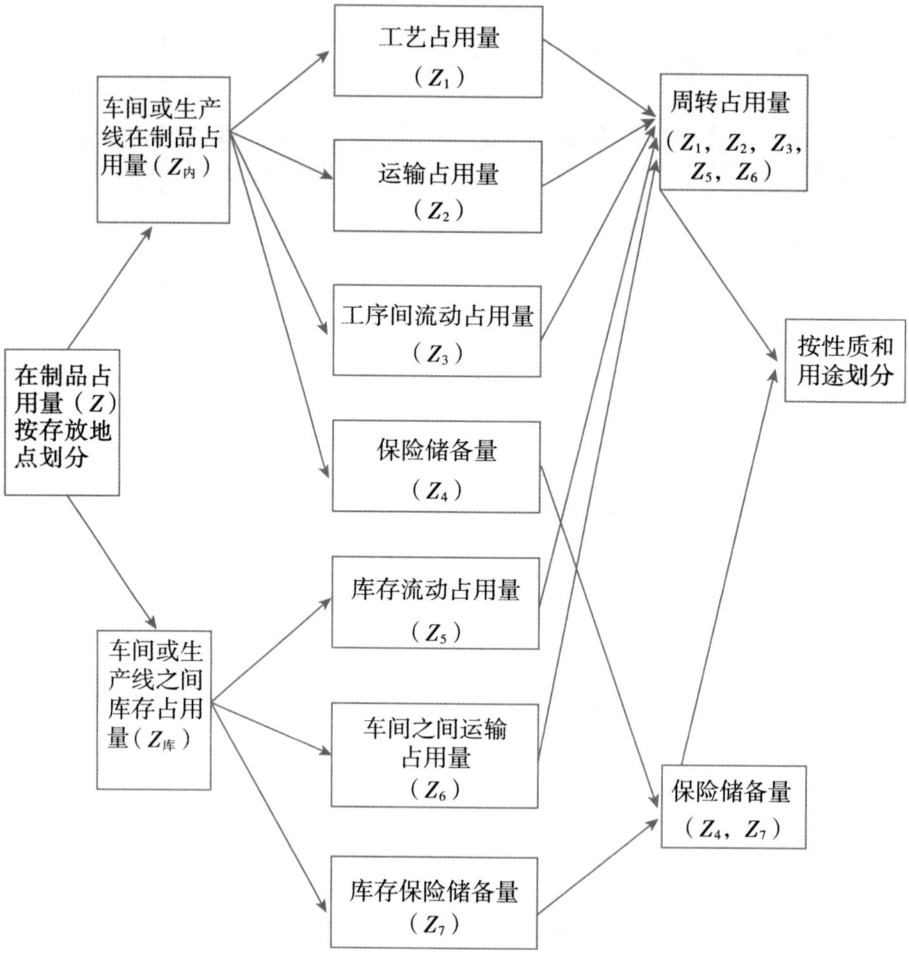

图 4-4　企业在制品占用量构成

生产批量大小、生产间隔期的长短对生产的经济效益都有很大影响。

加大生产批量，可以减少设备调整次数，降低设备调整费用，提高设备利用率，稳定产品质量和提高劳动生产率，有利于简化生产的组织管理工作和生产技术准备工作，这是有利的一面；但加大生产批量，延长了生产周期，推迟了交货期限，增大了在制品储备，占用了更多的流动资金和生产面积，也有不好的一面。企业不应当仅仅从一两个分目标出发考虑问题，而要从企业的整体效益、综合性目标出发进行经济分析。生产系统的总目标是生产费用最小，由此产生了根据费用确定合理生产批量的方法——经济批量法。

（2）生产周期。产品的生产周期是指一批产品从原材料投入生产直到产品出产为止的全部工作日数。它是由各个零部件的生产周期组成的。零部件的生产周期由该零部件的各个工艺阶段或工序的生产周期组成。缩短生产周期，对于提高劳动生产率、节约生产面积、加速流动资金周转、减少在制品和缩短交货期等有着十分重要的作用。

生产周期的计算分两个步骤进行。首先确定产品（或零部件）各工艺阶段（或工序）的生产周期，然后计算产品的生产周期。应该注意到，生产周期与生产批量直接相关：生产批量越大，生产周期越长；生产批量越小，生产周期越短。

（3）生产提前期。生产提前期是指产品（或零部件）在各工艺阶段投入、产出的时间与成品出产时间相比所要提前的时间。它是按照反工艺顺序逐个车间制定的。例如，在机械加工企业，是按照“装配车间—机械加工车间—毛坯车间”的顺序逐个车间计算生产提前期的。生产提前期包括加工出产提前期和加工投入提前期，最终车间加工出产提前期一般从零算起，最终车间加工投入提前期就是最终车间生产周期，按反工艺顺序逐步往后推，某一车间加工出产提前期等于后一车间加工投入提前期加该车间加工保险期，某一车间加工投入提前期等于该车间加工出产提前期加该车间加工生产周期。

图 4-5 所示为各工艺阶段生产批量、生产间隔期各自相同情况下的生产周期与生产提前期示意图。图 4-6 所示为各工艺阶段生产批量、生产间隔期各不相同情况下的生产批量、生产间隔期、生产周期示意图。

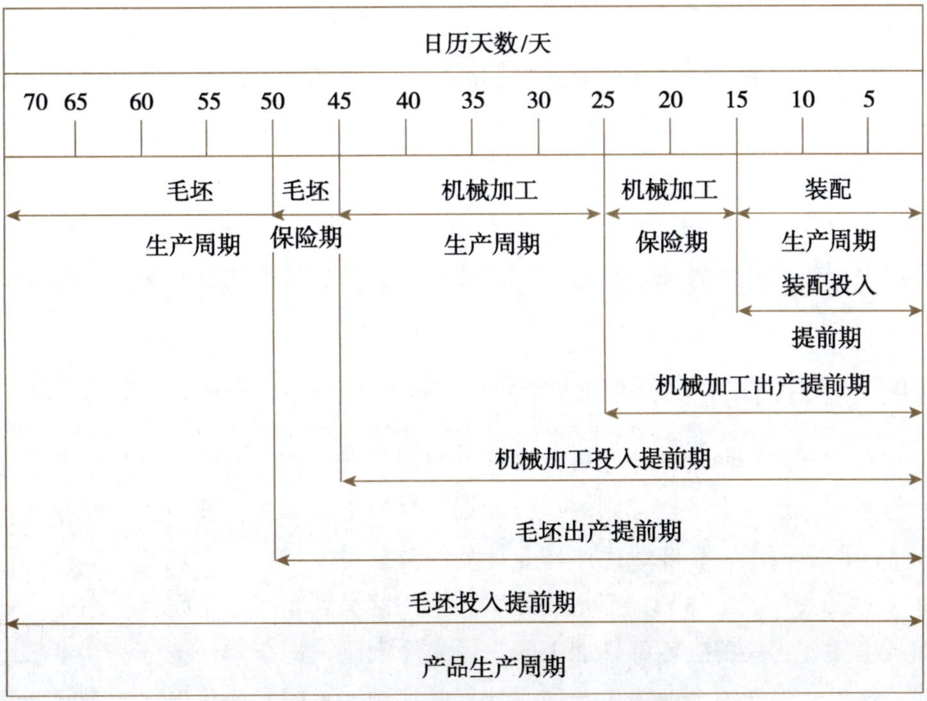

图 4-5　生产周期与生产提前期示意图

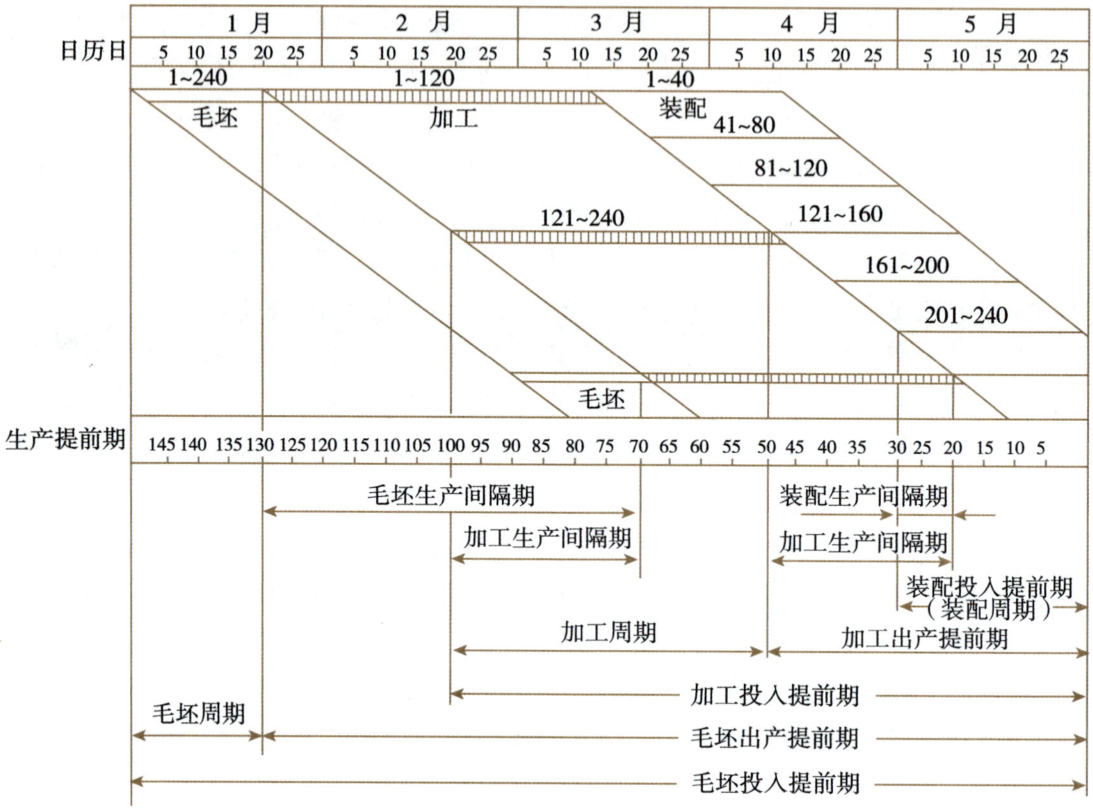

图 4-6　生产批量、生产间隔期、生产周期示意图

（4）在制品定额。成批生产企业在制品定额分为工艺阶段内部在制品和库存半成品两种。

3. 单件小批生产的期量标准

单件小批生产企业由于生产产品的品种多，生产批量极小，组织生产重复性小，比较难以组织生产作业计划，但这是生产趋势。其期量标准主要包括生产周期、生产提前期等。

（四）生产作业计划的编制方法

企业确定有关的期量标准之后，就可以编制生产作业计划了。生产作业计划是综合生产与运作计划、主生产计划的执行计划。对加工装配式企业，生产作业计划分企业级和车间两级编制。企业级生产作业计划的对象是原材料、毛坯及零部件，它要给出零部件的投入和产出计划，把企业的生产任务落实到车间；车间生产作业计划的对象是加工工序，它要解决零部件加工的先后顺序问题，把车间任务分解到各班组、各工作地。这里，先介绍企业级生产作业计划的编制。不同专业化形式的车间，其计划编制方法互不相同。对象专业化的车间，每个车间独立完成一定产品的全部（或基本上全部）生产过程，各车间平行地完成相同或不相同的生产任务。在这种情况下，企业编制的各车间生产作业计划的方法比较简单，基本上是按各车间的工艺分工来分配生产任务，再根据各车间生产与运作能力负荷等状况加以调整。工艺专业化的各个车间依次加工不同的半成品，编制车间作业计划的方法就比较复杂。它要保证各个车间在生产的数量和期限上衔接平衡，这就要求从企业的成品出产任务出发，按照工艺过程的相反顺序，逐个制订各车间的生产作业计划。由于企业的生产方式不同，又产生了几种不同的生产作业计划编制方法。

1. 大批大量生产方式的生产作业计划的编制

采用这种方式生产的企业，由于品种单一、产量较大，工艺和各车间的分工协作关系比较稳定，因而各生产环节所占用的在制品的数量也比较稳定。把这个稳定的、合理的在制品数量制定成为标准，称为在制品定额。企业如果把在制品数量经常保持在定额水平以上，计算各生产环节的投入产出，就可以保证生产过程协调进行。

采用在制品定额法，是按照产品的反工艺顺序，从成品出产的最后一个车间开始，逐个车间向前推算。在制品定额法的具体计算公式如下：

$$N_{出}=N_{后投}+M_{售}+(Z_{末库}-Z_{初库})$$

$$N_{投}=N_{本出}+M_{废}+(Z_{末内}-Z_{初内})$$

式中：$N_{出}$——某车间、工艺阶段的出产量；

$N_{后投}$——某车间的后一车间、工艺阶段的投入量；

$M_{售}$——某车间、工艺阶段的半成品外销量；

$Z_{末库}$——期末半成品的库存定额；

$Z_{初库}$——期初半成品的库存结余预计；

$N_{投}$——某车间、工艺阶段的投入量；

$N_{本出}$——某车间、工艺阶段的出产量；

$M_{废}$——某车间、工艺阶段的废品及损耗量；

$Z_{末内}$——期末车间、工艺阶段的在制品定额；

$Z_{初内}$——期初车间、工艺阶段的在制品结存预计量。

表 4-6 所示为这一方法的举例。

表 4-6　各车间生产作业计划表　　单位：个

产品名称及出产数量	柴油机 15 000 台	
零件编号及零件名称	TF—082 轴	TF—095 轴套
单台数量	2	1

续表

产品名称及出产数量			柴油机 15 000 台	
装配车间	1	出产量	30 000	15 000
	2	废品及损耗	—	—
	3	在制品定额	3 000	1 500
	4	期初预计在制品结存量	2 000	1 000
	5	投入量（1＋2＋3－4）	31 000	15 500
零件库	6	半成品外销量	500	—
	7	库存半成品定额	1 000	500
	8	期初预计半成品结存量	500	600
加工车间	9	出产量（5＋6＋7－8）	32 000	15 400
	10	废品及损耗	20	10
	11	在制品定额	2 000	1 000
	12	期初预计在制品结存量	120	310
	13	投入量（9＋10＋11－12）	33 900	16 100
毛坯库	14	半成品外销量	1 000	500
	15	库存半成品定额	3 000	1 000
	16	期初预计半成品结存量	5 000	3 000
毛坯车间	17	出产量（13＋14＋15－16）	32 900	14 600
	18	废品及损耗	100	—
	19	在制品定额	400	200
	20	期初预计在制品结存量	—	200
	21	投入量（17＋18＋19－20）	33 400	14 600

企业级生产作业计划编制后，按此方法编制车间内部生产作业计划。

2. 成批生产方式的生产作业计划的编制

采用这种方式生产的企业，由于品种较多、产量多少不一，需要间断或连续地分批生产。与大批大量生产方式比较，这一生产方式的衔接问题突出，比较复杂，编制方法使用累计编号法或称提前期法。

累计编号法是指将期量标准确定的投入、出产提前期转化为投入、出产提前量，再和此产品在某一时点生产的累计数挂钩，算出各车间、工艺阶段在计划月份应达到投入、出产累计数，减去上月该车间、工艺阶段已投入和出产累计数，从而得出各车间和工艺阶段计划月份应投入、出产任务数量。运用累计编号法计算各车间和工艺阶段投入、出产累计数按反工艺顺序进行。在同一时间，各车间、工艺阶段的累计编号离最后一个车间、工艺阶段越近，号数越小。累计编号法的计算公式如下：

$$M_{出}=M_{后出}+T_{出}\times N_{后}$$

$$M_{投}=M_{后出}+T_{投}\times N_{后}$$

式中：$M_{出}$——某车间、工艺阶段的出产累计数；

$M_{后出}$——最后一个车间、工艺阶段的出产累计数；

$T_{出}$——某车间、工艺阶段的出产提前期；

$N_{后}$——最后一个车间、工艺阶段的平均日产量；

$M_{投}$——某车间、工艺阶段的投入累计数；

$T_{投}$——某车间、工艺阶段的投入提前期。

这样，计划月份应完成的投入量、出产量就可以用计划期末投入或出产的累计号数减去计划期初投入或出产的累计号数，以求得结果。

下面举例说明。某企业成批生产一种产品，10 月份装配车间累计出产到 150 号，平均日产量为 3 台，装配车间的前一车间是机械加工车间，机械加工车间出产提前期为 10 天、投入提前期为 15 天，这样按公式计算 10 月份机械加工车间出产累计数为 $150+10\times3=180$（号），机械加工车间投入累计数为 $150+15\times3=195$（号）。

在每个车间、工艺阶段算出投入量或出产量后，还要和生产批量联系起来。如果算出的投入量或出产量与生产批量相同或成整数倍，则无须调整，否则，要对投入量、出产量进行修正。

此外，成批生产方式企业编制生产作业计划还可以用比较直观的图像法。

3. 单件小批生产方式的生产作业计划的编制

采用这种生产方式的企业，由于产品品种较多、产量很小，重复性生产更少，编制生产作业计划更为困难，可用生产周期法（又称甘特图法或线条图法）、网络图法来编制。

第二节 企业资源计划

随着时代的进步，科学技术的迅猛发展，人们的需求由大批量需求向单件小批以致个性化需求转变，尤其是计算机及网络作用的充分发挥，在企业生产与运作领域不断涌现出大量新型的生产方式，物料需求计划、制造资源计划与企业资源计划就是典型代表。

一、物料需求计划

（一）物料需求计划概述

20 世纪 40 年代，为解决库存控制问题，人们提出了订货点法，订货点法能保证在稳定均衡消耗情况下物料需求不出现短缺。20 世纪 60 年代中期，物料需求打破稳定状态，因计算机技术的应用和迅速发展，以及其能在短时间内应对大量库存控制数据的复杂运算，美国 IBM 公司（国际商业机器公司，International Business Machines Corporation）的约瑟夫·奥列基博士运用计算机技术提出了把企业产品中的各种所需物料分为独立需求和相关需求两种类型，并按时间确定不同时期的物料需求，产生了解决库存物料订货的新方法，即物料需求计划。

初期的物料需求计划没有考虑生产企业现有生产与运作能力和采购条件约束，计算出的物料需求的时间可能由于设备、原料或工时等原因无法生产，因此被称为基本物料需求计划或开环式物料需求计划。20 世纪 70 年代，将采购计划、生产与运作能力计划、车间作业计划等纳入物料需求计划，逐步形成了闭环物料需求计划。

（二）物料需求计划的原理

物料需求计划的基本原理主要包括两个方面：

（1）遵循以最终产品的主生产计划导出所需相关物料（原材料、零部件、组件等）的需求量和需求时间。

（2）根据各相关物料的需求时间和生产（订货）周期确定该物料开始生产（订货）的时间。

因此物料需求计划较以往计划的不同之处是其为基于对未来的需求。

（三）物料需求计划的结构

物料需求计划的结构，如图 4–7 所示。

物料需求计划的主要依据是主生产计划、物料清单和库存处理信息三大部分，它们也是物料需求计划的主要输入信息。主生产计划又称产品出产计划，它是物料需求计划的最主要的输入信息，表明企业向社会提供最终产品的数量，它由客户订单和销售预测所决定。物料清单又称产品结构文件，它反映了产品的组成结构层次，以及每一层次下组成部分本身的需求量。主生产计划确定之后，根据物料清单可清楚确定产品各种组成部分的需求量，为不同时间生产多少、何种组成部分物品打下基础。库存处理信息又称库存状态文件，它记载产品及所有组成部分的存在状况数据。经过 MRP

处理器处理输入信息，获得的输出信息，主要是输出报告。输出报告包括主报告和辅助报告。主报告是用于库存和生产控制的最普遍、最主要的报告；辅助报告又称二次报告，主要是预测未来需求、指明呆滞物料和严重偏差物料的报告。

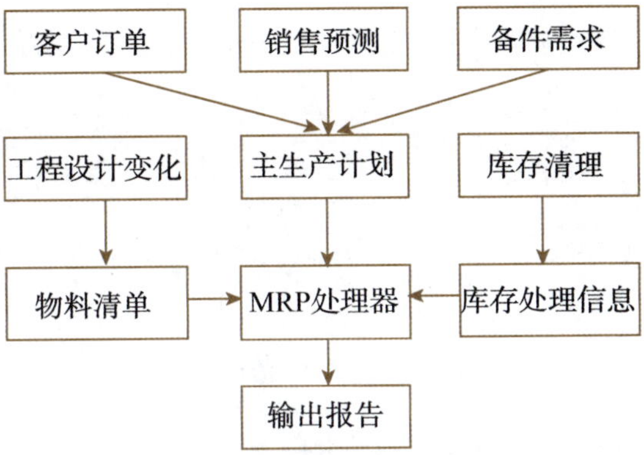

图 4-7　物料需求计划的结构

关于独立需求和相关需求，下面以生产一种圆珠笔为例进行说明。圆珠笔一般由笔杆和笔芯组成，笔杆可进一步分为杆身、垫环、杆尾，笔芯由芯杆和油墨组成，然后可进一步分下去，将细分的结果用产品结构图或产品结构树来表示，如图 4-8 所示。

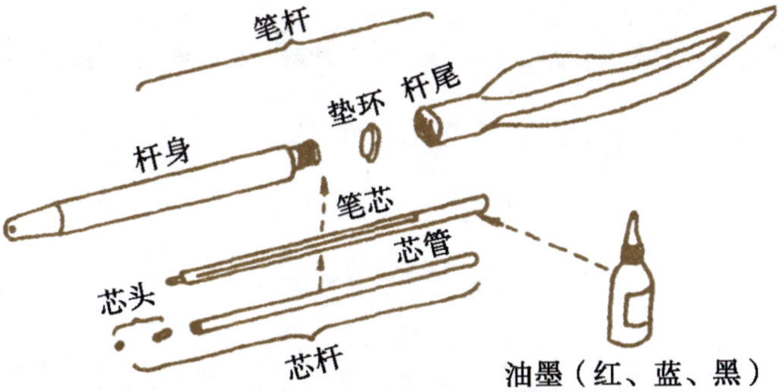

图 4-8　圆珠笔的组成

圆珠笔作为一个有用实体，其生产量可由市场需求决定，这种需求就是独立需求。而它的进一步组成笔杆和笔芯的需求量则由圆珠笔决定，因此它们的需求就称为相关需求。依次推下去，产生了下面的一系列相关需求。但是由于消费者在消费市场上可单独买来笔芯进行更换，一些工具可对笔芯灌油墨，因此单独销售笔芯、油墨亦属于独立需求。独立需求物料由主生产计划体现。

物料需求计划回答了以下问题：根据主生产计划回答将生产什么；利用物料清单或产品信息回答要用到什么；经物料需求计划运算后提出还缺什么，何时供应。其中，主生产计划、物料清单（或产品信息）、库存处理信息称为物料需求计划的三大基本要素，而主生产计划起主导作用。

下面举例说明物料需求计划的操作过程。

甲产品的结构，如图 4–9 所示。甲产品的主生产计划见表 4–7。甲产品的提前期、现有库存和批量规则见表 4–8。

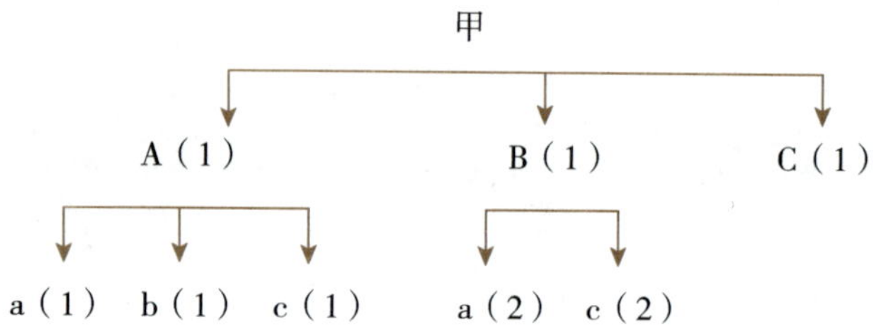

图 4–9　甲产品的结构

表 4–7　甲产品的主生产计划

计划期 / 周	1	2	3	4	5	6	7	8
产量 / 件	20	25	30	20	25	30	30	40

表 4–8　甲产品的提前期、现有库存和批量规则

物料	提前期 / 周	第 0 周库存量 / 件	批量规则	备注
甲	1	80	直接批量	物料需求批量等于净需求量
A	2	0	直接批量	物料需求批量等于净需求量
B	1	0	直接批量	物料需求批量等于净需求量
a	1	25	固定周期 2 周	每次加工订货、间隔期相同
其他（略）	—	—	—	—

首先做出物料甲、A、B、a 的计划表。

由图 4–9 可知，一件甲产品由一个 A 部件、一个 B 部件、一个 C 部件组成，进一步分解，一件 A 部件由一个 a 零件、一个 b 零件、一个 c 零件组成，一个 B 部件由两个 a 零件、两个 c 零件组成，C 部件无需别的零件组成。现求物料甲、A、B、a 的计划。表 4–9 中已列出所求总需求量、计划到货量、现有库存量、净需求量、计划交付量、计划投放量等结果。

以上为基本物料需求计划，它以库存控制为中心。随着生产技术的发展，人们提出了闭环物料需求计划。闭环物料需求计划，如图 4–10 所示。闭环物料需求计划与物料需求计划的区别在于：①把能力需求计划、执行能力计划、执行物料计划纳入物料需求计划，形成一个闭环系统。②在执行中必须有车间、供应商、计划人员、采购人员的信息反馈，以实现计划的调整和平衡，其过程为“计划—实施—评价—反馈—计划”。闭环物料需求计划使物料需求计划真正成为有效的生产作业计划运行系统，更具有实际应用性。

表 4-9 总需求量、计划到货量、现有库存量、净需求量、计划交付量、计划投放量 单位：件

计划期 / 周		1	2	3	4	5	6	7	8
甲产品	总需求量	20	25	30	20	25	30	30	40
	计划到货量								
	现有库存量（80）	60	35	5					
	净需求量				15	25	30	30	40
	计划交付量				15	25	30	30	40
	计划投放量			15	25	30	30	40	
A 部件	总需求量			15	25	30	30	40	
	计划到货量								
	现有库存量（0）								
	净需求量			15	25	30	30	40	
	计划交付量			15	25	30	30	40	
	计划投放量	15	25	30	30	40			
B 部件	总需求量			15	25	30	30	40	
	计划到货量								
	现有库存量（0）								
	净需求量			15	25	30	30	40	
	计划交付量			15	25	30	30	40	
	计划投放量		15	25	30	30	40		
a 零件	总需求量	15	55	80	90	100	80		
	计划到货量			40					
	现有库存量（25）	10							
	净需求量		45	40	90	100	80		
	计划交付量		85		190		80		
	计划投放量	85		190		80			

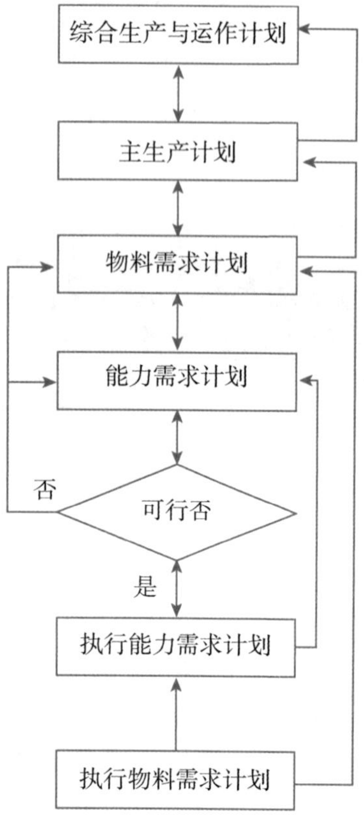

图 4-10　闭环物料需求计划

二、制造资源计划

（一）制造资源计划概述

1977 年 9 月，美国著名生产管理专家奥列弗 · 怀特首次提出将货币信息纳入物料需求计划（MRP）的方式，并冠以“制造资源计划”的名称，为了与 MRP 相区别，又体现其是 MRP 的继续和发展，故称之为“MRP Ⅱ”。

制造资源计划中的制造资源，主要包括人工、物料、设备、能源、资金、空间和时间，这些资源以信息的形式加以表示，通过信息的有效集成，对企业内的各种资源进行合理调配和充分利用，以形成最有效的生产与运作能力。

制造资源计划是一个完整的企业计划与控制系统，它尽可能地涵盖了企业中的各种因素。

（二）制造资源计划的结构与特点

1. 制造资源计划的结构及其相互关系

制造资源计划的结构及其相互关系如图 4-11 所示。

归纳起来，制造资源计划的结构主要包括三大部分：计划与控制的流程系统、基础数据系统和财务系统。

2. 制造资源计划的特点

（1）计划的一贯性和可行性。它是计划主导型生产作业管理模式，计划从宏观到微观、从大到小，始终围绕企业经营战略目标展开。以一个计划为指导原则，企业各职能部门集中制订生产计划，执行计划前先进行生产与运作能力平衡，使计划连贯、有效、可行。

（2）数据的共享性。制造资源计划是全企业执行的信息系统，它会将生产经营活动中的各种信息通过系统传递到企业各个部门，从而实现数据资源的信息共享。

（3）动态的应变性。制造资源计划是一个闭环系统，要求管理人员根据传递来的信息的变化，迅速做出反应，以适应需求的变化。

（4）模拟的预见性。在制造资源计划中能解决“如果怎样将会怎样”的属于预见性的问题，在可预见的时间期限内，将展现有可能发生的事情，以做出防范。

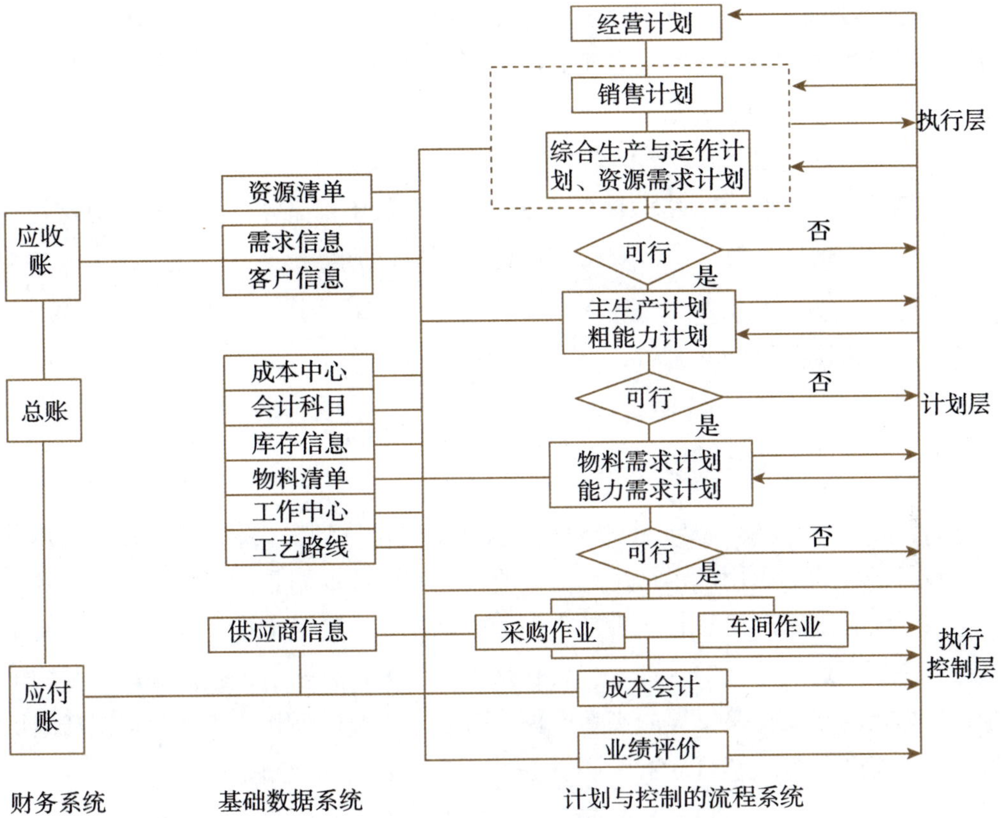

图 4-11　制造资源计划的结构及其相互关系

（5）物流、资金流的统一性。制造资源计划包括销售子系统和财务子系统等，因此能较好地将物流、资金流统一起来，更好地体现企业整体运作状况，为企业的正常运营提供坚实的基础。

（三）制造资源计划的运行

实施制造资源计划大致可分为三个阶段：

第一阶段，前期工作。其内容包括：确定实施制造资源计划的项目，成立项目筹备组织；决策人员认识制造资源计划，理解制造资源计划的原理、作用、使用范围等；对企业进行开展制造资源计划的需求分析，增强紧迫感；确立目标，确定实施阶段。

第二阶段，决策工作。它是在前期工作的基础上，为了更慎重、更可行而进行的决策。要广泛听取意见，把困难想得更充分一些、更全面一些，充分利用有利因素，统一思想、统一认识、统一行动，下定决心去搞，并决心搞好。

第三阶段，实施。实施阶段分几个步骤：首先进行培训，分析各种管理事项、处理原则和参数，整理数据，安装、调试软硬件，模拟运行代表产品，并与现行管理方式对比，进行必要的调整，形成主生产计划和物料需求计划。在此基础上继续培训，制订和运行能力需求计划、车间作业计划及采购作业计划。最后再进行培训，运行成本会计和各种模拟功能，完成与财务功能的集成，实现物流、资金流、信息流的结合和统一，全面纳入制造资源计划的系统运行。

实施制造资源计划有严格的规范要求，每一个员工都必须认真遵守。对这些规范的认识、理解和把握，绝不能认为其像手工劳动那样简单。

三、企业资源计划

（一）企业资源计划概述

企业资源计划（ERP）是当今制造业最先进的生产管理模式之一，是制造资源计划的进一步发展，它的应用已远远超越制造业。企业资源计划是指建立在信息技术的基础上，以系统化的管理思想，实现最合理的资源配置，满足市场需求，为企业决策层和员工提供决策运行手段的管理平台。它是市场竞争日趋剧烈，企业规模和并购迅速扩张，计算机网络化深入发展的必然产物。与制造资源计划相比，企业资源计划更贴近市场，功能更强大，方法更合理，管理面更宽，综合系统考虑问题更全面。

制造资源计划基本局限于企业内部资源配置管理，而企业资源计划扩展到企业外部，实现了完整的面向供应链各个环节的有效管理，体现了对整个供应链资源进行管理的思想，管理范围大大加宽。制造资源计划主要应用于企业制造、分销、财务管理，企业资源计划则进一步将供应链上物料流通体系中供、产、需等环节的运输管理、仓库管理，支持生产保障体系的质量管理、实验室管理、设备维修、备品配件管理，业务处理流程管理纳入其中，管理功能大大加强。企业资源计划较制造资源计划在适应生产方式上由单一生产方式向混合型生产方式发展，能较好地支持和管理混合型制造环境，满足企业多元化的经营需求，体现出精益生产、并行工程、敏捷生产的思想。制造资源计划以企业生产线为主，利用计划及其滚动作业来控制生产过程，突出强调事中控制；企业资源计划以企业管理体系为主，支持在线分析处理、售后服务及质量反馈，突出强调事前控制，使事前控制与事中控制有效结合的思想得以实现。运用企业资源计划可以将多地区甚至多国家的企业联系在一起，这是制造资源计划无法比拟的。制造资源计划主要应用于生产企业的管理，而企业资源计划不仅应用于生产企业，对于非生产企业、从事公益事业的企业也能很好地发挥作用。企业资源计划在计算机网络的使用上大大前进了一步。

总之，物料需求计划是企业资源计划的核心，而制造资源计划是企业资源计划的重要组成部分，这种关系必须明确，是逐步展开的。企业资源计划还在继续发展提升，已出现企业资源计划Ⅱ，它在企业资源计划的基础上引入"协同商务"的概念。所谓协同商务，是指企业内部人员、企业与业务伙伴、企业与客户之间的电子化业务的交互过程。它使企业更加关注核心竞争力实体模式，使企业在整个供应链和价值网络中优化其经济和组织结构，同时对企业与协作伙伴之间的信息合作提出更高要求，以适应激烈竞争的需要。

概括起来，企业资源计划与制造资源计划的区别在于：覆盖范围不同；管理理念不同；支撑平台不同；控制机制不同；模块功能不同。

企业资源计划的管理思想是：把握整个供应链的资源；支持业务流程重组；体现敏捷制造过程；与精益生产结合；贯彻实现计划与始终控制的原则。

（二）企业资源计划的内容

企业资源计划产品发展很快，由于其应用侧重功能不同，产品差别加大。目前生产企业中使用较多的企业资源计划主要包括生产控制模块、物流管理模块、财务管理模块、人力资源管理模块四部分。

（1）生产控制模块是企业资源计划的核心模块，它将分散的生产流程有机结合，加快生产速度，减少生产过程中材料、半成品的积压和浪费。这一部分的主要内容包括主生产计划、物料需求计划、能力需求计划、生产现场控制、制造标准等。

（2）物流管理模块是实现生产运转的重要条件和保证，包括分销管理、库存控制、采购管理三个部分。分销管理主要实现客户信息管理和服务、销售订单管理、销售情况分析和统计。库存控制主要实现准确反映库存现状，根据生产实际需要有效控制和调节库存的目的，既保证生产正常进行，又千方百计地减少物料库存，降低资金占用。采购管理主要根据实际需要，选择最佳供应商，确定最合理的采购量和储备量，保证及时、准确地供应物料。

（3）财务管理模块是信息的归结者，在企业资源计划中十分重要，主要包括会计核算和财务管理两部分。会计核算主要记录、核算、反映和分析资金在企业经济活动中的变动过程和结果。财务管理模块主要是对会计核算的结果进行分析，做出新的预测、管理、控制活动。

（4）人力资源管理模块主要包括人力资源规划的辅助决策、招聘管理、工时管理、工资管理、差旅核算等，它在企业资源计划中发挥的作用十分重要。

在企业资源计划中，上述四个模块紧密联系，它们之间有相应的网络接口，实现互动，可有效整合企业内外部的各种资源，更好地满足市场需求，提高企业的核心竞争力。

（三）企业资源计划的运行

实施企业资源计划是企业管理的一个巨大变革，是一个重大的项目工程。企业资源计划的运行一般包括前期工作阶段、实施准备阶段、试验运行及实用化阶段、更新和升级阶段。

1. 前期工作阶段

这一阶段的主要工作有：企业实施企业资源计划的调研、分析，回答企业是否应当开展企业资源计划，明确其目的、作用、紧迫性、目标、效果、人力、物力、财力、管理基础工作等，反复、充分论证后做出可行性报告；确定开展此项目后，对企业领导层、供应链相关企业部门领导者，以及今后开展企业资源计划的项目的相关主要人员进行培训，使他们了解和基本掌握企业资源计划的原理、思想、思路，为具体决策打下基础；随后的工作是结合实际选择适应本企业需求和发展的企业资源计划软件。

2. 实施准备阶段

这一阶段的主要工作有：成立组织，包括企业资源计划项目领导小组、项目实施小组、项目业务组，明确分工、工作目标和具体任务；做基础数据准备，以便后期录入；在此基础上将购置的软件系统进行安装、调试；将基础数据录入，进行软件原型测试。这些均可在软件供应商的培训、指导下进行。

3. 试验运行及实用化阶段

这一阶段的主要工作有：模拟运行及逐步过渡到实用化；完善企业资源计划的工作准则、工作规程；进行验收，分步切换运行。这是企业资源计划转入实用化的关键阶段。

4. 更新和升级阶段

在企业资源计划实施一段时间后，要根据市场和软件供应商、供应链相关方的实际情况及时对企业资源计划进行更新和升级，以使其保持时效性、先进性。

企业应用企业资源计划时应注意以下几点：①一定要结合企业实际，因地制宜，按照科学发展观实施，这是最关键的一条。要抓住机遇，不失时机地应用企业资源计划。但绝不可赶时髦，盲目攀比追风，草率上马，否则会产生巨大浪费，适得其反，影响企业管理工作的正常进行。②绝不可超越企业的客观现实，做力不从心的工作，要逐步在人力、物力、财力上创造条件，只有这样，才能扎扎实实地把企业资源计划推行好。③推行企业资源计划是一个全过程培训过程、全员培训过程，只有这样，才能将企业资源计划推行彻底。领导要进行培训，供应链合作方要进行培训，员工要进行培训，进行全方位、系统的培训。要积极引进计算机网络专业人员，他们既要懂计算机技术，又要熟悉专业管理业务。

第三节　准时生产方式与精益生产方式

一、准时生产方式概述

准时生产方式起源于日本丰田汽车公司。它的基本思想是“只在需要的时刻，生产需要的数量的产品”，这就是 JIT（just in time）一词的含义。在此思想的引导下，丰田汽车公司开发了包括“看板”在内的一系列具体方法，并逐渐形成了一套独具特色的生产管理体系。

（一）准时生产方式的由来及其对制造业的影响

早在 20 世纪 50 年代初，日本丰田汽车公司就认识到，不加取舍地引进美国大批大量生产方式是危险的。以日本丰田汽车公司的大野耐一等为代表的准时生产方式的创始人认为：美国汽车工业的生产方式虽然已很先进，但仍有很大的改进余地，而且需要考虑采取一种更能适应市场需求的生产方式。自 20 世纪后半期以来，世界进入一个市场需求多样化发展的新时代，多品种、小批量生产已成为制造业的一个显著特征。曾给美国现代汽车工业奠定了基础的大批大量生产方式，在新时代特征面前显露出明显的弱点。特别是石油危机加剧了市场环境的变化。正是从这个时候起，采用准时生产方式的丰田汽车公司的经营绩效与采用传统生产方式进行大批大量生产的汽车制造企业的经营绩效开始拉开距离，准时生产方式的优越性引起了人们的关注。

准时生产方式出现的另一个背景是，丰田汽车公司的经营管理者认为，为了提高生产率，应该消除各种浪费。所以，准时生产方式中的许多具体方法，都是围绕“通过彻底排除浪费来降低成本”而展开的。

大野耐一从美国超级市场的管理结构和工作程序中受到启发，找到了通过看板实现准时生产的方法。他认为，可以把超级市场视为生产线的前一道工序，把顾客看作后一道工序。顾客（后工序）到超级市场（前工序），在必要的时间可以买到必要数量的必要商品（零部件），超级市场还可以及时地把顾客买走的商品补上——计价器把顾客买走的商品的数量、品种的信息传给采购部门，使商品及时得到补充。从 1953 年起，丰田汽车公司进行了多年的摸索和试验，终于在 1962 年实行了看板管理。而看板管理正是实现准时生产的重要手段。到 20 世纪 70 年代，丰田生产方式已扩展到汽车工业以外。1981 年，有 5 ～ 10 个公司取得了很大成功，30 ～ 40 个公司获得了显著效益，另外许多公司也取得了一些效益。

（二）准时生产方式的目标及其基本方法

1. 准时生产方式的目标

企业的经营目标是获取最大利润，而降低成本是生产与运作管理系统的目标。为了实现这个目标，在福特时代，企业采用的是单一品种的大规模生产。那个时代，实际上不需要太严密的生产计划和细致的管理，即使出现生产日程频繁变动、工序间在制品储备不断增加、间接作业工时过长等问题，只要质量有保证，企业就可以开足马力生产，利润就有保证。但是，在多品种、中小批量生产的情况下，这样的方法是不行的。因此，准时生产方式力图通过“彻底排除浪费”来达到这一目标。

2. 准时生产方式的方法

所谓浪费，是指使成本增加而不带来任何附加价值的因素，其中最主要的有库存引起的浪费和人员利用上的浪费。为了排除这些浪费，相应地产生了适时、适量生产，弹性配置作业人数及保证质量等基本方法。

（1）适时、适量生产。它是指“在需要的时候，按需要的数量，生产所需的产品”。当今已经从“只要生产出来就能卖得出去”进入到“只能生产卖得出去的产品”的时代，只有适时、适量生产，才能避免由于生产过剩造成的人员、设备、物资、资金的浪费。

（2）弹性配置作业人数。在劳动力费用越来越高的今天，降低劳动力费用是降低成本的一个重要方面。实现这一目标的方法，是根据生产量的变动，弹性地增减生产线上的作业人数，以及尽量用较少的人力完成较多的工作。它与历来采用的“定员制”不同，是一种全新的人员配置方法。为此，要设计独特的设备布置，以便能够将由于生产量减少而节约的工时集中起来，以削减人员。但这样做将引起作业内容、作业时间、作业组合和作业顺序等一系列的改变，它要求作业人员必须具有多种技能。

（3）保证质量。人们历来认为要想提高质量，必须增加成本。然而，准时生产方式一反这一认识，将质量管理贯穿于每一道工序之中，来实现提高质量与降低成本的一致性。其具体做法是，在生产组织中融入“自动化”机制：

第一，生产线能够自动检测不良品，一旦发现异常，就可以自动停机。

第二，操作工人有权在设备或产品出现问题时自行停止生产，这样，不良品就被扼杀在萌芽之中，避免因耽误时间造成的大量浪费，而且异常情况发生的原因也容易被找到，从而有针对性地采取措施，防止异常情况再发生。可见，这种质量管理方法和通常在末道工序或关键工序进行检验，对不良品返工或做其他处理、尽量不使生产过程中断的方法，在思路上是完全不同的。

准时生产的核心是适时、适量生产，为适应适时、适量生产，准时生产方式采取了生产同步化，即工序间不设仓库，前一道工序加工结束后立即转到下一道工序，各工序几乎平行进行，产品一件一件被连续生产出来。铸造、锻压、冲压等必须成批生产的工序，则通过尽量缩短作业更换时间来缩小生产批量。

生产同步化通过“后工序领取”这样的方式来实现，即后工序只在需要的时刻到前工序领取需要的数量，而前工序只补充生产被领走的数量和品种。这样，以总装配线为出发点，生产计划只下达给总装配线，一层一层向前工序领取，直至粗加工及原材料部门，把各工序都连接起来，实现同步化生产。

这样的同步化生产通过相应的设备布置和人员配置来实现。它与机械工厂通常采用的按车、铣、刨、磨等工艺专业化的生产组织形式不同，而是采取对象专业化的生产组织形式，相应的人员配置也有不同的做法。

二、准时生产方式的生产计划

（一）准时生产方式的生产计划概述

准时生产方式同样根据企业的经营方针和市场预测来制订年度计划、季度计划和月度计划，然后制订车间日程计划。但它的独特之处是，只向除最后一道工序以外的各个工序出示每月大致生产的数量和品种，作为安排作业的参考；而真正作为生产指令的投产顺序计划只下达到最后一道工序，其他工序则是在需要的时候通过看板顺次向前工序传递生产指令。

在传统的生产计划方式中，生产指令同时下达给各个工序，即使前后工序出现异常，也与本工序无关，仍然按照原指令继续生产。其结果是，由于工序间生产量不平衡，工序间出现在制品库存在所难免。按照准时生产方式，生产指令只下达到最后一道工序，各工序只生产后工序所需要的产品，避免生产不必要的产品，而且生产的成品数量与生产指令中的数量是一致的，从而避免了不必要的在制品库存。由于生产指令以天为时间单位下达，能够反映最新的订货情况和最新的市场需求，大大缩短了从订货或市场预测到产品投放市场的时间差，提高了企业的市场竞争力。

（二）推动式系统和拉动式系统

在加工装配式生产企业，产品由多种零部件装配而成，每个零部件要经过多道工序加工。组织这样的生产，可以采用两种不同的发送生产指令的方式。

一种方式是由生产计划部门按产品结构展开，计算出每种零部件的需要量和各个生产阶段的生产提前期，确定每个零部件的投入产出计划，按计划发出生产和订货的指令。每个生产车间和每个工作地按计划制造零部件，将加工完的零部件送往后续车间和后一道工序，同时将完工信息反馈到计划部门。这种方式称为推动式方法。实行推动式方法的生产系统称为推动式系统。

另一种方式是从产品装配出发，每道工序和每个车间按需要向前一道工序和前一个车间发出工作指令，前一道工序和前一个车间按这些指令进行生产。这种方式称为拉动式方法。实行拉动式方法的生产系统称为拉动式系统。

前面介绍的制造资源计划是一个比较完善的推动式系统，它的基本思想是按需要准时生产。但是能否实现准时生产受计划执行过程中环境的影响，这迫使管理人员要么修改计划，要么采取措施，以确保原计划的实现。况且，制造资源计划中的产品和零部件的生产提前期与批量有关，也难以做到十分精确，将生产提前期凑整成周本身就有很大误差。所以靠推动式系统，即使像制造资源计划这样比较完善的系统，也难以真正做到准时生产。采用拉动式系统，就可以真正实现适时、适量生产。如果每道工序都按其后工序的要求，在适当的时刻，按需要的品种和数量生产，就不会发生生产出多余零部件的情况。

三、准时生产方式的看板管理

看板，又称传票卡，是传递信息的工具。它可以是卡片，也可以是信号或告示牌。看板及其使用规则，构成了看板管理系统。

实行看板管理之前，设备要重新布置，做到每种零部件只有一个来源。零部件在加工过程中有明确、固定的移动路线。每个工作地也要重新布置，使在制品与零部件存放在工作地旁边，而不是存放在仓库里。这样，每个工作地都有两个存放处：入口存放处和出口存放处。对于装配作业，一个工作地可能有多个入口存放处，众多的存放处设置在车间，使车间与库房合一，这是看板管理的一个特点，是准时生产的初级阶段。

（一）看板

看板分两种：移动看板和生产看板。移动看板在上一道工序的出口处与下一道工序的入口处之间往返运动；生产看板在工作地和它的出口处之间往返运动。当下一道工序需要补充零部件时，移动看板就被送到上一道工序出口处相应的容器上，当该移动看板与上一道工序出口处容器上的生产看板对上号时，生产看板就被取下，放入生产看板盒内，而放满零部件的容器连同移动看板一起送往下一道工序的入口处。上一道工序的工人则按顺序从生产看板盒内取走生产看板，按生产看板的规定从入口处取出零部件加工，加工完毕后将生产看板挂在容器上，送往工作地出口处。每个移动看板只对应一种零部件，挂在一种容器上。移动看板通常包括以下信息：零部件号、容器容量、看板号、供方工作地号、供方工作地出口存放处号、需方工作地号、需方工作地入口存放处号。典型的移动看板如图 4-12 所示。

从供方工作地： 38# 油漆	零部件号：A435 油箱座 容器：2 型（黄色） 每一容器容量：20 件 看板号：3 号（共发出 5 张）	到需方工作地： 3# 装配
出口存放处号： No.38-6		入口存放处号： No.3-1

图 4-12　典型的移动看板

生产看板通常包括以下内容：要生产的零部件号、容器容量、供方工作地号、供方工作地出口存放处号、看板号、所需物料清单、所需工具等。典型的生产看板如图 4-13 所示。

工作地号：38# 油漆 零部件号：A435 油箱座 出口存放处号：No.38-6 所需物料：5# 漆，黑色 物料地点：压制车间 11 ～ 21 号储藏室

图 4-13　典型的生产看板

（二）用看板组织生产的过程

用看板组织生产的过程如图 4-14 所示。为简化起见，假设只有三道工序，即零部件加工工序、零部件组装工序、总装配工序。

如图 4-14 所示，A 为本道工序准备加工件的存放箱，B 为本道工序已完成件的存放箱。图中实线为零部件实物流动过程，虚线为看板的传递过程。当最后工序（此处是总装配工序）的操作者从Ⅲ A 箱中取用一个（或一组）零部件后，就从箱中取出一块移动看板，到上道工序的Ⅱ B 箱中提取一个同样的零部件，以补充Ⅲ A 箱中已使用过的一个零部件。同时在Ⅱ B 箱中取出一块生产看板，交给第Ⅱ道工序的操作者，第Ⅱ道工序的操作者根据这个指令来加工这个零部件，制成后补入Ⅱ B 箱中。第Ⅱ道工序的操作者开始制造这一零部件时又按上述同样的程序进行。然后依次向前类推，使生产持续进行。

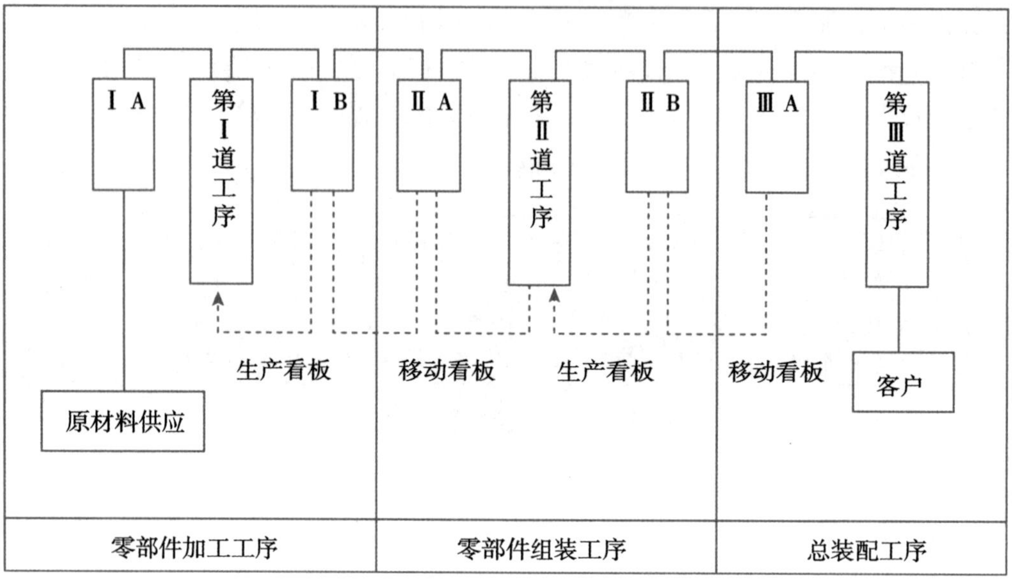

图 4-14　用看板组织生产的过程

实施看板生产可起到以下作用：①能控制过量生产、过量运送，不见看板不生产，不提前生产，不超量生产，不提前取货，不超量取货；②严格保证了生产工序间的衔接和配合，严肃了生产纪律；③能加强信息和目视管理，看板管理使生产现场一目了然。

尽管各个企业的看板系统不同，但计算看板数量的方法基本一致。

（三）利用看板管理实现准时生产

在看板管理中，出口存放处与入口存放处的在制品数量越少，越接近无库存生产，生产的准时性就越高。每减少一次在制品，都要大大改进各方面的管理，都要付出极大的努力。但是，只要初步实现了看板管理，就进入了准时生产的起点。从这里开始，按照下面介绍的方法，就可以沿着零库存的思想进一步自我完善。

要减少工序间在制品的数量，可以通过减少发出的看板数量的方式实现。因为工作地出口存放处、入口存放处的在制品数量，可以用发出的生产看板、移动看板数计算出来，在工作地的出口存放处挂有生产看板，在下一道工序的入口存放处挂有移动看板。因此，控制看板发出的数量就是控制了工序间在制品数量。

通常可以用下述方法控制在制品数量：

（1）在作业计划期初发出看板，计划期内不再改变。

（2）减少超过在制品定额所对应的看板数。

（3）为了暴露问题，减少看板，当需要找出生产上存在的问题时，减少发出的生产看板数；当需要找出运输及需方工作地存在的问题时，减少发出的移动看板数。

（4）生产中的问题有些可以预测，有些则只有通过减少在制品库存的方法才能实现。

（5）发动每一个人想办法解决发现的问题。比如，如何减少调整准备时间，如何减少停机时间，如何实现工序间的生产率平衡，等等。

（6）采用简单易行、花费最少的方法使生产在低库存水平下运行。

（7）当在较低库存水平下生产能平稳运行时，再减少一些看板。

（8）重复以上过程，直至不需要看板就可实现准时生产。

这是一个无止境的改善过程。在这个过程中，要把问题摆在每个人面前，让大家想办法解决。在这个不断改进的过程中，人们一次次面临新问题，永远不会自满，不断探索，不断发现，从而使管理提到更高的水平。

四、实行准时生产方式需满足的条件

实行准时生产方式需满足以下条件：

（1）生产计划平稳。它是指生产率等于市场需求率，并且尽可能减少每种产品的生产批量，直到需要一台生产一台，使物料流与市场需求合拍，始终处于平稳的运动状态之中；还要保持主生产计划在 3 ～ 4 周的稳定性。

（2）减少调整准备时间，以适应扩大生产频率的要求。为此，要提高生产系统的柔性，进行人员培训，采取先进的组织管理技术。

（3）生产流程仔细计划，生产车间重新布置，以实现零库存的思想。

（4）准时采购，消除原材料和外购件的库存。

（5）加强质量管理，减少残次品。

准时生产方式是一种先进的生产管理技术，它对企业的管理基础、人员素质、技术设备、外部环境有较高的要求，只有具备条件的企业才能实行准时生产。

五、精益生产方式的思想和形式

（一）精益生产方式概述

精益生产（lean production，LP）方式是美国麻省理工学院研究发明的，是在准时生产方式的基础上提出的。准时生产方式是以生产制造系统为中心展开的，精益生产方式则是企业整体扩大了的生产经营模式，是对准时生产方式的进一步提炼和理论总结，属于资源节约型、劳动节约型生产方式。

精益生产方式是以满足社会需求为目标，充分发挥人的作用，利用多种现代化管理手段和方法，有效配置和合理使用企业资源，最大限度地为企业谋求经济效益的新型生产方式。

精益生产方式综合了大批大量生产和单件生产的优点，又克服了大批大量生产适应市场不够和单件生产成本过高的缺点。其特点如下：

（1）以销售部门为企业生产过程的起点，确保以市场需求为宗旨。

（2）在生产制造过程中实行拉动式准时生产，以下一道工序的需求来拉动上一道工序的生产。

（3）消除一切影响工作的松弛点，在最佳环境下，以最佳工作条件和态度从事最佳工作，努力追求完美。

（二）精益生产方式的基本思想

精益生产方式的结构简图如图 4–15 所示，其体系有三大支撑：零库存、多品种、零缺陷。与三大支撑相对应的管理技术为准时生产、成组技术、质量管理，其基础为计算机网络支持下的并行工作方式和小组化工作方式。

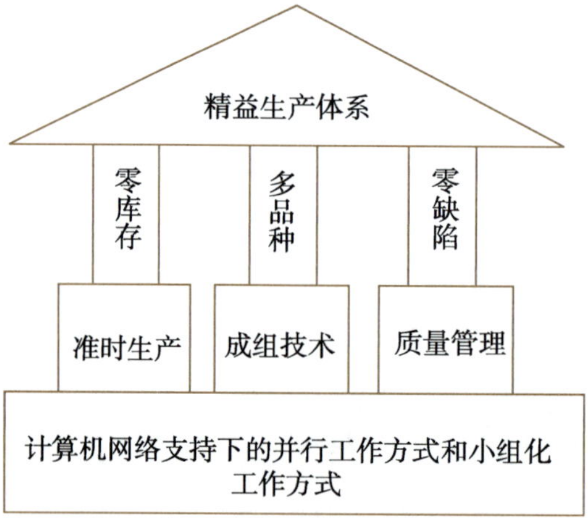

图 4–15　精益生产方式的结构简图

（1）精益生产方式所强调的是用户承认的、需要的东西的价值才是有真正的价值。把以用户需求为导向落到实处，形成企业一切工作的中心。

（2）精益生产方式追求在用户满意、无差错生产、企业自身持续改进上尽善尽美。

（3）在产品开发中采用并行工程方法，确保质量、成本和用户要求，缩短产品开发周期。

（4）精益生产方式下企业的组织特点是把最大量工作任务和责任转移到真正为企业增值的员工身上，建立迅速查找每个问题并能找到原因的缺陷监测系统，最大限度地降低生产成本，满足市场需求。

（5）实施拉动式生产和准时生产，以用户需求为拉动起点，逐步从后往前拉动，并按需求时间让各个部分有效地流动起来。

总之，精益生产方式强调做能增加价值和附加价值的有效劳动，无情地消除一切无效劳动和浪费。

（三）精益生产方式的形式

精益生产方式的形式主要有生产制造领域的精益化管理、产品开发领域的精益化管理、协作配套领域的精益化管理、产品营销领域的精益化管理、产品成本领域的精益化管理等。

本章小结

本章明确介绍了生产与运作计划体系，并就体系中的主要组成部分做了分析。首先论述了综合生产与运作计划，介绍了确定综合生产与运作计划应考虑和平衡的各种因素。在此基础上介绍了主生产计划，并对这个生产与运作计划体系中最关键的计划做了深入分析。在此基础上，对主生产计划的具体执行计划——生产作业计划做了详细分析。其次，围绕新型生产方式的不断涌现，本章从物料需求计划到制造资源计划，进一步到企业资源计划，逐步展开做了分析介绍。最后，重点介绍了准时生产方式和精益生产方式，为学生通过学习将其用于实践打下一定基础。

复习思考题

1. 指出综合生产与运作计划的主要指标。

2. 说明主生产计划的制订程序。

3. 生产作业计划的主要内容有哪些？

4. 指出大批大量生产、成批生产和单件小批生产的生产作业计划制订的期量标准和编制方法。

5. 物料需求计划、制造资源计划和企业资源计划的基本思想分别是什么？

6. 准时生产方式的基本方法有哪些？

第五章　生产与运作控制

学习目标

1. 阐述：生产与运作控制的内容；项目管理的内涵；项目管理的组织结构。
2. 应用：根据要求绘制网络图。

第一节　生产与运作控制概述

生产与运作管理的职能中，生产与运作计划和生产与运作控制十分重要。一旦计划制订出来，企业就要根据生产计划规定的各个项目进行生产。但是，尽管生产计划制订得极为详细，随着时间的推移、市场需求的变化、生产设备不到位及生产现场事故等原因，计划与实际也会产生差距。这时，相关人员必须及时向计划职能单位报告这种差异，同时采取措施缩小差距，并通过对生产与运作计划的执行情况的分析研究，在修订计划或者制订下期计划时，加以适当的处理。

一、生产与运作控制的内容

生产与运作控制就是对生产与运作计划的实施过程进行监督、检查，发现执行中已出现和可能出现的偏差，并通过调度防止和纠正上述偏差，以保证计划的圆满实现。

图 5-1 所示是生产与运作控制和其他活动的关联图。

从图 5-1 可以看出，带有圆圈的数字表示从用户签订订单开始，到制订生产计划、生产作业计划，进行生产与运作控制，最终把产品及收据交到用户手中的全过程。订单是基础，生产计划、生产作业计划和生产与运作控制是中心。生产计划、生产作业计划事先安排了各项工作内容，生产与运作控制则根据各项工作开展后反馈的信息，对运转状态加以评价，并做出反应和具体指令，调整有关工作，实现计划目标。

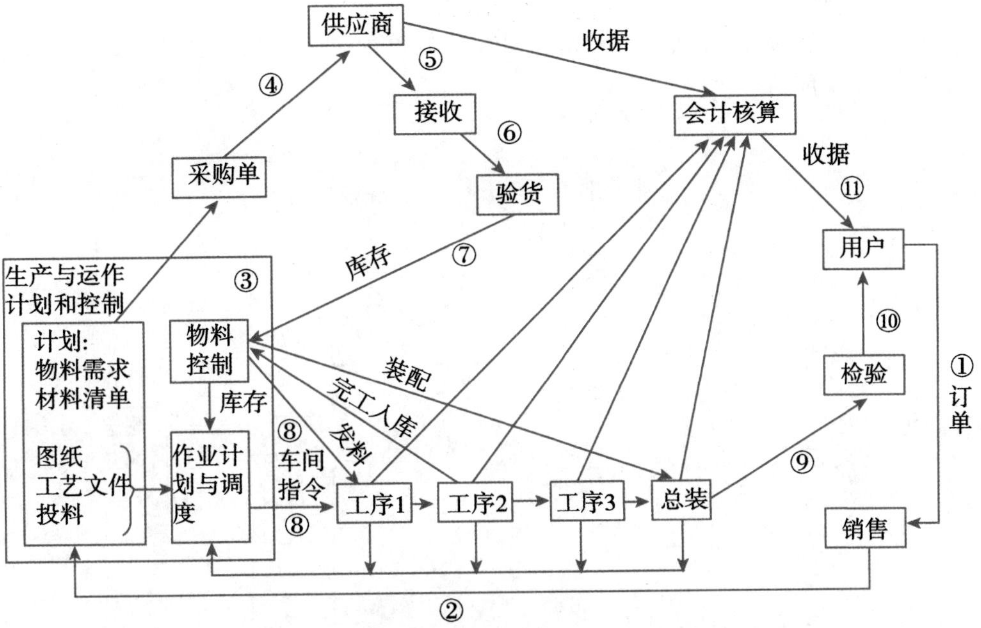

图 5-1　生产与运作控制和其他活动的关联图

（一）生产与运作控制的程序

生产与运作控制程序如图 5-2 所示。

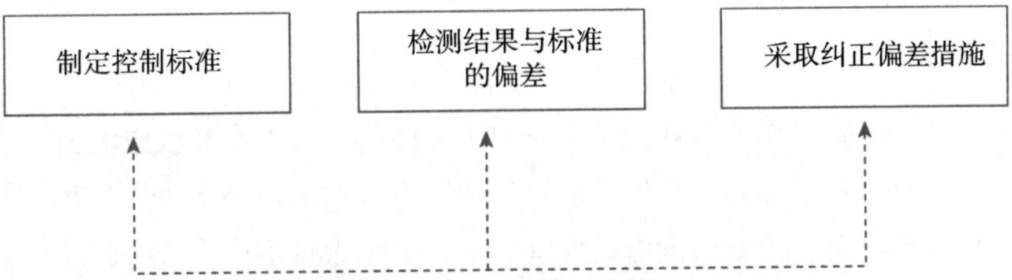

图 5-2　生产与运作控制程序

这里需强调几点：

（1）必须全面收集包括生产计划、生产作业计划、期量标准、各种定额等在内的资料数据。

（2）必须准确、合理地制定标准，使其能作为比较参照物。

（3）要及时、认真地收集信息，为做比较提供材料。

（4）制定的纠偏措施要切实可行，讲求有效性。

（5）控制系统要有权威性，下达的纠偏措施要能令行禁止，上下贯通，责任到人，落实到岗，坚决执行。

生产与运作控制和信息关系紧密，要充分发挥信息的作用。生产与运作控制及信息反馈如图 5-3 所示。

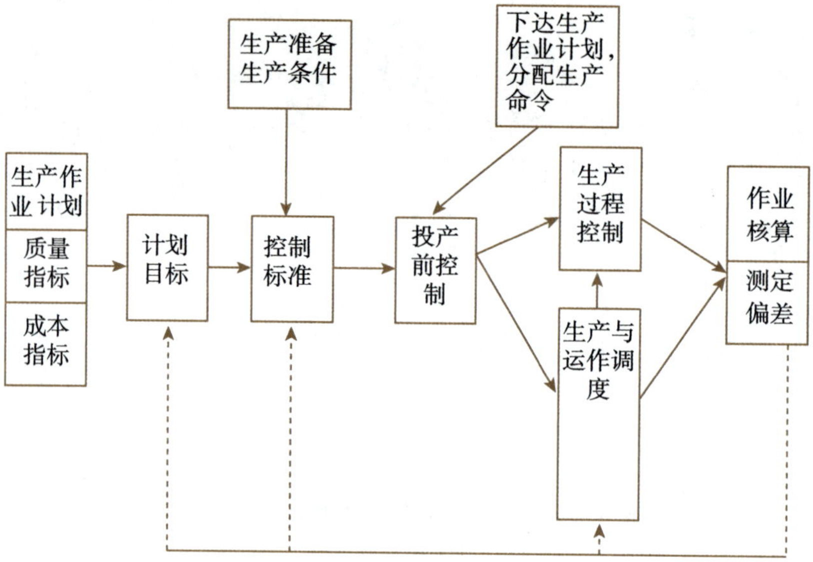

图 5-3　生产与运作控制及信息反馈

（二）进度控制

1. 投产前控制

投产前控制包括投产前准备工作、控制投产计划工作、下达投产指令。

（1）投产前准备工作，包括：①检查技术文件的准备工作和供应情况。技术文件主要有工艺文件、图纸等，它是生产的依据之一。技术文件要齐备，要及时服务于生产。②检查设备、工艺装备的准备及所处状态，看是否符合生产要求。设备、工艺装备是生产手段。③检查劳动组织的配备情况。劳动组织必须符合生产工艺的需要，在人员数量、技术水平、组织形式等方面达到要求。④检查物资、动力的供应情况，从时间、数量、质量等方面考虑保证情况，并一定要落实。⑤检查在制品、半成品的储备情况。依据在制品、半成品储备定额，检查在制品、半成品的实际库存量。若有缺货，应及时补充。⑥检查生产现场环境。道路要通畅，通风、照明要符合要求，如有尘毒危害，必须有防治措施，要让生产在一个安全、文明的环境下进行。⑦检查控制生产的管理组织情况，检查组织是否适当，人员是否得力，信息收集和整理是否及时、有效、坚决果断、有力等。

（2）控制投产计划工作，包括：①对生产作业计划进行复查，复查生产作业计划中各项指标之间、班组之间在生产中能否在时间、品种、数量上衔接平衡；复查期量标准是否确定得合理，是否符合实际；复查计划的编制方法是否得当，计算数据是否真实、可靠，单位上是否统一，前后不发生矛盾和冲突。②根据反馈信息来控制和调整计划。仍是利用当前情况和传递过来的信息，掌握客观情况的变化，对计划月份的生产作业计划做出调整。

（3）下达投产指令。不同类型的车间、班组，下达投产指令不同。大量或定期成批生产、大批大量生产的班组，一般下达出产进度日（轮班）计划任务或标准计划。多品种不定期成批生产、单件小批生产班组下达投产指令主要有三种形式：

第一，加工路线单。典型的加工路线单如表 5-1 所示。

表 5-1 典型的加工路线单（生产跟单）

发出库： 编号： 年 月 日

名称	图号	规格	发出数	发出人	用料部门	领料人

车间跟单

月	日	操作者	交接数	交接完成数	废品数	合格率	检验员	下一工序接受验证

母单核销

月	日	入库数	库验收入	废品数	车间剩余数	利用率	车间核算人	发出库销单人

加工路线单是一种原始凭证，它记录了每批零部件从投料开始，到经过每道工序的加工及检验，直至成品入库为止的生产过程。每道工序以此指令组织生产。加工路线单形式多样。其优点是：把每批零部件的加工情况、要求都写在一张表上，大大减少了单据数量，使工作简便易行，一表多用；使用同一张表，可以使领料、加工数、

合格数、废品数、入库数相互连接，前后一致，保证不出差错；加工路线单使用一张表，保证了加工顺序和加工工艺规程的一致性，这样执行工艺规定是同一口径、同一个要求，做起来比较顺畅，从而保证了加工质量；一批零部件用一个加工路线单，也有利于使用期量标准。

第二，单工序工票。以加工工序为单位下达指令。单工序工票的常见形式如表 5-2 所示。

表 5-2　单工序工票

<table>
<tr><th rowspan="2">产品编号</th><th rowspan="2">件号</th><th rowspan="2">件名</th><th rowspan="2">序号</th><th rowspan="2">序名</th><th rowspan="2">单件定额</th><th rowspan="2">每台件数</th><th colspan="2">投入件数</th></tr>
<tr><th>当批</th><th>累计</th></tr>
<tr><td></td><td></td><td></td><td></td><td></td><td></td><td></td><td></td><td></td></tr>
</table>

<table>
<tr><th rowspan="2">日期</th><th rowspan="2">班次</th><th rowspan="2">操作者姓名</th><th colspan="3">加工时间</th><th colspan="2">完成</th><th colspan="5">检查结果</th><th rowspan="2">检验员</th><th rowspan="2">备注</th></tr>
<tr><th>起</th><th>止</th><th>工时</th><th>件数</th><th>工时定额</th><th>合格</th><th>回用</th><th>退修</th><th>工废</th><th>料废</th></tr>
<tr><td></td><td></td><td></td><td></td><td></td><td></td><td></td><td></td><td></td><td></td><td></td><td></td><td></td><td></td><td></td></tr>
</table>

同加工路线单相比，单工序工票仅下达一个工序指令，所以有人将加工路线单称为长票，将单工序工票称为短票。单工序工票一个工序开一张。它用起来比较灵活，缺点是数量多，不便于统计。在一道工序加工完后，零部件交送验收，检验员在工票上记录有关事项，工票返回至计划调度人员手中，计划调度人员再为下一道工序开出新的工票。

第三，操作者个人工票。以操作台或操作人员为单位下达指令。表 5-3 所示为操作者个人工票。

表 5-3　操作者个人工票

车间　　　　　　　　　班组　　　　　　　　　年　月　日

<table>
<tr><th>操作者</th><th colspan="3">加工产品图号</th><th></th></tr>
<tr><td>加工产品名称</td><td>单位</td><td>加工数量</td><td>工时定额</td><td>完成定额工时</td></tr>
<tr><td></td><td></td><td></td><td></td><td></td></tr>
<tr><td></td><td></td><td></td><td></td><td></td></tr>
<tr><td></td><td></td><td></td><td></td><td></td></tr>
<tr><td></td><td></td><td></td><td></td><td></td></tr>
</table>

除了利用加工路线单和单工序工票形式下达生产指令，还可以利用“任务分配箱”的形式进行生产控制。尤其对于单件、成批生产的条件，用“任务分配箱”控制投入是十分有效的。

2. 生产过程控制

生产过程控制是产品投产以后的控制。其内容包括：①生产进度的静态控制，主要指调整和控制某一时刻各生产环节结存在制品和半成品的品种、数量的大小与计划的偏差。②生产进度的动态控制，即以生产的时间进度或时间序列纵向去分析比较，控制生产进度的方法。它的主要依据是生产作业凭证、作业核算及作业统计、分析等。

生产作业凭证包括加工路线单、单工序工票、操作者个人工票、轮班生产记录、工序写作单等。另外，企业还要做作业统计台账等。生产进度的动态控制包括投入进度控制和出产进度控制。

投入进度控制是指对产品开始投入的日期、数量、品种是否按计划投入，是否按投入提前期标准进行安排等加以控制。对于投入进度控制，不同类型条件，采用的控制方法也不同。对于大批大量生产类型，按照加工路线单和作业核算资料同生产作业计划比较进行投入进度控制，包括各个环节的日进度和累计进度控制；对于单件小批或成批生产类型，投入进度控制比较复杂，一方面要控制投入的品种、批量和成套性，另一方面要控制投入提前期，使每一种产品的各个零部件都按规定的投入提前期、生产周期、生产间隔期投产。

出产进度控制是对产品零部件的出产日期、出产提前期、出产量、出产均衡性和成套性等进行控制。出产进度控制是把计划出产进度与实际出产进度放在同一张表内对比列出。对于大批大量生产类型，是将生产进度日历与生产日报比较，控制每日出产、累计进度及均衡性；对于成批生产类型，是对零部件轮番标准出产计划、出产提前期、零部件日历进度表、成套进度表、成批出产日历进度表等进行控制；对于单件小批生产类型，是按订货合同规定的交货期来进行控制。

二、生产与运作调度

生产与运作调度是生产与运作控制中的一项重要工作，它以生产与运作计划为依据，及时了解和把握生产活动的进展情况，组织和动员各方面力量，紧紧围绕生产去工作。生产与运作调度是要灵活、迅速地处理生产中出现的各种矛盾和问题，充分利用生产与运作能力、人力、物力，克服薄弱环节，协调各环节工作，使工作顺利进行，任务圆满完成。

（一）生产与运作调度的原则

（1）计划性原则。计划性是调度工作的基本原则，调度工作要以生产作业计划为依据，以保证计划的全面完成。调度人员应严肃对待生产作业计划，毫不含糊地执行生产作业计划。

（2）预见性原则。生产与运作调度应坚持预防为主，防患于未然，想在前头，做在前头，使工作处于主动地位。一些调度人员在实践中摸索出一套办法：抓准备保生产；抓投入保产出；抓小保大；抓短保长。预见性要突出一个“早”字，即早布置、早检查、早督促、早控制。

（3）集中统一原则。调度工作必须高度集中统一，调度组织要进行强有力的工作，生产部门要维护生产与运作调度的权威。

（4）及时性原则。如计划执行过程中出了问题，调度人员应及时掌握情况，赶到现场，采取措施，避免停工和浪费。

（5）群众性原则。调度人员应经常深入群众，倾听群众意见，集思广益。在进行调研过程中，调度人员要让生产者领会意图，积极行动，打下广泛的群众基础。

（二）生产与运作调度的内容

（1）依照生产作业计划，下达指令去检查生产的各个环节的执行情况。特别要注意控制车间之间、车间内部有交接的零部件的品种、期限、数量和在制品的储备，要进行经常性的作业核算和统计分析工作。

（2）检查、督促生产之前的作业准备工作，协助有关部门按时将各种技术文件、物资资料、人员等准备好，以便生产作业能够按时开始。

（3）根据生产的实际需要，做好劳动力的调配工作，要适时地调整好劳动组织，认真检查设备运行情况，协助和督促生产单位合理使用设备，积极做好设备的维护、保养、修理等工作，使设备一直能在良好状态下运转。

（4）经常同承担运输任务的部门联系和配合，做好运输的日常调度工作，使得企业内外部的物流顺畅，不在物资运输上给生产造成麻烦。

（5）及时掌握动力的供应和保障情况，企业用电、用水、用气等一般比较紧张，要顾全大局，在出现特殊情况时，应及时调整班次，避开高峰用动力。

（6）组织好企业级、车间级生产调度会，协调车间之间、工段之间、班组之间的生产，积极想办法化解矛盾。

第二节　项目管理

一、项目管理概述

（一）项目

1. 项目的概念

项目是指在特定的起始时间和结束时间内，用特定的资源分配，产生确定结果的一套独特的业务活动。例如，开发一项新的产品或服务，改变一个组织的结构、人员配置或组织类型，开发一种全新的或经修正过的信息系统，修建一座大楼或一项设施，开展一次政治性的活动，完成一项新的商业手续或程序等，这些都属于项目的概念。

2. 项目的特征

项目的特征包括：

（1）项目有一个明确界定的目标。

（2）项目的执行要通过完成一系列相互关联的任务。

（3）项目需要运用各种资源来执行任务。

（4）项目有具体的时间计划或有限的生命周期。

（5）项目可能是独一无二的、一次性的努力。

（6）每个项目都有客户。

（7）项目包含一定的不确定性。

（二）项目管理的内涵

项目管理就是以项目为对象的系统管理方法，通过一个临时性的、专门的柔性组织，对项目进行高效率的计划、组织、指导和控制，以实现项目全过程的动态管理和项目目标的综合协调与优化。

所谓实现项目全过程的动态管理，是指在项目的生命周期内，不断进行资源的配置和协调，不断做出科学决策，从而使项目执行的全过程处于最佳的运行状态，产生最佳的效果。所谓项目目标的综合协调与优化，是指项目管理应综合协调好时间、费用及功能等约束性目标，在相对较短的时期内成功达到一个特定的成果性目标。项目管理贯穿于项目的整个生命周期，它运用既有规律又经济的方法对项目的效率和质量进行考核，并注重将当前的执行情况与前期进行比较。

项目管理是以项目经理负责制为基础的目标管理。一般来讲，项目管理是按任务（垂直结构）而不是按职能（平行结构）组织起来的。项目管理的主要任务一般包括项目计划、项目组织、质量管理、费用控制、进度控制。日常的项目管理活动通常是围绕这五项基本任务展开的。项目管理自诞生以来发展很快，当前已发展为三维管理：

（1）时间维，即把整个项目的生命周期划分为若干个阶段，进行阶段管理。

（2）知识维，即针对项目生命周期的各个不同阶段，采用不同的管理技术方法。

（3）保障维，即对项目人、财、物、技术、信息等的后勤保障管理。

（三）项目管理的特征

1. 项目管理是一项复杂的工作

项目管理把项目看成一个完整的系统，各子分系统分别按照要求完成目标，然后汇总、综合成最终的成果。项目管理还把项目看成一个具有完整生命周期的过程，因此在强调整体重要性的同时，也强调对各个分阶段的重视。

2. 项目管理具有创造性

项目管理具有一次性的特点，在承担项目管理风险的同时，又需要发挥创造性，使项目成果有别于一般的重复性管理活动。

3. 项目管理需要集权领导和建立专门的项目组织

项目管理本质上要求把一项时间有限和预算有限的事业委托给项目负责人即项目经理，由项目经理统一进行计划、资源分配、协调和控制。项目管理的组织是临时性的、柔性的、专门性的。由于项目管理是一个综合管理过程，其组织结构的设计必须充分考虑有利于组织各部分的协调与控制。

4. 项目负责人在项目管理中起灵魂的作用

项目经理的职位是由多种特殊需要决定的。项目经理行使着大部分传统职能组织以外的职能，必须能够综合各种不同专业观点来考虑问题，必须能通过人的因素熟练地驾驭技术因素以完成项目目标。因此可以说，项目经理在项目管理中起灵魂的作用。

二、项目计划

（一）项目计划编制的作用

凡事预则立，不预则废。项目管理有了计划可能成功不了，但若缺乏计划指导，则必败无疑。事先制订详细的计划是项目得以成功的根本保证。在开始项目运作之前，项目团队必须花费足够的时间和精力，对项目的进度、成本、资源、人员分工等进行周密的考虑和安排，制定出切实可行的行动方案，这就是项目计划的编制。

项目计划编制的作用主要有：

（1）引导项目的实施。

（2）编制项目规划的设想。

（3）记录项目计划讨论好的有关人选事宜。

（4）促进项目参与者之间的沟通。

（5）确定主要的管理问题，如内容、范围和时间等。

（6）为进一步提高测量和控制项目的水平提供标准。

（二）项目计划的内容

项目计划需要能够回答以下问题：

（1）需要做什么？——确定项目的范围。

（2）什么时间做？——编制进度表。

（3）谁去做？——配置项目人力资源。

（4）做这些事情需要哪些东西？——编制采购计划。

（5）花多少钱去做？——编制预算表。

（6）应该做成什么样子？——确定质量要求。

（7）可能会出现哪些问题？如何应付？——制订风险管理计划。

（8）如何进行信息交流？——制订沟通管理计划。

（9）如何处理项目的变更？——制订变更控制计划。

项目计划多以项目计划书的形式体现。项目计划书是实施项目的依据。项目计划书的内容应包括以下 11 个方面：①项目目标；②项目范围说明；③项目进度计划；④项目预算；⑤人员组织计划；⑥项目质量保证计划；⑦项目风险管理计划；⑧项目沟通管理计划；⑨采购管理计划；⑩文件控制计划；⑪项目变更控制计划。另外，项目计划书可能包含一些辅助资料，如授权书、技术文件等。

（三）项目计划的编制方法

可以使用许多不同类型的网络图表示方法编制项目计划，这些方法包括关键路径法（critical path method，CPM）、计划评审技术（program evaluation and review technique，PERT）以及后来出现的图示评审技术（graphical evaluation and review technique，GERT）、网络图等。

1. 关键路径法

关键路径法是先确定出项目各活动最早开始时间、最早结束时间，最晚开始时间、最晚结束时间，然后通过最早和最晚时间的差额分析出每一项活动相对时间的紧迫程度及工作的重要程度。这种最早时间和最晚时间的差额称为浮动时间。浮动时间为零的路径称为关键路径。关键路径法的主要目的就是确定项目中的关键工作，以保证实施过程中能重点关照，保证项目能按时完成。

2. 计划评审技术

计划评审技术是一种工作前后序列逻辑关系及活动不确定时间表示的网络计划图。其基本形式与关键路径法相同，只是关键路径法仅需要一个确定的工作时间，而计划评审技术则需要估计活动的三个时间，包括最短时间、最可能的时间和最长时间，然后按照 β 分布计算工作的期望时间。

3. 图示评审技术

与关键路径法相比，图示评审技术允许在网络逻辑和活动持续时间方面具有一定的概率陈述，即除了工作延续时间的不确定性外，还允许工作存在概率分支。例如，某些工作可能完全不被执行，某些工作可能仅执行一部分，还有些工作可能被重复执行多次。该方法多使用计算机仿真技术来模拟项目的执行情况。

4. 网络图

网络图是一种在项目管理中对时间进行计划、安排和管理，并对资源进行评价、预算和管理的方法。网络图一般有两种表示方法：箭线表示法和结点表示法，两种方法的不同之处在于：前者用箭线表示工作，后者用结点表示工作。这里主要介绍箭线表示法。

（1）网络图的符号表示及相关概念。

第一，箭线。用箭线表示工作如图 5-4 实线所示，箭线上方为工作代号，下方为所需时间。

图 5-4　工作表示符号

用虚箭线表示虚工作如图 5-4 虚线所示，上方无工作代号，下方时间为 0 且不显示。

第二，结点。用圆圈表示，如图 5-5 所示。圈中的序号表示某个工作的结束和另一个工作的开始。

图 5-5　结点符号

第三，路线。一般指网络图中从开始结点到结束结点经过的路径。

（2）画网络图的规则。在画网络图时应遵守一系列规则，主要有：①在一张网络图中，开始结点、结束结点只能各有一个；②在一张网络图中，每条箭线的两端都必须有结点；③在一张网络图中，两个结点之间，直接相连的箭线最多有一条；④在一张网络图中，不准出现循环（一条箭线箭头结点中的数字一定要比这条箭线箭尾结点中的数字大）。

（3）画网络图的步骤。画网络图一般需要三步：

第一步，对项目进行全面认识，分析实现过程，将过程分解成一个相互关联的工作程序，编制到工作明细表或工作清单中。表 5-4 所示为某企业从产品设计到出产基本过程的工作明细表或工作清单，工作明细表或工作清单清晰地表达了项目中各项工作的名称、代号、相互关联关系，为画网络图打下基础。

表 5-4　工作明细表或工作清单

序号	工作名称	工作代号	紧前工作	工作时间 / 天	备注
1	设计	A	—	6	
2	自制零件	B	A	32	
3	外购零件	C	A	10	
4	组装	D	B、C	4	
5	检验	E	D	1	

第二步，根据编制出的工作明细表或工作清单画出网络图。在画网络图时，首先必须严格遵守工作明细表或工作清单标定的工作相互关联关系，逐步画出，同时在表达时严格遵守前述画网络图的规则。

第三步，对画出的网络图进行整理，力求更清晰、直观，为使用网络图提供有效帮助。按照表 5-4 画出并整理的网络图如图 5-6 所示。

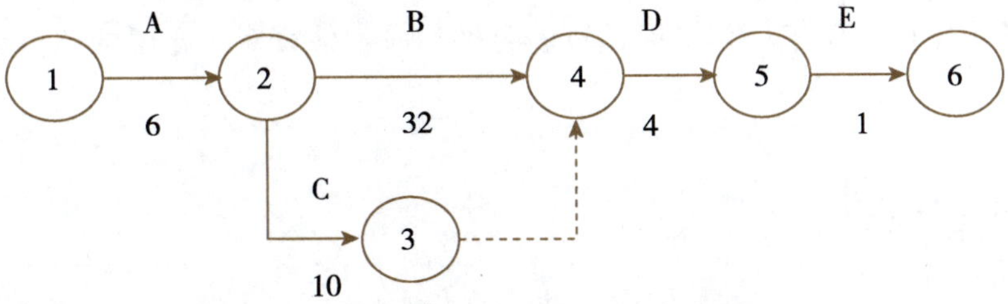

图 5-6　产品从设计到产出的网络图

网络图画出后，要围绕网络图首先进行计算，计算的内容包括工作时间、工作参数、结点参数、时差。计算后用工程工期法、时差为零法、破圈法等求出关键线路。最终落实到网络计划的时间优化、时间—资源优化、时间—费用优化上。

总体看来，上述这些方法的基本原理都是相似的，区别在于它们在各项活动或事件中能否适用。目前最常用的方法还是网络图的优化方法，它以关键路径法和计划评审技术两种技术方法为基础。另外，由于当前计算机技术的飞速发展，项目管理的多数活动均可以通过项目管理软件来处理。

（四）项目成本管理

项目成本管理的内容见表 5–5。

表 5–5　项目成本管理的内容

项目	资源计划	成本估计	成本预算	成本控制
输入	工作分解结构； 历史资料； 范围陈述； 资源库描述； 组织策略	工作分解结构； 资源需求； 资源单价； 活动时间估计； 历史资料； 财务图表	成本估计； 工作分解结构； 项目进度	基准成本； 执行情况； 改变的要求； 成本管理计划
工具和方法	专家判断； 头脑风暴法	类比估计		成本改变控制系统； 执行情况测定； 另外的计划； 项目管理软件
输出	资源需求	成本估计； 详细说明； 成本管理计划	基准成本	修改后的成本估计； 预算更新； 纠正措施； 完成项目所需成本估计； 经验与教训

通过项目成本管理，可以对项目的可行性进行评估，可以管理现金流，达到成本控制的目的，还可以用于项目工期估算。另外，成本估算对于必要的项目融资也是很有帮助的。

三、项目控制

（一）项目控制的一般方法

1. 预防性控制和更正性控制

预防性控制就是在深刻理解项目各项活动，预见可能发生的问题的基础上，制定出相应的措施，防止不利事件的发生。如制定规章制度、工作程序，进行人员培训等，都属于预防性控制。

更正性控制是指由于未能或者根本无法预见到项目会发生什么问题，只能在问题出现后采取行动，纠正偏差。对于项目控制，更正性控制要比预防性控制用得多。利用反映过去情况的信息指导现在和将来，即为（信息）反馈控制。更正性控制往往借助信息反馈来实现，其关键是信息准确、及时、完整地送达项目经理或者其他决策者手中。

2. 事先控制、过程控制和事后控制

事先控制在项目活动或阶段开始时进行，可以防止不合理的资源使用，保证项目的投入满足规定的要求，如对进场的材料和设备进行检查。过程控制对进行中的项目活动进行检查和指导，过程控制一般在现场进行。事后控制在项目活动或阶段结束或临近结束时进行。生产企业的质量控制就是事后控制。

3. 直接控制和间接控制

直接控制着眼于产生偏差的根源，而间接控制着眼于偏差本身。项目活动的一次性特点常常迫使项目班子采取间接控制。项目经理直接对项目活动进行控制，属于直接控制；项目经理不直接对项目活动而是对项目班子成员进行控制，具体的项目活动由项目班子成员去控制，属于间接控制。

（二）以计算机为基础的项目控制系统

项目控制的原理并不复杂，项目管理更关心的是运用哪些行之有效的方法以达到理想的控制效果。建立多级项目控制系统，对于控制项目的各种变更或偏差将十分有效。图 5–7 所示为一种四级控制系统。

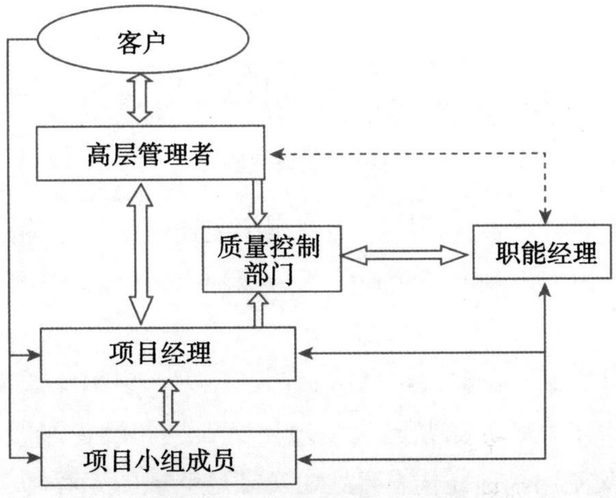

图 5–7　一种四级控制系统

四、项目管理的组织结构

项目管理一般采用矩阵式组织结构。

（一）矩阵式组织的含义

矩阵式组织的出现是企业管理水平的一次飞跃。当环境一方面要求专业技术知识，另一方面要求每个产品线能快速做出变化时，就需要矩阵式组织的管理。职能式组织强调纵向的信息流动，而事业部式组织强调横向的信息流动，矩阵式组织就是将这两种信息流动方式在企业内部同时实现。

在实际操作中，这种双重管理的结构建立和维持都很困难，因为有权力的一方常常占据支配地位。因此，比较成熟的矩阵式组织为带有项目或产品小组性质的职能式组织。在这种组织中，职能部门照常行使管理职能，但公司的业务活动是以项目的形式存在的。项目由项目经理全权负责，他向职能经理索要适合的人力资源，在项目期间，这些员工归项目经理管理。而职能经理的责任是保证人力资源合理、有效地利用。矩阵式组织如图 5-8 所示。

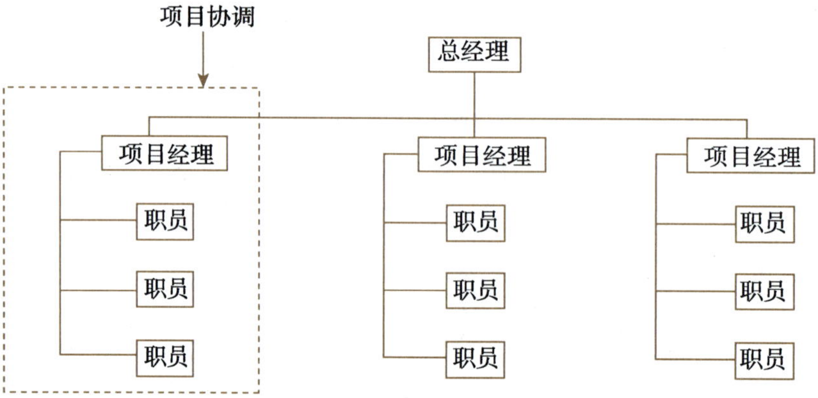

图 5-8　矩阵式组织

与前两种结构不同，是否为矩阵式组织很少能通过组织结构图判断出来，需要根据企业具体的管理行为加以判断。企业是否应该实行矩阵式组织，应该依据以下三个条件加以判断：

（1）产品线之间是否存在着共享稀缺资源的压力。该组织通常是中等规模，拥有中等数量的产品线。在不同产品共同灵活地使用人员和设备方面，组织有很大压力。例如，组织并不足够大，不能为每条产品线安排足够多的工程师，于是工程师以兼职项目服务的形式被指派承担产品和服务工作。

（2）环境是否对两种或更多的重要产品存在要求。例如，对技术质量和产品快速更新的要求。这种双重压力意味着在组织的职能和产品之间需要维持一种权力的平衡。为了保持这种平衡，就需要一种双重职权的结构。

（3）组织所处的环境条件是否为复杂的和不确定的。频繁的外部变化和部门之间的高度依存，要求无论在纵向还是横向方面都要有大量的协调与信息处理。

根据上面的条件可以看出，提供咨询服务的公司最适合采用矩阵式组织结构。以中等规模的咨询公司为例，这样的公司规模在几十人至上百人，咨询顾问可以根据业务专业划分为不同的职能团队，如财务咨询小组，生产、工程咨询小组，管理咨询小组。由于咨询顾问的成本较高，优秀的咨询顾问资源相对稀缺，而咨询公司没有统一的产品，需要根据客户的具体情况进行二次设计，每一个项目都是一个全新的产品，无法通过流水线作业完成。而且，产品的质量需要由项目经理和职能经理共同控制。矩阵式组织结构能较好地满足以上的条件。

（二）矩阵式组织的种类

矩阵式组织是职能式组织和项目型组织的混合体，同时具有职能式组织的特征和项目型组织的特征。矩阵式组织有以下四种类型：弱矩阵式组织、强矩阵式组织、平衡型矩阵式组织、复合型矩阵式组织。其中，弱矩阵式组织保持了较多的职能式组织的特征，项目负责人扮演的是协调者、协助者的角色，还算不上是一个项目经理。强矩阵式组织则具备较多的项目型组织的特征——有专职的、权力很大的项目经理，有专职的项目行政管理人员。更为现代化的组织则不同程度地包括以上各种组织类型的结构特点。比如，一个基本上是职能式的组织设立了专门的项目工作组去完成一个重要的项目，这个工作组具有项目型组织中项目组的许多特征：有独立于职能部门的专职项目工作人员；有自己的一套工作程序；可以在组织常规的标准、正式架构之外进行运作。弱矩阵式组织、强矩阵式组织、平衡型矩阵式组织、复合型矩阵式组织分别如图 5-9、图 5-10、图 5-11、图 5-12 所示。

（三）矩阵式组织的优劣分析

矩阵式组织的优势在于它能使人力、设备等资源在不同的产品和服务之间灵活分配，组织能够适应不断变化的外界要求。这种组织结构也给员工提供了获得职能和一般管理的两方面技能。在矩阵式组织里，关键组织成员的角色定位非常重要。这些关键组织成员包括高层领导者、矩阵主管和员工。

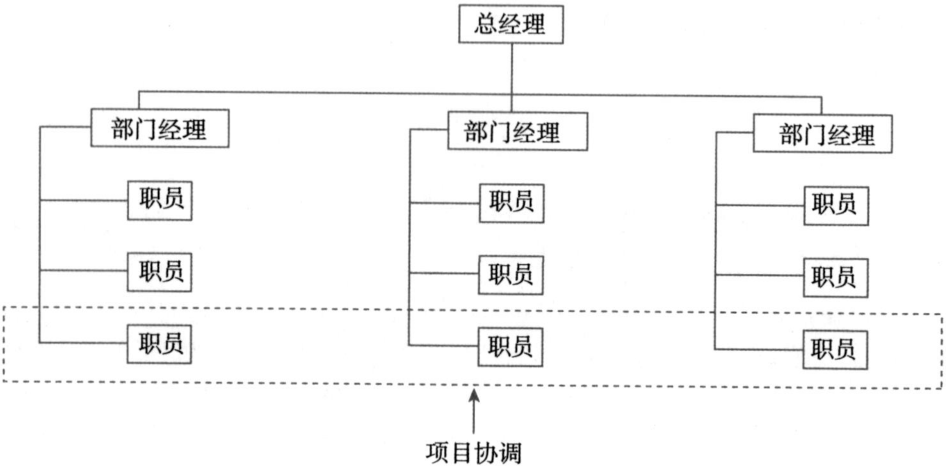

图 5-9　弱矩阵式组织

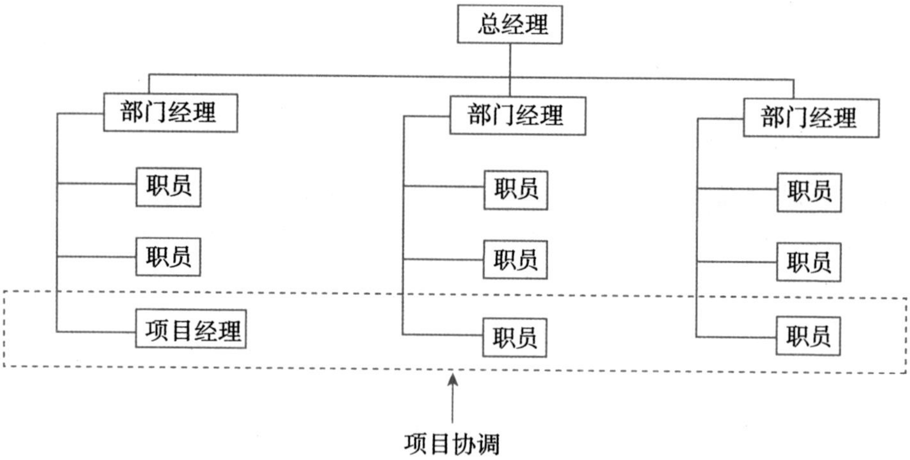

图 5-10　强矩阵式组织

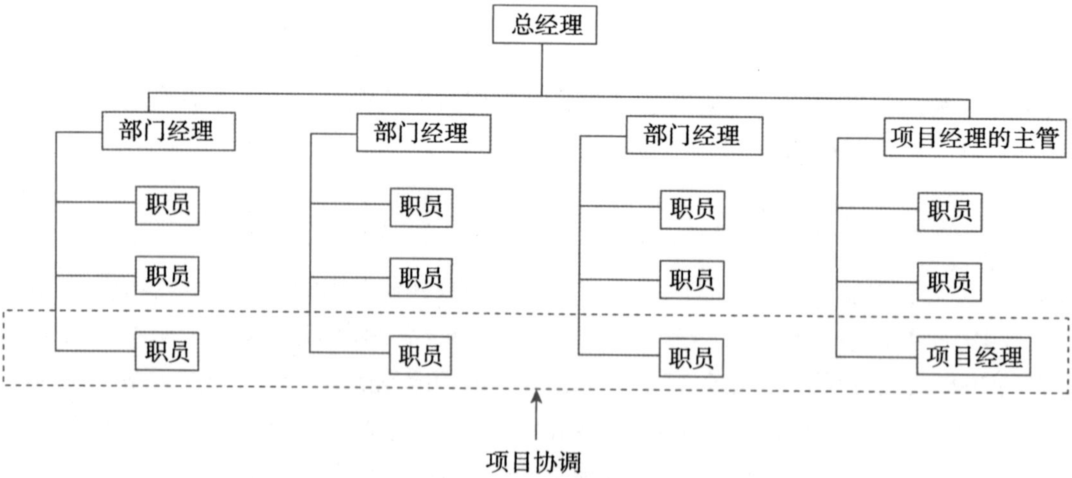

图 5-11　平衡型矩阵式组织

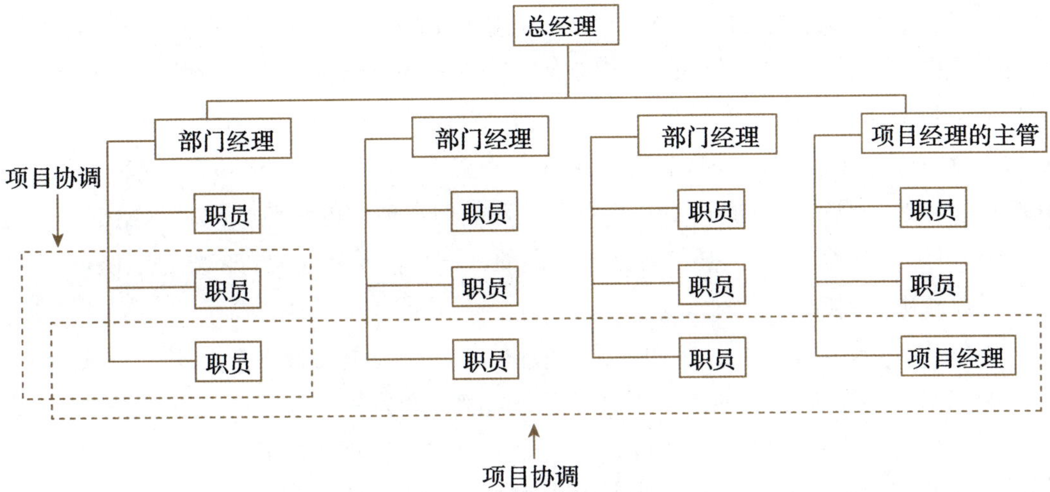

图 5-12　复合型矩阵式组织

高层领导者的主要职责是维持职能经理和项目经理之间的权力平衡。高层领导者也必须愿意进行决策委托，鼓励职能经理和产品经理直接接触，共同解决问题，这将有助于信息共享和协调。

矩阵主管的问题在于如何控制他们的下属。由于下属接受两个主管的同时领导，不自觉的员工会利用这个机会钻空子，造成主管的管理真空化。因此，职能经理和项目经理必须一起工作，解决问题。职能经理主要解决下属的技术水平问题，而项目经理具体管理下属在这个项目上的行为、工作结果和绩效。这些活动需要大量的时间、沟通、耐心，以及和别人共同工作的技巧，这些都是矩阵管理的一部分。

员工接受双重领导，经常能体会到焦虑与压力。员工的两个直接经理的命令经常会发生冲突。这时接受双重领导的员工必须能够面对产品经理和职能经理的指令，形成一个综合决策来确定如何分配自己的时间。员工必须和他的两个主管保持良好关系，显示出对这两个主管的忠诚。

矩阵式组织最早应用于飞机制造和航天器械的生产项目。职能部门包括研发、工程、安装、测试等。每一个项目都需要全新的产品，如新型飞机、宇宙火箭等。现在，矩阵式组织已经在跨国公司中普遍使用，最有代表性的要数世界电气巨人——ABB（阿西亚－布朗勃法瑞，Asea Brown Boveri）公司。ABB 公司在全球拥有众多员工，在每一个国家都采取矩阵式组织结构，将公司按区域和业务维度划分。这样做是为了既保证公司产品的本土化特点，又保证规模效应和技术的领先性。ABB 公司本土的经理负责自行开发新产品，开发市场与政府公关，而业务经理负责全球的产品战略决策。根据这样的结构，ABB 公司在全球范围内成立合资企业，每个合资企业规模都很小（ABB 公司在全球有很多合资企业），但绝大多数合资企业的总经理既向区域经理汇报，也向全球业务经理汇报。通过这样的管理，ABB 公司仍然作为一个有整体战略的公司，成为世界电气巨人。通过矩阵式组织结构，ABB 公司有效地将全球化战略和本地化产品结合，将跨国公司的规模优势和小公司的灵活、低成本优势相结合，但双重管理需要的沟通难度可想而知。ABB 公司大部分管理文件的内容在描述区域经理和业务经理的职责和相互关系上，并通过不断培训使经理们明白他们的角色。同时，ABB 公司还开发新的信息管理系统，加强信息共享。即便这样，沟通问题现在依然是 ABB 公司最迫切需要解决的问题。

矩阵式组织结构的优点是：能促进各部门、各层经理的合作与协调，在保持专业分工的同时加强联系和沟通；有利于把管理职能、产品的产销及地区市场因素综合起来加以考虑，为实现共同的利润目标合理配置资源。其缺点在于：多重领导易导致低效率；协调不当易使经理之间产生矛盾。这种组织结构较适合于建筑工程、航天、营销，以及有许多专家共同为一个项目工作的管理咨询公司。

本章小结

本章属于生产与运作管理五大部分内容的第四部分内容，主要是在制订科学的生产计划后，如何进一步落实、实施和控制问题。首先明确了生产与运作控制的内容。其次，就安排生产任务的有关排序问题做了介绍，指出在不同情况下如何排序。同时，突出生产与运作的调度问题，讲述了调度原则和内容。项目管理是本章的另一重点。项目管理是对既定目标的具体落实，实际上是计划的进一步落实。这一部分系统介绍了项目的内涵、项目计划、项目控制和项目管理组织等，重点介绍了网络图，就其组成、画法等做了介绍。

复习思考题

1. 生产与运作控制的主要内容有哪些？
2. 联系实际，论述生产与运作调度的原则及内容。
3. 结合实际，编制工作明细表或工作清单并绘制出网络图。
4. 分析几种项目管理组织结构的优缺点及适用性。

第六章 生产与运作质量管理

学习目标

阐述：质量管理和全面质量管理的含义；6σ 质量管理。

质量是企业的生命线，质量是企业生存的重要法宝，质量是企业最好的广告词。保证企业产品与服务质量的优良和稳定是生产与运作管理的重要内容之一。在竞争非常激烈的市场经济条件下，企业对于质量给予了足够的重视，同时围绕质量问题，在实践中提出了许多新的质量管理观念和方法。产品质量和服务质量是企业产品与服务的属性之一，质量来源于最终用户的使用，用户的使用质量是由产品与服务所具有的内在属性实现的，而内在属性的实现又有赖于产品与服务的设计、制造、提供过程。质量产生于生产与运作的每一个过程，质量可以由一道工序向另一道工序传递。前一道工序的质量是后一道工序的质量的保证，所有工序的质量是最终质量的保证。

质量控制是通过生产过程中经常出现或可能出现的问题进行分析研究，提出预防问题产生的措施。质量问题在生产中表现出一定的规律性，因此对质量问题产生的规律及解决质量问题的流程的研究和分析就是质量管理的重要内容。

企业要得到稳定的、能够被用户认可的质量品质，除了进行质量控制，还应当有一系列的制度保证，即企业应当积极参与质量认证体系建设。

第一节 全面质量管理概述

一、质量

国家标准《质量管理体系 基础和术语》(GB/T 19000—2008 IDT：ISO 9000：2005)

对质量下的定义为：客体的一组固有特性满足要求的程度。目前更流行、更通俗的定义是从用户的角度去定义质量：质量是用户对一个产品（包括相关的服务）满足程度的度量。质量是产品和服务的生命。质量受企业生产经营管理活动中多种因素的影响，是企业各项工作的综合反映。企业要保证和提高产品质量，必须对影响质量的各种因素进行全面而系统的管理。全面质量管理，就是企业组织全体员工和有关部门参与，综合运用现代科学和管理技术成果，控制影响产品质量的全过程和各种因素，经济地研制生产和提供用户满意的产品的系统管理活动。

《质量管理体系 基础和术语》(GB/T 19000—2000 IDT：ISO 9000：2000）将质量定义为：质量是指产品、体系或过程的一组固有的特性满足顾客和其他相关方要求的能力。

《质量管理体系 基础和术语》(GB/T 19000—2016 IDT：ISO 9000：2015）对质量进行了进一步说明：

一个关注质量的组织倡导一种文化，其结果导致其行为、态度、活动和过程，它们通过满足顾客和其他有关的相关方的需求和期望创造价值。

组织的产品和服务质量取决于满足顾客的能力以及对有关的相关方预期或非预期的影响。

产品和服务的质量不仅包括其预期的功能和性能，而且还涉及顾客对其价值和利益的感知。

（一）质量的表现

质量首先表现为用户的感受，这种感受体现在多个方面，对于不同的产品和服务，用户的感受是不一样的。而这些感受常常体现在一系列明确或不明确的指标或特性上，即体现在产品和服务上的各种属性。不同产品和不同服务所强调的特性是不一样的。总的来说，质量有以下几个方面的属性：

（1）耐用性。有些商品，用户是以其耐用性来衡量其质量的，如电视机、电冰箱、房屋，其承受的各种冲击和破坏的能力越强，用户可能会认为其质量越好。

（2）故障率。故障率即在使用过程中出现故障的频率。故障率越高，用户认为其质量越不好；反之，用户会认为该产品的质量越好。

（3）易修复性。产品在使用过程中难免会出现一些问题，影响用户的正常使用。产品在出现故障时，维修的难易程度是衡量产品质量的依据之一。如果产品出现问题后用户可以简单地维修或根据使用说明与提示排除故障，用户会认为该产品的质量较好，否则，由于提高了用户的使用成本，用户对该产品的质量的认识就会打折扣。

（4）寿命。寿命是指产品能够正常为用户提供服务的时间。寿命越长，用户的满意度越高。

（5）易用性。易用性指不用经过培训或经过简单培训就可正确使用产品。经专门培训机构或厂家培训后才能正确使用的产品，产品的易用性就不好，用户对于产品质量的认可度也较低。

（6）服务周到性与便捷性。用户购买产品后或接受服务时，企业能够全面地为用户考虑，及时提供必要的信息，及时收集用户的信息。在今后的维修服务过程中只认产品而不要求用户提供一些购买信息，不过多追究用户的责任，都会让用户感到满意，用户对其产品的质量也有好的印象。

（7）安全性。安全性指用户在使用产品或接受服务时保护其人身免受伤害及财产免受损失的特性和功能。安全性是目前产品和服务质量值得特别注意的地方。例如，手机在充电和使用过程中发生的爆炸现象，汽车在行驶过程中突然出现的动力丢失和刹车不灵的问题，都有可能造成用户的人身伤害和财产损失，服务活动中也可能存在一些给用户造成伤害的地方或因素。

（8）环保性与节能性。绿色、环保、低碳是社会经济可持续发展的客观要求。在产品和服务质量上也要体现这一要求。

上面所提到的质量属性主要是从最终用户的角度进行观察的，我们可以称其为外在质量。除此之外，我们还会用到一系列的技术指标来衡量产品的质量情况。这些技术指标我们称为内在质量。内在质量指标主要包括性能的稳定性、安全性、经济性、可靠性、精度、纯度等。

产品的外在质量主要通过内在质量来表现和实现，而内在质量更多地依赖各种技术指标。当产品作为中间产品时，内在质量更加重要，如生产企业对于原材料和半成品更多地要通过对技术指标的检测来保证其质量。

具体到不同的产品和服务，都会涉及上述产品质量属性中的一个或若干个。也就是说，对于不同的产品和服务，各种属性的重要程度是不同的。因此对于质量的研究，要针对具体的产品和服务。

（二）质量的形成过程

质量是在制造过程中逐渐形成的，在这个过程中，有三个方面的力共同起作用：①人的主观能动性。人的经验、责任心，以及在产品制造过程中的精神状态都会对质量起重要作用。②物的作用。物包括材料、零部件、工具、设备等，只有符合要求的物，才能制造出合格的、高质量的产品，不合格的、质量不高的物是不可能制造出高质量产品的。③技术。其包括工艺流程、技术措施、制造环境、加工顺序等。技术是形成产品及制造出合格产品的重要保证，相应的技术对应相应的质量。在这三个方面的力中，物和技术是客观的，如果物和技术条件不具备，高质量的产品就无从谈起，而人是产品质量稳定、可靠的保证，如果在制造过程中人不尽责任，马马虎虎，即使是高质量的物和先进的技术也不能发挥作用。

二、质量管理

质量管理是指为了实现质量目标而进行的所有管理性质的活动。质量方面的指挥和控制活动，通常包括制定质量方针和质量目标，以及质量策划、质量控制、质量保证和质量改进。

（一）质量管理的发展历程

质量管理的发展大致经历了三个阶段。

1. 质量检验阶段

20世纪前，产品质量主要依靠操作者本人的技艺水平和经验来保证，属于“操作者的质量管理”。20世纪初，以泰勒为代表的科学管理理论的产生，促使产品的质量检验从加工制造中分离出来，质量管理的职能由操作者转移给工长，这时是“工长的质量管理”。随着企业生产规模的扩大和产品复杂程度的提高，产品有了技术标准（技术条件），公差制度也日趋完善，各种检验工具和检验技术也随之发展，大多数企业开始设置检验部门，有的直属于厂长领导，这时是“检验员的质量管理”。上述几种做法都属于事后检验的质量管理方式。

2. 统计质量控制阶段

1924年，美国数理统计学家休哈特提出了控制和预防缺陷的概念。他运用数理统计的原理提出在生产过程中控制产品质量的6σ法，绘制出第一张控制图并建立了一套统计卡片。与此同时，美国贝尔研究所提出关于抽样检验的概念及其实施方案，成为运用数理统计理论解决质量问题的先驱，但当时该方案并未被普遍接受。以数理统计理论为基础的统计质量控制的推广应用始自第二次世界大战。由于事后检验无法控制武器弹药的质量，美国国防部决定把数理统计理论应用于质量管理，由美国标准协会（现美国国家标准学会）制定有关数理统计方法应用于质量管理方面的规划，成立了专门委员会，并于1941—1942年先后公布了一批美国战时的质量管理标准。

3. 全面质量管理阶段

20世纪50年代以来，随着生产力的迅速发展和科学技术的日新月异，人们对产品的质量从注重产品的一般性能发展为注重产品的耐用性、可靠性、安全性、维修性和经济性等。在生产技术和企业管理中要求运用系统的观点来研究质量问题。在管理理论上也有新的发展，突出重视人的因素，强调依靠企业全体人员的努力来保证质量。此外，“保护消费者利益”运动的兴起，使企业之间的竞争越来越激烈。在这种情况下，美国费根鲍姆于20世纪60年代初提出全面质量管理的概念。他提出，全面质量管理是为了能够在最经济的水平上，在充分满足顾客要求的条件下进行生产和提供服务，并把企业各部门在研制产品、维持质量和提高质量方面的活动合为一体的一种有效体系。

我国自1978年开始推行全面质量管理，并取得了一定成效。

（二）质量管理的内容

1. 质量方针和目标

质量方针是企业在质量方面的意图和方向，包括企业对质量的认识、质量形象的塑造及主要质量属性的确立。它综合了质量与效益、质量与成本、质量与竞争等方面的辩证关系。质量目标是质量方针的落实。质量目标应当是定量的，可以作为生产与运作目标的组成部分。具体可以说是某一个阶段各产品的组成部分和责任部门、人员应当达到的一系列指标。比如，有些产品的组成部分主要考核可靠性，有些产品的组成部分要落实到强度，有些产品的组成部分要落实到化学性能，此外还应该包括作业方面的一些标准目标。

2. 质量控制

质量控制是利用各种统计观测方法，以质量目标为标准，对偏离质量目标的环节和过程进行统计分析，估计偏离目标的程度和影响，并对产生偏离的原因进行分析，以便采取措施纠正这种偏离和偏差，使偏差控制在合理的范围内。

3. 质量保证

保证是一种承诺和担保。质量保证通过一系列的手段和制度，保证质量目标的实现。这些手段和制度与质量目标是正相关的，企业的质量保证就是向用户保证企业采取了实现和改进质量的相关操作和规范，并使这些操作和规范制度化。

4. 质量改进

质量改进是以不断提高企业质量水平为目标，对质量管理工作持续地进行改进。

企业开展质量管理，应当树立以用户为中心的质量观。以用户对质量的要求、感知为设立质量目标的依据，以用户的切身体验作为质量承诺和质量检验以及质量争议解决的出发点，改变以企业为中心定义、设计、制造和评测质量的做法。

企业开展质量管理活动要站在整个社会全局的角度，从环境保护角度看待质量问题。产品质量不仅要以产品本身的质量特性为中心，还要尽可能使产品在生产制造、使用过程中对环境造成的损害减少到最低，切实提高绿色质量。

要提高企业质量的自觉性和质量责任感。很多企业虽然也重视产品质量管理，但还处于一种被动的管理，只是认识到质量会影响企业产品的销售情况，进而影响企业的利润，这些企业往往只重视质量特性本身，而不重视质量形成的过程，在发生质量问题时不是先承担责任，而是先找借口，重视危机公关，不能积极分析质量方面的缺陷，以及采取有效的措施。我们要改变这种被动的管理方式，提高质量的自觉性，增强质量责任感。3·15 活动已开展多年，但质量问题仍然存在，有些甚至触目惊心。说明企业牢固树立质量自觉性和责任感非常重要，应当成为质量管理的重要内容。

这里要特别提一下新兴产业的企业。一个产业新兴起时，质量标准体系还没有明确，国家对该产业的质量监控手段还没有出台，极易出现质量问题和质量纠纷。树立质量自觉性的观念，企业就可以在提供产品和服务时先考虑可能会对用户产生的影响，以及对环境的影响，对于用户的保护和对环境的保护应给予充分的考虑。

三、全面质量管理

全面质量管理（total quality management，TQM）是指在全面质量的推动下，企业中所有部门、所有组织、所有人员都以产品质量为核心，把专业技术、管理技术、数理统计技术集合在一起，建立一套科学、严密、高效的质量保证体系，控制生产过程中影响质量的因素，以优质的工作和最经济的办法提供满足用户需要的产品的全部活动。

质量管理发展到全面质量管理，是质量管理工作的一个大的进步，统计质量管理着重于应用统计方法控制生产过程质量，发挥预防性管理的作用，从而保证产品质量。然而，产品质量的形成过程不仅与生产过程有关，还与其他许多过程、许多环节和因素相关联，这不是单纯依靠统计质量管理所能解决的。全面质量管理相对更加适应现代化大生产对质量管理整体性、综合性的客观要求，从过去限于局部性的管理进一步走向全面性、系统性的管理。

（一）全面质量管理的产生和发展的原因

统计质量管理向全面质量管理过渡主要有三个方面的原因：

1. 全面质量管理是生产和科学技术发展的产物

20 世纪 50 年代以来，随着社会生产力的迅速发展，科学技术日新月异，工业生产技术手段越来越现代化，工业产品更新换代日益频繁，出现了许多大型产品和复杂的系统工程，人们对这些大型产品和系统工程的质量要求大大提高了，特别对产品的安全性、可靠性提出的要求是空前的。安全性、可靠性在产品质量概念中占有越来越重要的地位。对于产品质量如此高标准、高精度的要求，单纯依靠统计质量管理显然已越来越不适应，无法满足要求。因为，即使制造过程的质量管理得再好，每道工序都符合工艺要求，而试验研究、产品设计、试制鉴定、准备过程、辅助过程、使用过程等方面工作不纳入质量管理轨道，不能很好地衔接配合，协调无序，则仍然无法确保产品质量，也不能有效地降低质量管理成本，提高产品在市场上的竞争力。这就从客观上提出了向全面质量管理发展的新的要求。而计算机这个现代化管理工具的出现及其在管理中的广泛应用，又为综合、系统地研究质量管理提供了有效的物质技术基础，进一步促进了它的实现。

2. 人的作用越来越受到重视

产品质量除了受技术和物的影响，最大的影响因素就是人的主观能动性和责任感。在质量管理中，相应出现了组织工人“自我控制”的无缺陷运动、质量管理小组活动、质量提案制度、“自主管理活动”的质量管理运动等，使质量管理从过去限于技术、检验等少数人的管理逐步走向多数人参与的管理。

3. 消费者的作用日益增强

在市场竞争日益激烈的情况下，消费者成了最终质量的评定者，消费者的维权意识也在增强。广大消费者为了保护自己的利益，买到质量可靠、物美价廉的产品，成立了各种消费者组织，出现了“保护消费者利益”的运动。政府也制定法律，制止企业生产和销售质量低劣、影响安全、危害健康等的劣等品，要求企业对提供的产品的质量承担法律责任和经济责任。制造者提供的产品不仅要求性能符合质量标准规定，而且要求保证在产品售后的正常使用期限中，使用效果良好，可靠、安全、经济，不出质量问题。这就在质量管理中提出了质量保证和质量责任的问题，要求制造者建立贯穿全过程的质量保证体系，把质量管理工作转到质量保证的目标上来。

（二）全面质量管理的内容

1. 全过程的质量管理

这里的全过程是指制造过程、辅助过程及使用过程。

制造过程，是指对产品直接进行加工的过程。它是产品质量形成的基础，是企业质量管理的基本环节。它的基本任务是保证产品的制造质量，建立一个能够稳定生产合格品和优质品的生产系统。其主要工作内容包括：组织质量检验工作；组织和促进文明生产；组织质量分析，掌握质量动态；组织工序的质量控制，建立管理点；等等。

辅助过程，是指为保证制造过程正常进行而提供各种物资技术条件的过程。它包括物资采购供应、动力生产、设备维修、工具制造、仓库保管、运输服务等。它的主要内容有：做好物资采购供应（包括外协准备）的质量管理，保证采购质量，严格入库物资的检查验收，按质、按量、按期地提供生产所需要的各种物资（包括原材料、辅助材料、燃料等）；组织好设备维修工作，保持设备良好的技术状态；做好工具制造和供应的质量管理工作；等等。另外，企业物资采购的质量管理也日益重要。

使用过程是考验产品实际质量的过程，它是企业内部质量管理的延续，也是全面质量管理的出发点和落脚点。在这一过程中，质量管理的基本任务是提高服务质量（包括售前服务和售后服务），保证产品的实际使用效果，不断促使企业研究和改进产品质量。它的主要工作内容有：开展技术服务工作，处理出厂产品质量问题；调查产品使用效果和用户要求。

2. 全员参与的质量管理

全员参与意味着提高产品质量需要依靠企业中全体人员的共同努力，通过加强质量教育、强化质量意识，使每个人都树立起“质量第一”的思想，使人人关心质量，全员参与管理。全员参与还意味着企业中的每个人都要负起提高产品质量的责任，要把产品质量的保证落实到与产品有关的人员。要求每个人对自己的工作和操作负责，绝不让不合格或质量不高的产品（工作）流入下一环节。同时，每个人都要对上一环节的工作和产品进行检查验收，确保高质量。

3. 全面的质量管理

全面的质量管理意味着质量管理不是片面地就质量论质量，而是要对影响质量的方方面面进行管理，要把提高质量的工作落实到每一项工作中。这要求企业及其员工从思想上提高对质量的认识，树立追求高质量的意识，对于每一项活动中的每一个细节，采取最有利于提高质量的方式。

第二节　质量管理控制工具

一、质量管理的旧七种工具

质量管理的旧七种工具（简称旧 QC 七种工具），包括调查表法、控制图法、排列图法、因果分析图法、分类法、直方图法和散布图法。

1. 调查表法

调查表又称检查表、核对表、统计分析表。调查表法是一种用来系统地收集资料和积累数据，并对数据进行粗略整理和分析的方法。调查表法被广泛地运用于现场管理，用来获取或整理数据。在应用实践中，企业可根据收集数据的目的和数据类型的特征，自行设计所需的表格。质量管理中常用的调查表有不合格品项目调查表、缺陷位置调查表、质量特性分布调查表、矩阵调查表等。

2. 控制图法

控制图法是以控制图的形式，判断和预报生产过程中质量状况是否发生波动的一种常用的质量管理控制方法。它能直接监视生产过程中的过程质量动态，具有稳定生产、保证质量、积极预防的作用。

控制图的基本形式如图 6-1 所示。在直角坐标系中有三条线。纵坐标表示需要控制的质量特性值，横坐标表示按系统取样方式得到的子样编号；上、下两条线分别表示上控制界限（UCL）和下控制界限（LCL），中间的虚线表示中心线（CL）。在控制图中，把采取系统取样方式取得的子样质量特性值用点的形式描在图上的相应位置。若点全部落在上、下控制界限之间，且点的排列没有什么异常状况，则说明生产过程处于稳定状态（控制状态）。否则，判定生产过程中出现异常因素，应查明原因，设法消除。

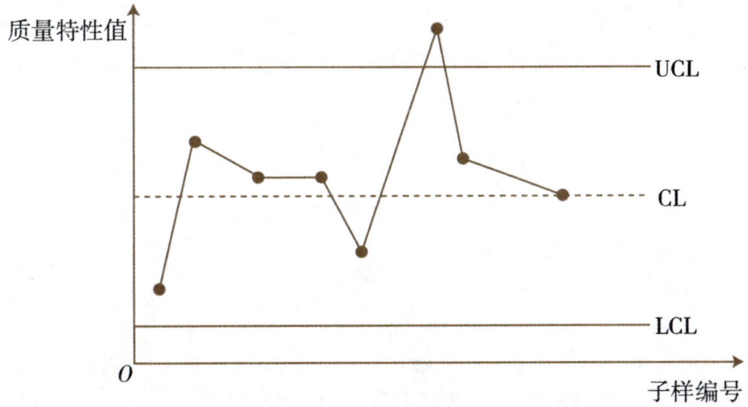

图 6-1 控制图

在运用控制图进行观察时，有时虽然点全部落在上、下控制界限内，但连续 7 个点落在中心线的同一侧，或者 3 个点中有 2 个点落在中心线的同一侧且距离控制界限比较近，又或者点出现规律性的变化，都应当引起足够的重视。

3. 排列图法

排列图又称帕累托图，是一种简单的图表工具，用于统计和显示一定时间内各种类型缺陷或问题的数目。其结果在图上用不同长度的条形表示。排列图所根据的原理是 19 世纪意大利经济学家维尔弗雷多·帕累托的研究，即各种可能原因中的 20% 造成 80% 左右的问题，其余 80% 的原因只造成 20% 左右的问题和缺陷。排列图的基本形式如图 6–2 所示。

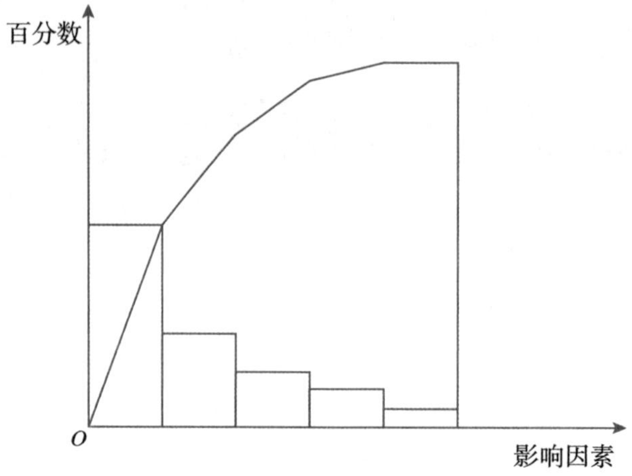

图 6–2　排列图

在绘制排列图时，用横坐标表示影响质量的各个因素，按影响程度的大小从左至右排列；曲线表示各影响因素大小的累计百分数，这条曲线称为帕累托曲线。通常把累计百分数分为三类：0 ～ 80% 为 A 类，是累计百分数在 0 ～ 80% 的因素，显然它是主要因素；累计百分数在 80% ～ 90% 的为 B 类，是次要因素；累计百分数在 90% ～ 100% 的为 C 类，这一区间的因素是一般因素。

为了使改进措施最有效，企业必须首先抓住造成大部分质量问题的少数主要因素。排列图有助于确定造成大部分质量问题的少数主要因素。该图也可以用于查明生产过程中最可能产生某些缺陷的部位。

4. 因果分析图法

因果分析图也称鱼骨图或石川图（根据最先提出这一工具的石川熏的名字命名）。它看上去有些像鱼骨，问题或缺陷（后果）标在“鱼头”处。在“鱼骨”上长出“鱼刺”，上面按出现机会的多寡列出产生生产问题的可能原因。因果分析图有助于说明各个可能的原因之间如何相互影响。它也能表现出各个可能的原因是如何随时间而依次出现的。因果分析图的基本形式如图 6–3 所示。

画因果分析图时，要召开与质量特性有关人员参与的技术民主会，大家共同讨论，边谈边记，画出草图。分析原因时，要从大到小，从粗到细，寻根究底，直到讨论出如何采取措施为止。对于主要原因，要采取投票或举手表决的方式确定。一般每人只准提 2 ～ 3 个主要问题，票数最多的为主要问题。用方框框起来作为标识。画好草图后，还要到现场进行核对，漏项的要补上，已经采取措施改进了的要取消。

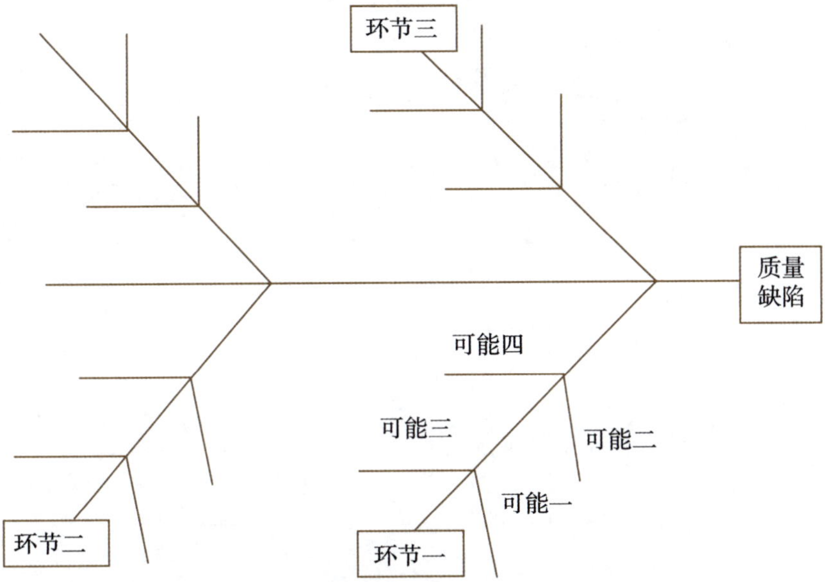

图 6-3　因果分析图

5. 分类法

分类法又称分层法。由于引起质量波动的原因是综合的，因此，收集到的质量数据往往也带有综合性。为真实地反映产品质量波动的原因和变化规律，企业必须对质量数据进行归类和整理，这种方法就是分类法。它按照一定的标准，把收集来的有关某一特定主题的质量数据加以区分和整理。分类的目的在于整理杂乱无章的数据，使之能更清楚地反映客观事实，以便日后进行数据统计工作。

我们知道，如果把很多性质不同的原因搅在一起，是很难理出头绪来的。其办法是把收集来的数据按照不同的目的加以分类，把性质相同、在同一生产条件下收集的数据归在一起。这样，可使数据反映的事实更明显、更突出，便于找出问题，对症下药。例如，加工一根轴，其前工序由两个车工甲、乙操作，其后工序由另外两个车工丙、丁操作。统计结果显示磨工工序出现质量问题，如果把丙、丁两个人加工的零件混在一起研究，无助于发现问题。这时就需要用分类法进行研究，具体做法是把车工甲加工的零件分成两部分让丙、丁磨，再把车工乙加工的零件分成两部分让丙、丁磨，经统计分析，就可以清楚地了解每个人的加工情况。

6. 直方图法

直方图也称线条图，是频数直方图的简称。它是用一系列宽度相等、高度不等的长方形表示数据的图。长方形的宽度表示数据范围的间隔，长方形的高度表示在给定间隔内的频数。具体做法是：收集生产过程中的质量数据并加以整理，根据分布情况分成若干组，画出以组距为底边、以频数为高度的一系列连接起来的长方形图。直方图的基本形式如图 6–4 所示。

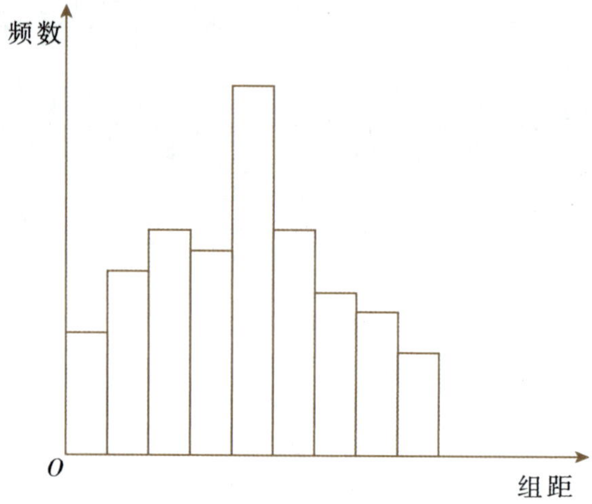

图 6–4　直方图

使用过程中，应主要观察图形的形状。正常情况下，图形分布为中间高、两边逐步递减的近似于正态分布的钟形。直方图的作用是显示质量波动的状态，能较直观地传递有关过程质量状况的信息，通过质量数据的波动反映有关过程的质量状况，从而帮助管理者确定什么环节需要进行质量改进。

7. 散布图法

散布图法是指通过分析研究两种因素的数据之间的关系，来控制影响产品质量的相关因素的一种有效方法。

在实际生产中，一些变量往往共处于一个统一体中，它们相互联系、相互制约，在一定条件下又相互转化。有些变量之间存在确定性的关系，它们之间的关系可以用函数关系来表达，如圆的面积和它的半径关系；有些变量之间却存在相关关系，即这些变量之间既有关系，又不能由一个变量的数值精确地求出另一个变量的数值。将这两种有关的数据列出，用点标注在坐标图上，然后观察这两种因素之间的关系，这种图就称为散布图或相关图。

散布图法在工厂生产中会经常用到。例如，研究棉纱的水分含量与伸长度之间的关系、喷漆时的室温与漆料黏度的关系、热处理时钢的淬火温度与硬度的关系、零件加工时切削用量与加工质量的关系等时，都会用到这种方法。

二、质量管理的新七种工具

质量管理的新七种工具（简称新 QC 七种工具），是指在 PDCA［plan（计划）、do（执行）、check（检查）和 action（处理）］循环中，运用系统、科学的理论与技术解决质量管理的七种方法。这七种工具和已有的旧工具并不矛盾，只是在技术上的相互补充，彼此相辅相成。但它们的用途是不同的。旧 QC 七种工具主要用来预防和控制生产现场的在制品的质量问题，而新 QC 七种工具重点用来解决 PDCA 循环中计划阶段的有关质量问题。

新 QC 七种工具产生于 20 世纪 70 年代初期，包括关系图法、KJ 法、系统图法、矩阵图法、矩阵数据分析法、矢线图法和流程图法。

1. 关系图法

关系图法是利用系统的连线图来表示多因素组成事物的因果关系，并采取相应对策的一种方法。关系图法的主要作用是在解决问题前澄清思路，找出关键。该方法的做法是在确定了要解决的问题之后，选定若干成员组成一个小组，由小组的全体成员多次反复勾画关系图。在这一过程中，小组成员可以充分发挥创造性思维，利用关系图明确各种复杂因素之间的因果关系，最终找到解决问题的办法。

关系图法在质量管理方面有以下用途：①用于制订推行全面质量管理的计划；②用于制定开展质量管理小组活动的规划；③用于制定质量保证方针；④用于制定在生产过程中，防止和减少潜在废品的措施；⑤用于推进外协厂的质量管理，并寻求解决用户意见的相应措施。

2. KJ 法

KJ 法又称亲和图法，它是把未来和未知的问题的预见、构思等语言资料，按照近似的程度分类整理，以便抓住事物的本质，找出应解决的问题及应采取的措施。其具体步骤是：首先搜集与问题有关的想法和意见等文字资料，再根据这些资料内在的相互关系（亲和性）做成归类合并图，进而从中找出需要解决的问题。这种方法是启发人的思维、集中人的智慧的一种新方法，主要用于辅助质量管理的重大决策，如质量管理方针、计划的制订、新产品开发决策等。

3. 系统图法

系统图又称树图。系统图法是一种通过对工作内容和工作方法进行系统的展开，以寻求解决问题、实现目的的最佳手段和措施的分析方法。系统图可分为两类：①以构成要素的展开为目的的“构成要素展开型”；②把解决问题时所采用的手段和对策做系统性展开的“措施展开型”(因果展开型)。

4. 矩阵图法

矩阵图法是运用矩阵形式的表格，展示相关事件中各子要素之间的相互关系，寻求解决问题着眼点的方法。其具体步骤是：先将各子要素之间的关系划分为三种程度，即强相关、弱相关和可能相关，然后通过矩阵图对相关子因素两两之间的相关程度进行评价，再寻找解决问题的着眼点。

5. 矩阵数据分析法

矩阵数据分析法是对排列在矩阵图中的大量数据进行整理和分析的方法。与矩阵图法相比，它能够进行定量分析。

6. 矢线图法

矢线图法是把计划管理中的网络计划技术（计划评审技术、关键路径法）用于制订质量管理计划的一种方法。矢线图的目的是把与质量有关的各项关系错综复杂的作业活动通过矢线图，对其内在规律进行有序的组织和安排，使各项作业活动顺利进行，从而保证产品质量的稳定。

7. 流程图法

流程图法是用一些基本符号表示过程步骤的图示技术。流程图可用于描述现有过程，也可用于设计新的过程。这种方法通过对过程各步骤的研究，可发现潜在的失败原因和改进的区域。

三、6σ 质量管理

6σ 作为质量管理概念，最早是由美国摩托罗拉公司的比尔·史密斯于 1986 年提出的，其目的是设计一个目标：在生产过程中降低产品和流程的缺陷次数，防止产品变异，提升品质。

6σ 真正流行并发展起来，是通过通用电气的实践。20 世纪 90 年代发展起来的 6σ 质量管理总结了全面质量管理的成功经验，提炼了其中流程管理技巧的精华和最行之有效的方法，成为一种提高企业业绩与竞争力的管理模式。该管理法在摩托罗拉、通用电气、戴尔、惠普、西门子、索尼、东芝、华硕等众多跨国企业的实践证明其是卓有成效的。6σ 自 20 世纪 90 年代中期开始被通用电气从一种全面质量管理方法演变成为一种高度有效的企业流程设计、改善和优化的技术，并提供了一系列同等地适用于设计、生产和服务的新产品开发工具。继而与通用电气的全球化、服务化、电子商务等战略齐头并进，成为全世界追求管理卓越性的企业最为重要的战略举措。6σ 逐步发展成为以用户为主体来确定企业战略目标和产品开发设计的标尺，是追求持续进步的一种管理哲学。

为此，我国一些部门和机构在国内企业大力推行6σ 质量管理工作，引导企业开展6σ 质量管理。

随着实践的经验积累，6σ 已经从一个单纯的流程优化概念，衍生为一种管理的哲学思想。它不仅是一个衡量业务流程能力的标准，还是一套业务流程不断优化的方法。

（一）6σ质量管理的含义

6σ 质量管理是一种统计评估法，其核心是追求零缺陷生产，防范产品责任风险，降低成本，提高生产率和市场占有率，提高用户满意度和忠诚度。6σ 质量管理既着眼于产品、服务质量，又关注过程的改进。σ 是希腊文的一个字母，在统计学上用来表示标准偏差，用以描述总体中的个体离均值的偏离程度。在6σ 质量管理中，测量出的 σ 表征诸如单位缺陷、百万缺陷或错误的概率性，σ 越大，缺陷或错误就越少。6σ 是一个目标，这个质量水平意味着在所有的过程和结果中，99.999 66% 是无缺陷的。也就是说，做100万件事情，其中只有三四件是有缺陷的，这几乎趋近人类能够达到的最为完美的境界。6σ 管理关注过程，特别是企业为市场和用户提供价值的核心过程。因为过程能力用 σ 来度量后，σ 越大，过程的波动越小，过程以最低的成本损失、最短的时间周期满足用户要求的能力就越强。6σ 理论认为，大多数企业在3σ ～4σ 运转，也就是说，每百万次操作失误在6 210 ～ 66 800次，这些缺陷要求经营者以销售额15% ～ 30%的资金进行事后的弥补或修正，而如果做到6σ，事后弥补的资金将降低到约为销售额的5%。

为了达到6σ，企业首先要制定标准，在管理中随时跟踪考核操作与标准的偏差，不断改进，最终达到6σ。企业现已形成一套使每个环节不断改进的简单的流程模式：界定、测量、分析、改进、控制。

界定：确定需要改进的目标及其进度。企业高层领导的任务就是确定企业的策略目标，中层营运目标可能是提高制造部门的生产量，项目层的目标可能是减少次品和提高效率。界定前，需要辨析并绘制出流程图。

测量：以灵活、有效的衡量标准测量和权衡现存的系统与数据，了解现有质量水平。

分析：利用统计学工具对整个系统进行分析，找到影响质量的少数几个主要因素。

改进：运用项目管理和其他管理工具，针对主要因素确立最佳改进方案。

控制：监控新的系统流程，采取措施以维持改进的结果，以使整个流程充分发挥功效。

（二）6σ质量管理的特征

作为持续性的质量改进方法，6σ 质量管理具有以下特征：

1. 对用户需求的高度关注

6σ 质量管理以更为广泛的视角，关注影响用户满意度的所有方面。6σ 质量管理的绩效评估首先就是从用户开始的，其改进的程度用用户满意度和价值的影响程度来衡量。6σ 质量代表了极高的对用户要求的符合性和极低的缺陷率。它把用户的期望作为目标，并且不断超越这种期望。企业从 3σ 开始，然后是 4σ、5σ，最终达到 6σ。

2. 高度依赖统计数据

统计数据是实施 6σ 质量管理的重要工具，以数字来说明一切，所有的生产表现、执行能力等，都量化为具体的数据，成果一目了然。决策者及经理人可以从各种统计报表中找出问题在哪里，真实掌握产品不合格情况和用户抱怨情况等，而改善的成果，如成本节约、利润增加等，也都以统计资料与财务数据为依据。

3. 重视改善业务流程

传统的质量管理理论和方法往往侧重结果，通过在生产的终端加强检验及开展售后服务来确保产品质量。然而，生产过程中已产生的废品对企业来说已经造成损失，售后维修需要花费企业额外的成本支出。更为糟糕的是，由于容许一定比例的废品存在，人们逐渐丧失了主动改进的意识。

6σ 质量管理将重点放在产生缺陷的根本原因上，认为质量是靠流程的优化，而不是通过严格地对最终产品的检验来实现的。企业应该把资源放在认识、改善和控制原因上而不是放在质量检查、售后服务等活动上。质量改进不是企业内某个部门和某个人的事情，而是每个部门及每个人的工作，追求完美应成为企业中每一个成员的行动。6σ 质量管理有一整套严谨的工具和方法来帮助企业推广实施流程优化工作，识别并排除那些不能给顾客带来价值的成本浪费，消除无附加值的活动，缩短生产周期、经营循环周期。

4. 积极开展主动改进型管理

掌握了 6σ 质量管理方法，就好像找到了一个重新观察企业的放大镜。人们惊讶地发现，缺陷犹如灰尘，存在于企业的各个角落。这使管理者和员工感到不安。要想变被动为主动，努力为企业做点什么。员工会不断地问自己：现在到达了几个 σ？问题出在哪里？能做到什么程度？通过努力提高了吗？这样，企业就始终处于一种不断改进的过程中。

5. 倡导无界限合作、勤于学习的企业文化

6σ 质量管理扩展了合作的机会，当人们确实认识到流程改进对于提高产品品质

的重要性时，就会意识到在工作流程中各个部门、各个环节的相互依赖性，应加强部门之间、上下环节之间的合作和配合。由于6σ 质量管理所追求的品质改进是一个永无止境的过程，而这种持续的改进必须以员工素质的不断提高为条件，因此，这有助于形成勤于学习的企业氛围。事实上，导入6σ 质量管理的过程本身就是一个不断培训和学习的过程，通过组建推行6σ 质量管理的骨干队伍，对全员进行分层次的培训，使大家都了解和掌握6σ 质量管理的要点，充分发挥员工的积极性和创造性，在实践中不断进取。

第三节　ISO 9000 标准

一、ISO 9000 简介

ISO 9000 族标准是国际标准化组织（International Organization for Standardization，ISO）于 1987 年制定，后经不断修改、完善而成的标准。现已有许多国家和地区将此标准等同转化为国家标准。

国际标准化组织对 ISO 9000 族标准进行“有限修改”后，于 1994 年正式颁布实施 ISO 9000 族标准，即 1994 版。在广泛征求意见的基础上，国际标准化组织又启动了修订战略的第二阶段，即“彻底修改”。1999 年 11 月提出了 2000 版 ISO/DIS 9000、ISO/DIS 9001 和 ISO/DIS 9004 国际标准草案。此草案经充分讨论并修改后，于 2000 年 12 月 15 日正式发布实施。2008 版于 2009 年 3 月 1 日起施行，2015 版已于 2015 年 9 月 23 日正式颁布。

ISO 9000 族标准认证也可以理解为质量管理体系注册，就是由国家批准的、公正的第三方机构——认证机构，依据 ISO 9000 族标准，对组织的质量管理体系实施评价，向公众证明该组织的质量管理体系符合 ISO 9000 族标准，提供合格产品，公众可以相信该组织的服务承诺和组织的产品质量的一致性。

ISO 9000 族标准不仅在全部发达国家推行，发展中国家也逐步加入此行列，ISO 已成为一个名副其实的技术上的世界联盟。造成这种状况的原因，除上述它能给组织带来巨大的实际利益之外，更为深刻的原因在于 ISO 9000 族标准是人类文明发展过程中的必然之物。因此，在一个组织或一个国家实行 ISO 9000 族标准并非一个外部命令，而是现代组织的本质要求。

二、ISO 9000 族标准

一般来讲，组织活动由三个方面组成：经营、管理和开发。在管理上又主要表现为行政管理、财务管理、质量管理等。ISO 9000 族标准主要针对质量管理，同时涵盖了部分行政管理和财务管理的范畴。

ISO 9000 族标准并不是产品的技术标准，而是针对组织的管理结构、人员、技术能力、各项规章制度、技术文件和内部监督机制等一系列体现组织保证产品和服务质量的管理措施的标准。

（一）ISO 9000族标准规范的范畴

具体来讲，ISO 9000 族标准在以下四个方面规范质量管理：

（1）机构。标准明确规定了为保证产品质量而必须建立的管理机构及职责权限。

（2）程序。组织的产品生产必须制定规章制度、技术标准、质量手册、质量体系操作检查程序，并使之文件化。

（3）过程。质量控制是对生产的全部过程加以控制，是面的控制，不是点的控制。从根据市场调研确定产品、设计产品、采购原材料，到生产、检验、包装和储运等，其全过程都按程序要求控制质量，并要求过程具有标识性、监督性、可追溯性。

（4）总结。标准要求不断地总结、评价质量管理体系，不断地改进质量管理体系，使质量管理呈螺旋式上升。

（二）ISO 9000族标准的构成

（1）ISO 9000 作为选用标准，同时也是名词术语标准，即 1994 版 ISO 9000-1 标准与 ISO 8402 的结合。

（2）ISO 9001 标准代替 1994 版三个质量保证模式，如 1994 版 ISO 9002 标准获证的组织在复审时，允许对 2000 版 ISO 9001 标准进行删剪。

（3）ISO 9004 标准代替 1994 版 ISO 9004-1 多项分标准。

（4）ISO/CD.119011 标准代替 1994 版 ISO 10011 标准和 1994 版环境 ISO 14010、ISO 14011、ISO 14012 标准。

（三）ISO 9001：2015版标准的一些重大变化

ISO 9001：2015 版标准的一些重大变化包括：

（1）更加强调构建与各个组织特定需求相适应的质量管理体系。

（2）要求组织中的高层积极参与并承担责任，使质量管理与更广泛的业务战略保持一致。

（3）对标准进行基于风险的通盘考虑，使整个管理体系成为预防工具并鼓励持续改进。

（4）对文档化的管理规范要求简化，组织可以决定其所需的文档化信息，以及应当采用的文档格式。

（5）通过使用通用结构和核心文本使其与其他主要质量管理体系标准保持一致。

本章小结

了解质量管理首先要对质量有个全面的认识。质量有很多属性和特性，不同的产品和服务对于质量的属性要求是不同的。质量是在生产过程中形成的，生产过程包括设计过程、制造过程和使用过程。我们要树立全面的质量管理观念。质量控制是质量管理的一个重要方面。质量管理控制的旧工具包括调查表法、控制图法、排列图法、因果分析图法、分类法、直方图法和散布图法。质量管理控制的新工具包括关系图法、KJ 法、系统图法、矩阵图法、矩阵数据分析法、矢线图法和流程图法。ISO 9000 族标准是企业质量管理体系认证的一种基本手段。

复习思考题

1. 全面质量管理的内容有哪些？
2. 全面质量管理的思想是什么？
3. 简述 ISO 9000 族标准规范的范畴。
4. 简述 6σ 质量管理的特征。

第七章　生产与运作库存管理

学习目标

1. 记忆：库存及库存管理的概念。
2. 阐述：库存的功能及库存管理的作用。
3. 计算分析：各种库存量。
4. 应用分析：结合库存管理的发展趋势，对现行的库存管理提出改进建议。

第一节　库存概述

库存与库存管理越来越被企业经营者重视。在许多情况下，企业由于担心生产过程中的重要物资出现供应脱节，导致停工待料，使正常的生产经营活动无法进行，会不由自主地增加一些库存；还有一些情况是因为大量采购会有较大的优惠，企业也会多采购一些物资从而增加库存。有时企业的产品市场前景较好，订单充足且增长迅速，企业也会采取一些措施，在订单未到之时开工生产，从而使成品暂时形成库存。由此可以看出，库存在企业中是非常必要的，它可以保证生产的连续进行。但是，库存占用着企业大量的流动资金，企业还要对库存的管理投入一些费用，因而千方百计降低企业库存甚至力求达到零库存的思维大行其道。这两种对于库存的截然相反的看法，要求我们正确地对待库存，加强管理，在确保必需库存的同时，尽可能地减少不必要的过量库存。

一、库存的概念

目前大家对库存的认识有两种，其中一种是从物流管理的角度探讨库存，将库存作为运输、仓储、流通加工、配送等环节中的一个环节，作为仓储管理的一个内容。

我们所谈的库存与物流管理中的库存有一定的区别，是站在企业角度去考察的，是将库存作为生产与运作的一个组成部分来论述的。

关于库存，我们可以从转换的角度来理解。转换是一个运动的过程，这是企业将原材料等资源进行加工变成产品再销售出去的过程。在这个过程中，运动是绝对的，但在运动过程中也存在静止或停顿。企业的所有资源必须至少分成三个组成部分：第一部分是投入的材料和资源，包括原材料、半成品等；第二部分是转换过程中的材料等，即半成品；第三部分是加工完成的产品，这些产品暂时还没有到达用户手中。

库存不能立即为企业带来经济效益，同时，企业还要承担由于资金、场地、人员的占用而产生的库存成本。因此，必须控制库存量。另外，生产与运作中存在不可避免的不确定性因素，同时，库存是企业生产中所必需的，对正常的生产与运作的作用重大，具有积极的一面。因此，控制库存量是企业生产与运作管理工作中的经常性工作。一般情况下，企业设置库存的目的是防止缺货，库存无论对制造业还是服务业来说都十分重要。

库存只是物品的一种状态，并不是专指存放在仓库里的物品，存放在仓库里的物品当然是库存。按照运动的思维，只要是处于静止或停顿状态的物品都是库存。

库存存在的原因主要有以下几种情况：①为了保持生产的连续性而存在的库存，如炼钢厂储存的铁矿石、纺织厂储存的棉花。②为了等待销售而存在的库存。商品生产出来后，由于销售需要一个过程，在销售的过程中，没有来得及销售的产成品就成了库存。③由于生产过程的特性而存在的库存。这又有两种情况：有些是因为生产工艺特点而必须进行较大批量生产而产生的库存，如印刷企业，一次传统印刷往往都在几千本，而销售又是缓慢进行的；有些是因为生产中存在两种分工原则的过渡而产生的库存，如酿酒企业，酒的发酵过程必须实行工艺专业化分工，而酒的分装过程又实行对象专业化，在发酵与分装之间就会形成库存。④由于生产工序之间生产与运作能力的不平衡而产生的库存。

二、库存的种类

库存可以从不同的角度进行分类。

（一）按库存在生产与运作过程中所处的状态划分

按库存在生产与运作过程中所处的状态，可以将库存分为原材料库存、在制品库存、维修库存和产成品库存。

1. 原材料库存

原材料库存是指在生产过程中，企业需要持有的一定数量的原材料。这些原材料必须符合企业生产所规定的要求，如果这些原材料出现缺货或供货不足，企业的生产秩序将会受到影响。有时，也将外购件库存划为原材料库存。

2. 在制品库存

在制品库存包括生产过程中不同阶段的半成品。在制品库存分三类：第一类是由于上一生产阶段或工序加工完成将在本阶段或工序进行加工，还没有来得及开始工作所造成的在制品；第二类是本生产阶段或工序加工完成即将交付下一生产阶段或工序所造成的在制品；第三类是由于两个工序之间工作节奏、加工周期或工作效率不同所造成的在制品。总之，在制品是还没有完工的制品，是还不能作为产成品的一种状态。

3. 维修库存

维修库存包括用于维修和养护的经常消耗的物品备件，如润滑油和机器零件，但是不包括产成品的维护活动所用的物品或备件。维修库存一般由设备维修部门来管理和控制。

4. 产成品库存

产成品库存是准备运送给消费者的最终产品。这种库存通常由销售部门或物流部门来管理和控制。产成品可以存在企业的仓库中，可以存放在生产车间内，也可以存放在物流公司仓库，还可以存在于中转运输中，甚至可以存放在销售商（没有结算前）的仓库中。

生产企业的库存有原材料库存、在制品库存、维修库存和产成品库存。某些商业企业通常只有产成品库存。公用事业单位一般是提供服务的，比较常见的是维修库存。

这几种库存可以存放在一条供应链的不同位置。原材料库存可以放在两个位置：供应商或生产商处。原材料进入生产企业后，依次经过不同的工序，每经过一道工序，价值都有所增加，从而成为不同价值水平的在制品。在制品在最后一道工序被加工完成后，形成产成品。产成品库存可以放在不同的储存点，即生产企业、配送中心、零售点，直至转移到最终用户手中。

（二）按库存的作用划分

按库存的作用，可以将库存分为周转库存、安全库存、调节库存和在途库存。

1. 周转库存

周转库存表现为周期性的变化，库存达到最高点后，随着生产的调用逐渐消耗，达到一个较低的水平后，又立刻通过采购补充到最高点。周转库存的产生基于这样的逻辑：采购批量或生产批量越大，单位采购成本或生产成本就越低（节省订货费用，得到数量折扣）。当总需求量一定时，每次的订货批量越大，两次订货之间的间隔就越长，周转库存量也越大。

2. 安全库存

由于需求和生产提前期等方面存在不确定性，企业需要保持超过周转库存的安全库存。安全库存是企业为了应付需求、生产周期或供应周期等可能发生的无法预测的变化而设置的一定数量的库存。

需求量变动需要增加安全库存，采购提前期的变化也需要增加安全库存。在大多数情况下，库存管理者需要对需求和采购提前期的变动进行预测。需求是变化的，它很少固定不变，同时，供应商的运输延误和生产安全问题都会使采购提前期的变动成为不可避免的事情。尽管消除需求的变动是不可能的，但是通过科学的预测可以提前掌握需求变动，从而减少安全库存。另外，企业通过采用能够准时交付的运输服务，以及选择有可靠提前期的供应商，有可能不需要设置与采购提前期变动有关的安全库存。

3. 调节库存

调节库存是为了调节需求与供应的不均衡、生产速度与供应速度不均衡、各生产阶段的投入与产出不均衡而设置的。例如，企业为了保持生产与运作能力的均衡，将淡季生产的产品置于调节库存，以备旺季需求，即用调节库存来缓解生产与运作能力与需求之间的矛盾。对于一些季节性需求较强的原材料，或当原材料的使用与供应商的供应能力不均衡时，企业也需要设置调节库存。

4. 在途库存

在途库存是指从一个地方到另一个地方处于运输过程中的物品。即在途库存在没有到达目的地之前，还不能用于生产或销售，但是可以将其看作周转库存的一部分。这种库存是一种客观存在，而不是故意设置的。在途库存的大小取决于运输时间及该期间的平均需求。

三、库存的功能与弊端

（一）库存的功能

在现实生活中，作为储存表现形态的库存是商品流通的暂时停滞，是商品生产和流通的必要条件。

1. 保证各生产环节的独立性

现代企业的生产环环相扣，生产过程中，上下游工序之间关联性强，如果企业没有足够的库存，一旦某个生产环节出现问题，下游工序的工作便会因材料短缺而停工。企业通过建立库存，可以使原本相关的工序相互独立。原材料库存使采购与生产运作分离，成品库存使生产与销售分离，这使生产与运作管理人员在进行生产安排时具有更大的灵活性，从而使企业获得更佳的经济效益。

2. 适应市场需求的变化

市场需求变化迅速是现代企业面临的现实问题，面对多变的市场，企业很难精确地预测实际销售量，生产量与销售量之间很难保持一致。适量的成品储备，可以保证企业在市场需求实际增加时具有一定的应变能力，以免丧失商机。

3. 增强生产计划工作的灵活性

库存的存在，使生产与运作管理人员在进行生产安排时具有更大的灵活性。例如，加大库存量后，企业在保证生产正常进行的前提下，可以适当地增加订货间隔，同时在选择订货量时，也可以具有更大的选择余地，以达到降低订货成本的目的。

4. 增强企业抵御原材料市场变化的能力

适当的原材料库存，可以增强企业克服短期原材料供应紧张的能力，避免因原材料供应商出现问题或运输途中出现意外而直接影响企业的生产，确保生产正常运行。

5. 达到经济订货规模

库存使企业能够实现规模经济，如果一个企业想要实现采购、运输和制造方面的规模效益，就需要设置库存。大批量的采购可以让企业获得价格折扣，减少订货次数。因为当采购的数量足够大时，采购合同是根据年采购量来谈判的，而不是根据每个订单的采购量来谈判的。

6. 在供应链中起缓冲器的作用

供应链是围绕核心企业，通过信息流、物流、资金流的控制，从采购原材料开始，制成中间产品及最终产品，最后通过销售网络把产品送到用户手中，并将供应商、制造商、分销商、零售商及最终用户连成一个整体的功能网链结构模式。在供应链中，库存有不同的表现形式，库存管理水平的高低将直接影响整个供应链预期目标的实现。库存在整个供应链中起着缓冲器的作用。

（二）库存的弊端

1. 占用企业资金

无论是原材料库存、产成品库存，还是半成品库存，都要占用企业的资金。原材料要用企业的资金去购买，半成品中企业还增加了加工费用和人工费用支出，这些资金企业已经付出，产成品中进一步增加了一些新的费用支出。当产成品未销售出去时，企业不能将这些资金用于生产，投入的资金也无法收回。

2. 增加企业的产品成本与管理成本

企业的利润取决于销售收入和成本，如果成本居高不下，必然会减少企业的利润。由于库存的存在，企业要支付库存资金的利息，同时要为库存的管理和维护支付费用，而这些费用最终都要摊销到企业的产品成本中去，因此库存的存在会增加产品的成本。同时，由于库存的存在，企业需要花费较多的精力去管理这些库存，设置庞大的库存管理部门，购置相应的设备，这样企业还需要花费精力协调库存管理部门与其他部门的关系，从而提高企业的管理成本。

3. 掩盖企业众多的管理问题

库存的产生和存在的原因是多方面的，除了生产与运作本身的原因，还与企业管理水平不高有直接关联。这些表现有：计划不周，导致各环节之间的协调不好，从而只有依靠高库存来维持运转；采购与企业的生产和市场需求不相匹配，导致采购的周期、采购量及发出订单的时机不恰当，进而导致高库存；加工的质量不稳定、生产过程的不稳定和销售不力也是导致高库存的原因。但由于企业平时拥有较高的库存，企业并没有意识到这些问题。

库存既有对企业生产经营有利的一面，又有对企业生产经营不利的一面。因此，在设计企业库存、进行库存管理时，要用辩证的思维进行考虑。无论如何，库存是不可以消失的，虽然有的企业采用零库存管理方式，自身消除了库存或基本无库存，但实际上库存转移到了供应链上的其他企业。

第二节 库存管理概述

一、库存管理的概念

库存管理是企业生产与运作管理人员，根据企业生产与运作的规律，综合考虑市场价格变化、需求变化、与供应商的关系，以及企业生产与运作总成本构成情况，根据不同物品的特点，对企业的库存进行的规划与控制。

要掌握库存管理的概念，需明确以下几点：①库存管理首先承认了库存的不可避免性，同时也承认了库存对企业的作用。通过管理，能够使不合理的库存降下来。作为库存管理，要对企业不同物品的库存原则进行设计与论证，对不同的物品采取不同的库存政策。②要根据市场需求对企业库存的数量和库存变化情况做出相应的规划。③要根据企业总体运作管理的效率，把库存放在整个企业生产经营活动中去考察。④要考虑上下游企业的生产情况和特点。⑤库存管理的关键是要根据企业制定的库存政策，对库存进行严格的追踪与控制。

二、库存管理的作用

库存在企业中具有两重作用，是一把“双刃剑”，因此企业一定要重视库存管理。库存管理在企业中的作用主要表现在以下方面：

1. 有助于企业及时掌握库存信息

企业管理正在朝精细化方向发展，粗放式的经营管理正在被抛弃。精细化经营需要及时了解生产与运作各方面的信息，做到产销相匹配。当企业接到一个订单或经过研究确定了经营目标后，企业管理者希望知道已经有多少产品可供销售，还需要采购多少原材料，以便组织生产。此外，企业管理者也希望在对外报价及接受订货时，能够确切知道成本情况、完成订单的能力，因此及时掌握库存信息是非常重要的。通过加强库存管理，企业可以对自身的库存信息了如指掌，为企业的生产经营活动提供决策依据。

2. 充分发挥库存在企业中的积极作用

库存具有两方面的作用，库存管理应充分发挥库存的积极作用，尽可能减少库存的负面影响。为此，企业要制定正确的库存策略，及时进行库存的清查与改善，用尽可能少的库存，保证企业生产与运作活动的正常开展。库存管理可以通过对物品的价值、订购难度、需求量等方面的特点进行分析，确定不同的采购与库存领用模式，用尽可能少的资金办更多的事，将资金用在生产经营活动最需要的地方。

3. 降低库存成本，提高企业的经济效益

库存在企业中是一项占用，它基本上不创造收益，相反还要占用流动资金，需要企业付出相关的保管维护费用。库存产品在保管过程中还会出现潜在的贬值和各种损失，因此降低库存，在相当大的程度上可减少企业的生产费用，相当于提高了企业的经济效益。做好库存管理，实际上可以帮助企业及时掌握库存变动的情况，在保证企业正常生产与运作的前提下，最大限度地减少库存占用，从而提高企业的经济效益。

三、库存管理衡量指标

库存管理对于企业的生产与运作具有重要意义，所以提高库存管理水平就显得非常重要。正确地衡量库存管理状况，及时了解库存的情况，找出本企业库存管理水平同其他企业的差距，有利于提高企业的库存管理水平。而衡量是提高库存管理水平的第一步。

在库存管理中有三个重要的衡量指标：平均库存值、可供应时间和库存周转率。

1. 平均库存值

平均库存值一般指某一时期库存平均占用的资金比例。平均库存值反映了企业过去一段时间内库存量的大小，反映了企业对于库存的态度。在保证生产正常进行的前提下，平均库存值越低，说明企业的各项协调管理能力越强，库存物品的利用率越高。不同行业，由于生产经营的特点不同，平均库存值会有所不同。一般来说，制造企业的平均库存值大约是25%，而批发、零售业的平均库存值有可能到75%。管理人员可根据历史数据或同行业的平均水平从纵横两方面评价自己企业的这一指标是过高还是过低。但是，一个不可忽视的因素是市场需求，也就是说，必须从满足市场需求的角度来考虑库存管理的好坏。为此，下面的两个指标可能更重要。

2. 可供应时间

可供应时间是指平均库存值除以相应时间段内单位时间（如每周、每月等）的需求值，指现有库存能够满足多长时间的需求；也可以分别用每种物料的平均库存量除以相应时间段内单位时间的需求量得到。在有些情况下，后者更具现实意义。可供应时间应结合采购的难易程度、物品对于企业生产与运作的重要程度来考量。单纯从数值上讲，可供应时间较长，说明企业的库存积压比较严重；可供应时间较短，说明企业存在停工待料的隐患。在保证企业的生产经营正常运转的前提下，可供应时间越短，库存管理水平越高。

3. 库存周转率

库存周转越慢，意味着库存占用资金量越大，保管等各种费用也越高；反之，则情况相反。同时，库存周转率对企业经营中至关重要的资金周转率指标也有极大影响。但究竟库存周转率多大为最好，难以一概而论。很多西方制造企业的库存周转率为一年6～7次，而有些日本企业的库存周转率一年高达40次，在中国，有的企业的库存周转率仅为一年2次。维持一个较高的、相对合理的库存周转率是非常必要的。

四、库存管理的新发展

库存管理在企业管理中具有重要意义，用尽可能少的库存满足企业生产经营的需要非常重要。在实践中，库存管理的理论和实践都在不断发展。目前大家比较关注的库存管理模式是零库存管理和联合库存，联合库存主要是基于供应链管理的。

零库存是一种特殊的库存概念，零库存并不等于不要储备和没有储备。所谓零库存，是指物料（包括原材料、半成品和产成品等）在采购、生产、销售、配送等一个或几个经营环节中，不以仓库存储的形式存在，而均处于周转的状态。它并不是指以仓库储存形式的某种或某些物品的储存数量真正为零，而是通过实施特定的库存控制策略，实现库存量的最小化。所以零库存管理的内涵，是仓库储存形式的某种或某些物品数量为“零”，即不保存经常性库存，它是在物资有充分社会储备保证的前提下所采取的一种特殊供给方式。

零库存的实现形式主要有：①无库存形式。无库存储备事实上是仍然保有储备，但不采用库存形式，以此达到零库存。例如，有些国家将不易损失的铝这种战备物资作为隔音墙、路障等储备起来。②委托营业仓库存储和保管货物。③协作分包方式。这是指以若干企业的柔性生产实现准时供应，使主企业的供应库存为零，同时主企业的集中销售库存使若干分包劳务和销售企业的销售库存为零。④按订单生产方式生产。⑤实行合理配送方式。例如，采用多批次、少批量的方式向用户配送货物，采用集中库存的方法向用户配送货物，采用“即时配送”和“准时配送”的方法向用户配送货物。

“互联网 +”时代的到来为库存管理的改进提供了广阔的空间。通过互联网的信息共享，企业可以更加准确地进行采购和订货，节省了传统采购中的信息沟通时间，从而降低了在途库存。由于供应链的发展，企业之间可以共享库存。随着生产方式由大规模生产走向大规模定制生产，库存数量会大幅度下降。

第三节　降低与控制库存

一、降低库存的策略

大多数企业都面临库存风险问题。库存物资要占用资金、场地，需要人维护，由此形成库存成本。库存过多，易造成积压，不仅占用大量资金，花费过多的保管费用，如果通过借贷支持所需的库存资金，还会加重企业的利息负担。同时，长期存放会使物品因损坏、变质、意外事故、陈旧过时，而失去原有的价值和使用价值。库存过少，易造成缺货，不仅影响生产的正常进行，还会使企业丧失销售机会，丢失客户，减少企业利润。因此，如何降低库存风险，使库存处于合理水平是每个企业都十分关心的问题。为此，企业总是不断地寻求降低库存的方法。这里仅从库存作用的角度出发，讨论降低库存的基本策略和具体措施。

1. 降低周转库存的策略

基本做法是减少库存批量，同时采取一些具体措施，寻求降低订货成本或作业交换成本的办法。此方面较为成功的经验是日本企业的“快速换模法”，利用一人多机、成组技术和柔性制造技术，即尽量利用“相似性”来增加生产批量、减少作业交换。此外，还可以尽量采用通用零件来减少库存。

2. 降低在途库存的策略

影响在途库存的变量有需求和生产—配送周期。由于企业难以控制需求，降低这种库存的基本策略是缩短生产—配送周期。可采取的具体措施之一是标准品库存前置。第二个措施是选择更可靠的供应商和运输商，以尽量缩短不同存放地点之间的运输和存储时间。还可以利用计算机管理信息系统来减少信息传递上的延误，以及由此引起的在途时间的增加。此外，可以通过减少批量来降低在途库存。

3. 降低调节库存的策略

降低调节库存的基本策略是尽量使生产速度与需求变化相吻合。一种思路是尽力把需求的波动拉平，有针对性地开发新产品，使不同产品之间的需求峰谷错开，相互补偿；另一种思路是在需求淡季通过价格折扣等促销活动转移需求。

4. 降低安全库存的策略

安全库存是一种额外持有的库存，它作为一种缓冲器用来补偿在订货提前期内实际需求量超过期望需求量或实际提前期超过期望提前期所产生的需求，其目的是防止不确定因素对生产和销售的影响。降低这种库存的具体策略是使订货时间尽量接近需求时间，订货量尽量接近需求量。主要措施有：①改善需求预测；②缩短订货周期与生产周期；③让供应商知道企业的生产计划，及早做出安排，以减少供应的不稳定性造成的损失，改善现场管理，减少废品或返修品的数量，减少由于设备故障而引发的供应中断或延迟；④增加设备和人员的柔性。

二、库存成本控制

库存成本主要包括库存持有成本、订货成本和缺货成本。对库存成本的控制具体可以从以下几个方面展开：

1. 正确确定库存物料

对一般企业来说，其所经营的产品少则几十种，多则成千上万种，并且在大多数的情况下，不需要也不可能对所有的产品都准备库存。所以企业的首要任务就是正确确定库存和非库存的物料。

一般来说，企业的库存管理模式可以分为拉动式（反应式）和推动式（计划式）。前者是基于需求（生产或客户的订单），仅在需要时才生产或采购的库存管理模式；后者是根据预测进行生产、销售的库存管理模式。

企业在实际的管理工作中，除了根据自身的产品特性，确定正确的库存管理模式外，更重要的是对所确定的库存产品不能等量齐观，而是要区别对待，分类管理，通过对不同的库存物料进行分类管理，可以大大降低企业的整体库存水平，从而降低库存成本。

2. 减少不可用库存

虽然很多时候库存是必须要存在的，但并不是所有的库存都能随时发挥作用来满足生产或交货的需要，或者说这些库存在一定的时间内是不可用的，降低库存成本的一个重要方面就是要尽可能地降低这些不可用库存的量。对于一个企业来说，在途库存、淤滞（滞销）库存、预留库存（可交货的订单因其他方面的原因而不能交货）、在制品或者待检品库存都是不可用的库存。库存管理的目标之一就是要提高可用库存占库存总量的比例。

三、库存控制方式

库存控制可以利用运筹学的原理来研究，但模型及其计算比较麻烦，实际上一些简单的方式常常在企业库存管理中发挥重要作用。这些控制方式主要包括 ABC 管理法、经济订货批量模型，此外还有寄售方式、随要随发方式、订购即用方式等。下面仅介绍 ABC 管理法和经济订货批量模型。

1. ABC 管理法

ABC 管理法又称重点管理法，其基本原理是：把品种繁多的物资进行分类，按其重要程度、耗用数量、资金占用等情况，进行分类排队，然后分别采用不同的管理方法，做到抓住重点、照顾一般。

举例来说。某企业使用的物资品种很多，按其资金占用的多少分类排队，可以分为 A、B、C 三大类，如图 7–1 所示。

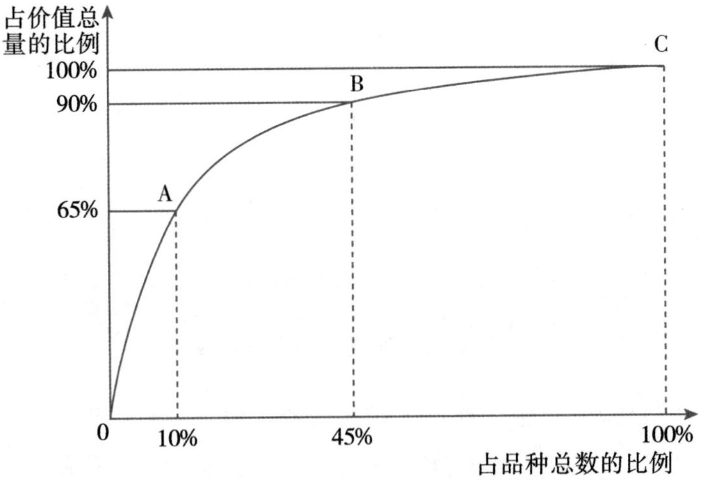

图 7–1 库存管理 A、B、C 三类物资数量及资金占用比例

从图 7–1 可以看出：

A 类物资，品种约占 10%，而资金占用约占 65%；

B 类物资，品种约占 35%，而资金占用约占 25%；

C 类物资，品种约占 55%，而资金占用约占 10%。

分出三种类型的物资后，就需要采用相应的管理方法。一般来讲：

A 类物资属于消耗量大、比较贵重、面积占用较多的物资。这类物资品种不多，但资金占用多，应定为物资管理的重点对象，采用定期订货的控制方式，对库存盘点、来料期限、领发料等都严格要求。

C 类物资属于消耗量不大、单价较低、面积占用较少的物资或不经常领用的零星器材、维修备件等。这类物资品种繁多，但资金占用很少，应定为物资管理的一般对象，采用比较粗放的管理方法，即定量订货的控制方式，可以适当加大保险储备量，以防缺料现象的发生。

B 类物资的特点和重要程度介于上述 A、C 两类物资之间，企业要根据物资管理的能力和水平，选用定期订货方式或定量订货方式。

2. 经济订货批量模型

经济订货批量（economic order quantity，EOQ）模型是一种常用的库存管理模型，该模型不考虑订货的周期和与订货有关的批量折扣方面的影响因素，假设生产是均衡生产，每日的原材料需求量是一定的，每年的需求总量是确定的，而每年的订货次数可以变化，解决的是确定订货间隔和每次的订购数量的问题。该模型假定库存费用由换产费用和库存保管费用构成，在年库存保管费用和换产费用之和最小的条件下得到的每次订购的批量即为经济批量，如图 7–2 所示。

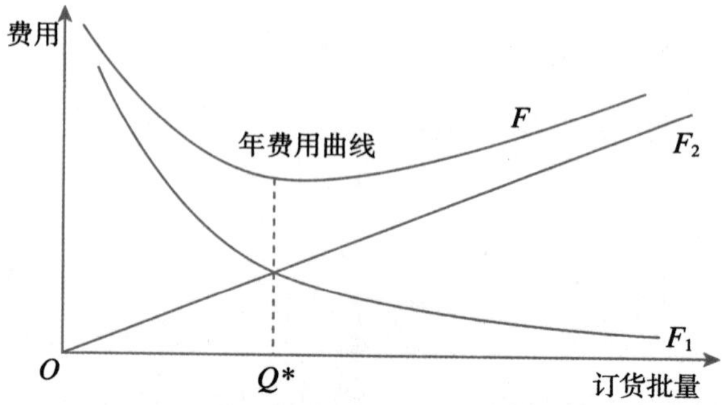

图 7-2　经济批量费用曲线构成图

换产费用主要是指进行生产准备工作所花的费用，主要指设备调整费用、工艺装备调整费用。库存保管费用包括：库存在制品和材料本身所占用的资金，库存物资所占用的生产面积和仓库面积的折旧及库存管理人员的工资福利，对库存物资的清点、保护等费用。每次的换产费用是固定的，而库存保管费用与库存物资的数量成比例，物资越多，库存保管费用越高。

当批量为 Q 时，全年所需的换产费用：

$$F_1 = K \cdot \frac{N}{Q}$$

式中：F_1——全年换产的总费用；

K——每次换产所需要的换产费用；

N——全年所需要的材料（制品）数量。

全年库存保管费用：

$$F_2 = \frac{1}{2} Q \cdot H$$

式中：F_2——全年库存保管费用；

H——该物资的年库存保管费用（元 / 件・年）。

全年总库存费用：

$$F = F_1 + F_2 = K \cdot \frac{N}{Q} + \frac{1}{2} Q \cdot H$$

要使 F 最小，需要对上面的函数求导，并使导数等于 0。对上式等号两边分别求导可得：

$$\frac{\mathrm{d}F}{\mathrm{d}Q} = -\frac{KN}{Q^2} + \frac{1}{2} H$$

令 $\frac{\mathrm{d}F}{\mathrm{d}Q} = 0$，则：

$$Q^* = \sqrt{\frac{2KN}{H}}$$

本章小结

库存是生产与运作循环中处于暂时停留状态的物资。这种停留会占有资金，库存过多会增加企业的成本。库存又是一把“双刃剑”，企业生产经营活动是需要库存的。库存对于保证企业生产稳定，保证企业对于不可预知的风险都是非常重要的。维持一个合理的库存是库存管理追求的目标。库存控制方式有很多，常用的是ABC管理法和经济订货批量模型。

复习思考题

1. 简述库存的功能与弊端。
2. 简述库存管理的新发展。
3. 简述库存管理的作用。
4. 谈谈你对库存控制方式的认识。

第八章　生产与运作设备管理

学习目标

1. 记忆：设备与设备管理的概念。
2. 阐述：设备管理的主要理论和发展趋势；设备的选择、更新与改造。

第一节　设备概述

一、设备的定义

企业从事生产与运作活动有三个基本要素，即生产者、生产手段和生产对象。生产者通过生产手段将自身活动转移到生产对象上，不断实现物理形态、化学性能的变化，价值的增值，以满足用户需求。生产手段的主要表现形式为固定资产，固定资产的主要组成是设备。从企业角度讲，设备是固定资产的主要组成部分。它是工业企业中可供长期使用，并在使用过程中基本保持原有实物形态的物质资料的总称。在国外，设备还包括除土地之外的建筑物等全部可计提折旧的有形资产。

机器设备状况的好坏，直接影响企业生产的发展、生产效率的高低和经济效益的好坏。

二、设备的分类

不同的企业生产的产品、提供的服务不同，因此所用设备不同，种类繁多，式样各异。设备根据在生产与运作中的作用，可分为以下几类：

（1）生产与运作工艺设备。这主要是指用于改变生产对象物理形态、化学性能，而直接发生生产与运作行为的设备，如机械加工中的机床、铸造设备、焊接设备、锻造设备、热处理设备等。它是企业设备的主要组成部分，在生产与运作中起关键作用。

（2）辅助生产与运作设备。这是指为生产与运作服务的设备，如企业中提供电能、热能等动力的设备，承载运输任务的设备。它保证生产与运作过程的正常运行。

（3）试验研究设备，如计量设备、测试设备等。它承担监测、监控、研究开发任务。

（4）管理设备。这是指在企业管理机构中用于生产与运作管理的设备，如用于生产与运作管理的计算机及网络设备、复印机、打印机、传真机等。

（5）公用福利设备。这主要指企业内用于通信、医疗卫生、炊事等的设备。

对设备分类有利于编制设备台账，掌握各类设备状况，便于加强设备管理，保证设备更好地发挥作用。

三、现代设备的特点

科学技术的高速发展对生产与运作所用的设备不断提出更高要求，现代企业生产与运作设备与传统设备相比，发生了较大变化。掌握变化规律，摸清基本特点，对进一步加强设备管理十分重要。

现代设备的主要特点有：

（1）高精度化。随着设备零部件精度的提高，润滑技术的提升，设备加工运行越来越精准，设备高精度化已迈入新的境界。

（2）自动化。随着设备制造技术的提高，自动化直至无人化操作、控制设备运行被广泛应用于企业生产与运作过程，已成为企业设备运行的主流。

（3）电子化。机器设备运用计算机及其网络操纵、控制，全面进入数控化时代，将快速生产、高速生产、标准化生产、无人化生产等推向新的高度。

（4）连续化。适应生产与运作过程连续性需要，减少加工过程中的中断，设备连续加工能力已成为现代设备的基本要求。

（5）多功能化。随着对生产过程的要求不断提高，设备的利用效率需要不断提升，一机多能、一机多用是设备必须具备的基本功能。

（6）两极化。设备向超大、超小两极发展，随着生产与运作的需要，超大型复杂化设备及超小型简单化设备不断涌现。

现代设备的这些特点是时代进步的标志，是经济快速发展的必然，是满足市场需求的保证，是企业增强竞争力的立足点，相应带来的是对设备管理的要求越来越高。

第二节　设备管理综述

一、设备管理的概念和作用

1. 设备管理的概念

设备管理是以企业生产经营目标为依据，通过一系列的技术、经济、组织措施，对设备的规划、设计、制造、选型、购置、安装、使用、维护、修理、改造、更新直至报废的全过程进行科学的管理。它包括设备的物质运动和价值运动两个方面的管理工作。

2. 设备管理的作用

（1）设备管理是企业生产经营管理的基础工作。

（2）设备管理是企业产品、服务质量的保证。

（3）设备管理是提高企业经济效益的重要途径。

（4）设备管理是搞好安全生产和环境保护的前提。

（5）设备管理是企业长远发展的重要条件。

设备管理不仅直接影响企业当前的生产经营，而且关系到企业的长远发展和成败兴衰。我们必须摆正现代设备及其管理在企业中的地位，善于通过不断提高人员素质，充分发挥设备效能，为企业创造最好的经济效益和社会效益。

二、设备管理的内容

1. 设备的合理规划决策、设计、选型、制造与购置

设备的规划决策、设计、选型、制造与购置主要依据技术上先进、经济上合理、生产上可行的原则。这是设备管理的首要环节，将直接影响和决定设备全寿命周期的使用和管理工作。

2. 设备的正确安装、使用与维护

将安装调试好的机器设备投入到生产使用中，若能被合理使用，可大大减少设备的磨损和故障，保持良好的工作性能和应有的精度。严格执行有关规章制度，防止超负荷、拼设备现象发生，使全员参与设备管理工作。设备在使用过程中，会有松动、干摩擦、异常响声、疲劳等情况，应及时检查处理，防止设备过早磨损，确保设备在使用时完好，安全运行，处在良好的技术状态之中。

3. 设备的检查与修理

设备的检查是对机器设备的运行情况、工作精度、磨损程度进行检查和校验。通过修理和更换磨损、腐蚀的零部件，设备的效能可以得到恢复。只有经过检查，才能确定采用什么样的维修方式，并能及时消除隐患。

4. 设备的更新改造

应做到有计划、有重点地对现有设备进行技术改造和更新，包括设备更新规划与方案的编制，筹措更新改造资金，选购和评价新设备，合理处理老设备等。

三、设备管理理论

（一）设备综合工程学

设备综合工程学以设备寿命周期为研究对象，是集管理、财经、工程技术和其他应用于有形资产的实际活动于一体的综合工程学，其目标是追求最经济的寿命周期费用。图 8-1 所示为设备全寿命周期费用示意图。

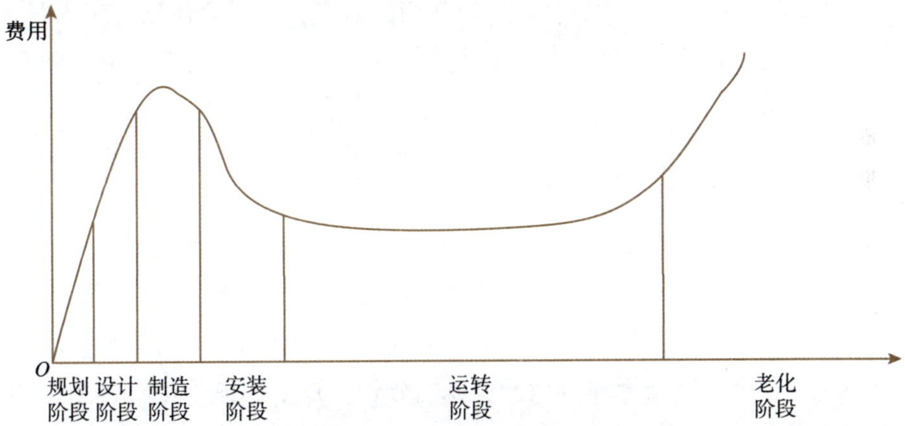

图 8-1　设备全寿命周期费用示意图

设备综合工程学的实际活动包括：制定对设备（成套设备）、机械、建筑物和构筑物的可靠性、维修性要求，对设备进行可靠性、维修性设计。设备综合工程学是上述内容的安装、试运转、运行、维修、改造和更新的工程学，是有关设计、性能效果和费用等信息的反馈工程学。

设备综合工程学的特点如下：

（1）以寿命周期费用作为经济指标，并追求寿命周期费用最低。

（2）是关于固定资产的技术、管理、财务等方面的综合性学科，要对设备从技术、经济和组织管理方面进行综合管理。

（3）要进行设备的可靠性、维修性设计。

（4）以设备的寿命周期为设备的管理范围，改善与提高每一环节的机能。

（5）是关于设计、性能效果和费用等信息反馈的管理。

（二）全员生产维修

全员生产维修（total productive maintenance，TPM）的含义是：以最高的设备综合效率为目标；确立以设备寿命周期为目标的全系统的预防维修；设备的设计、使用、维修等所有相关部门都要参与；从企业的最高管理层到一线员工全体参与；实行动机管理，即通过开展小组的自主活动来推进生产维修。

全员生产维修的特点可概括为“三全”，即全效率、全系统、全员参与。全效率是指设备寿命周期费用评价和设备综合效率；全系统是指生产维修的各个侧面均包括在内，如预防维修、必要的事后维修和改善维修；全员参与是指这一维修体制的群众性特征，从公司经理到相关科室，直至全体操作工人都要参与，尤其是操作工人的自主小组活动。图 8-2 所示为全员生产维修的“三全”示意图。

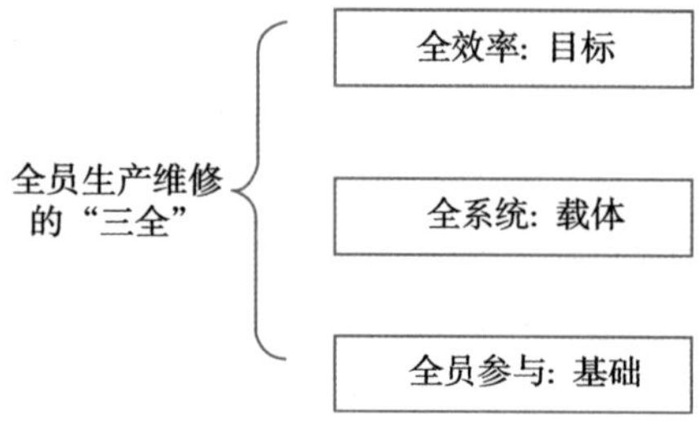

图 8-2　全员生产维修的“三全”示意图

（三）设备投资管理

设备投资是指对设备所垫付的资金。一般来说，企业设备所投的资金较其项目所投的资金要多，而且较长期地决定着企业的生产技术结构。因此，必须按照企业的基本方针，从长远的观点审慎研究投资额及其分配，对每项投资计划是否合理进行充分的技术经济论证。设备投资管理包括投资原因分析、技术选择分析、财务选择分析和资金来源分析。

四、设备管理的新问题和新发展

（一）设备管理的新问题

设备管理的新问题主要来自以下方面：

1. 市场需求的变化

市场经济条件下，设备管理的特征包括竞争机制、责任意识、设备投资多元化、风险观念、信用意识、社会化机制等。

2. 体制、机制的变化

现代企业管理制度下，必须强化设备管理工作为企业经营目标服务的观念，应采用与国际接轨的、科学的设备管理方法，重新构建适应现代企业制度的设备管理指标体系，有效利用设备管理的社会资源。

3. 技术的变化

针对前述现代设备的特点，必须充分认识技术飞速进步是时代潮流、大势所趋，必须坚持技术创新，尤其是坚持自主创新，不断地研究新技术，开发新设备，并从技术角度用好设备、管好设备。

（二）设备管理的新发展

1. 设备管理信息化

管理信息化是以发达的信息技术和发达的信息设备为物质基础对管理流程进行重组和再造，使管理技术和信息技术全面融合，实现管理过程的自动化、数字化、智能化。现代设备管理的信息化应该是以丰富、发达的全面管理信息为基础，通过先进的计算机和通信设备及网络技术设备，充分利用社会信息服务体系和信息服务业务为设备管理服务。设备管理信息化趋势的实质是对设备实施全面的信息管理，主要表现在：设备投资评价的信息化、设备经济效益和社会效益评价的信息化、设备使用的信息化。

2. 设备维修社会化、专业化、网络化

设备维修的社会化、专业化、网络化的实质是建立设备维修供应链，改变过去大而全、小而全的生产模式。随着生产规模化、集约化的发展，设备系统越来越复杂，技术含量也越来越高，维修保养需要各类专业技术和建立高效的维修保养体系，才能保证设备的有效运行。设备维修的社会化、专业化、网络化可以提高设备的维修效率，减少设备使用单位备品配件的储存及维修人员，从而提高设备的使用效率，降低资金占用。

3. 可靠性工程在设备管理中的应用

可靠性工程是一门研究技术装备和系统质量指标变化规律的科学，并在研究的基础上制定能以最少的时间和费用，保证所需的工作寿命和零故障率的方法。可靠性工程在预测系统的状态和行为的基础上建立选取最佳方案的理论，保证所要求的可靠性水平。可靠性标志着机器在其整个使用周期内保持所需质量指标的性能。可靠性工程通过研究设备的初始参数在使用过程中的变化，预测设备的行为和工作状态，进而估计设备在使用条件下的可靠性，从而避免设备意外停止作业或造成重大损失和灾难性事故。

4. 设备状态监测技术和故障诊断技术的应用

设备状态监测技术是指通过监测设备或生产系统的温度、压力、流量、振动、噪声、润滑油黏度、消耗量等各种参数，将其与设备生产厂家的数据相对比，分析设备运行的好坏，对机组故障做早期预测、分析诊断与排除，将事故消灭在萌芽状态，降低设备故障停机时间，提高设备运行的可靠性，延长机组运行周期。设备故障诊断技术是一种了解和掌握设备在使用过程中的状态，确定其整体或局部是否正常，在早期发现故障及其原因，并能预报故障发展趋势的技术。采用设备状态监测技术和故障诊断技术，可以事先发现故障，避免发生较大的经济损失和事故。这些技术的应用深刻地改变了原有的维修体制，节省了大量维修费用，可以变“事后维修”为“事前维修”，变“计划维修”为“预知维修”。

5. 从定期维修向预知维修转变

设备的预知维修管理是现代设备科学管理发展的方向。为减少设备故障，降低设备维修成本，防止生产设备的意外损坏，通过状态监测技术和故障诊断技术，在设备正常运行的情况下，进行设备整体维修和保养。在工业生产中，通过预知维修，降低事故率，使设备在最佳状态下正常运转，这是保证生产按预定计划完成的必要条件，也是提高企业经济效益的有效途径。

以上提到的现代设备管理的几个发展趋势并不是相互孤立的，它们之间相互依存、相互促进：信息化在设备管理中的应用可以促进设备维修的社会化、专业化；预知维修又离不开设备的可靠性工程和故障诊断技术；设备维修的专业化又促进了可靠性工程、故障诊断技术的研究和应用。

第三节　设备管理的具体工作

一、设备的选择

（一）选择设备时应考虑的因素

1. 设备的生产性

设备的生产性，主要指设备的生产效率，一般表现为功率、行程、速率和单位时间内的产品产出量等。一方面，设备的大型化、高速化和自动化可以大大提高设备的生产率；另一方面，这些设备的采用往往需要具备一定的客观和主观条件。例如，自动化的设备往往投资费用大，能源消耗大，维修时要有强的维修能力。这样的设备适用于大批量生产，并要求较高的管理水平。

2. 设备的可靠性

设备的可靠性，是指设备加工精度、准确度的保持性，零件的耐用性，设备的安全性、可靠性等。尤其是现代化的大型关键设备，其生产与运作能力大、效率高，如果可靠性不好，故障率高，将会造成较大的经济损失。

3. 设备的维修性

设备的维修性又称可修性，维修性的好坏直接影响设备维护和修理工作量的大小和费用的多少。维修性好的设备，一般是指结构简单、零部件组合合理，维修时零件易拆卸、易检查，通用化、标准化程度高，互换性比较好。

4. 设备的环保性

设备的环保性，是指设备的噪声和排放的有害物质对环境污染的影响程度。企业在选择设备时，要把噪声控制在保护人体健康的卫生标准范围内，并配备有相应的治理“三废”的附属设备和配套工程。

5. 设备的配套性

设备的配套性，是指企业设备的相互关联和配套水平。设备更新方案如果不配套，技术性能就不能充分发挥，会直接影响方案的经济效果。配套大致分三类：①单机配套，是指一台设备中各种随机工具、附件、部件配套；②机组配套，是指主机、辅机、控制设备等相互配套；③项目配套，是指投资项目所需的各种机器设备配套，如加工设备、动力设备和其他辅助生产设备配套。

6. 设备的节能性

设备的节能性，是指设备节约能源的性能。能源消耗是影响企业产品和服务成本的重要内容，也是环境保护和清洁生产的重要因素。因此，在更新研究中必须把能源节约作为评价设备的一个重要指标来加以考虑。

7. 设备的灵活性

设备的灵活性，是指在工作对象固定的条件下，设备能够适应不同的工作条件和环境，操作和使用比较灵活、方便；而在工作对象多变的情况下，设备能够适应多种加工性能，通用性强。设备的灵活性还指设备结构紧凑、重量轻、体积小，故而占地面积小，搬运方便。机器设备，一方面向大型化、自动化、高级化方向发展，另一方面向小型化、简易化、廉价化方向发展。企业在选择设备时，要从实际出发，不要盲目追求大、高、精，要讲求实效。

8. 设备使用的难易性

设备使用的难易性，是指设备对操作人员素质的要求和掌握设备操作的难易程度。尤其对于从国外引进的设备，企业更应注意专业技术人员的掌握程度和设备操作人员的实际操作水平。

9. 设备操作的智能性

现代设备普遍采用计算机控制，在选择设备时，设备操作的智能性越来越成为企业重点关注和考虑的因素，它影响企业的竞争力和发展。

以上是选择设备时应考虑的主要因素。对这些因素，企业要结合自身具体的生产情况、资金情况、技术情况和管理情况，统筹兼顾，全面权衡利弊。另外，设备的选择评价也常常运用经济评价方法，即在财务方面进行设备投资的计算与分析。从计划投入设备资金开始，为尽量选择经济上最有利的方案，企业需按规定的时间和程序进行评价活动。

（二）设备选择方法

设备选择方法主要有：

（1）成本比较法，即按投资方案的成本高低来判断其经济性的方法。

（2）投资回收期法，即以投资所获利益回收期的长短来判断投资是否可行的方法。

（3）投资利润率法，即以资金利润的百分比进行比较来判断其经济性的方法。

（4）净现值法，即以投资项目累计净现金流量现值的数额（净现值的大小）来判断其经济性的方法。

二、设备的合理使用

（一）设备合理使用的要求

（1）根据工业企业的生产过程和工艺特点，正确地配备各种类型的机器设备，使各种设备在性能和生产效率上相互协调匹配。同时，各种设备之间的比例关系应根据不同时期的生产任务，进行及时的调整。

（2）不同设备的性能、结构、精度、使用范围、工作条件是各不相同的。在使用过程中应按照设备的具体条件安排相应的合理的负荷，以保证设备正常运转。

（3）设备闲置或利用率低往往是以计划经济下“大而全，小而全”观念为出发点购置设备的结果。因此，必须强化购置设备的经济责任制及企业内的设备有偿占有制，同时大力开展对外协作生产，提高精密、大型设备的利用率。

（4）制定和贯彻执行有关设备使用和维护方面的规章制度，提高设备使用的经济性。例如，建立设备安全操作规程和检查保养规程，坚持操作人员的培训制度，严格凭证操作设备，以及规定合理的能耗、物耗定额与费用定额等。

（5）在生产过程中，为设备创造良好的工作条件，一方面为设备配备相应工种的熟练的操作者；另一方面保持设备本身和工作环境的整洁和正常秩序，必要时安装防护、防潮、防震、保暖、降温等装置。

（6）对员工加强爱护设备的宣传教育。企业的各级负责人和设备管理部门，都要把爱护设备的宣传教育，当作一项经常性工作来抓。

（二）设备合理使用的评价指标

1. 设备使用情况评价

这主要是就其技术经济性而言的，主要指标有设备完好率和设备故障率。

设备完好率是指企业中技术性能完好（包括一级、二级）的设备台数占全部设备台数的百分比。企业在实际使用中，可以只计算比较重要的设备（一般多以设备的复杂系数不小于 5 为界限）。

设备故障率是指在一段时间内（1 年或半年）设备的故障停机时间与同期内实际开动时间的百分比。设备故障率在一定程度上反映故障对生产的影响。

2. 维修费用评价

维修费用评价指标主要有单位产品维修费、万元产值维修费、维修费用率等。

单位产品维修费，反映单位产品维修工作与维修成果的关系，是反映维修消耗水平，促进维修与生产结合的一个指标。

有时为了更直接地反映企业维修的效果和扩大可比性，往往用万元产值维修费含量作为考核指标。

维修费用率，是同期内企业的全部维修费用占总生产费用的百分比，是反映维修效率的一个经济性指标。

三、设备的维护和修理

（一）设备的磨损

设备在使用和闲置过程中均会发生磨损，磨损的主要形式包括有形磨损和无形磨损。有形磨损又称物质磨损或物质损耗。无形磨损又称精神磨损或经济磨损。

1. 有形磨损

设备在使用过程中，相互运动的零部件表面在力的作用下产生摩擦，使表面磨损、剥落、形状尺寸发生变化，以及由于物理、化学的原因引起零部件疲劳、腐蚀、老化等问题，这就是设备的第一种有形磨损。一般情况下，设备的第一种有形磨损是有规律的，其规律性如图 8-3 所示。

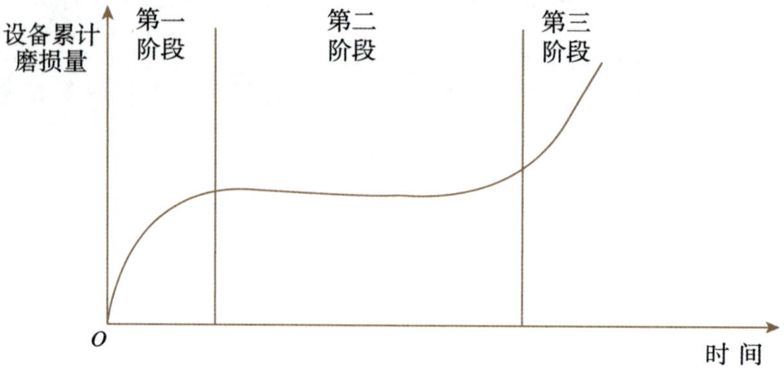

图 8-3　设备的有形磨损曲线

设备在这种磨损状态下分三个阶段：第一阶段为初期磨损阶段（又称磨合磨损阶段）。这类磨损是正常的磨损，往往先快后慢，随着设备零部件的逐渐磨合，将进入正常磨损阶段。在这一阶段，企业应注意加强设备的润滑和保养。第二阶段为正常磨损阶段。正常使用设备可使这一阶段的磨损量缓慢均匀增加。在这一阶段，企业应严格按操作规程运行，加强设备的润滑、检测和保养，力图使这一阶段延续，使设备更好地服务于生产。第三阶段为剧烈磨损阶段。这一阶段处于设备的使用后期，磨损加剧，这时的设备精度、技术性能、生产效率明显下降。企业应积极采取润滑、维修零部件甚至更新改造设备等措施。

设备在闲置过程中，由于自然力的作用，或由于保管不力，而产生锈蚀、破损等现象，造成设备精度和工作能力降低，甚至报废等，这为设备的第二种有形磨损。减少这种磨损，主要是要关注设备的及时使用和必要闲置期的维护、保养。

2. 无形磨损

设备的无形磨损是指设备在有效使用期内，生产同样结构的设备，由于劳动生产率的提高，其重置价格不断减少而引起原有设备的贬值，或由于科学技术进步，出现性能更完善、生产效率更高、满足需求更快捷的设备，使原有设备价值降低的磨损。前者属于第一种无形磨损，产生这种磨损的设备可继续使用，企业可以通过采取其他措施来弥补损失。后者属于第二种无形磨损，企业应对产生这种磨损的设备进行经济效益分析，以确定是继续使用还是更新改造。

设备的有形磨损和无形磨损有时是可减少的，有时是可消除的，有时是不可消除的。

3. 设备磨损的补偿

针对设备的磨损，选择有效的补偿十分重要。设备在有形磨损和无形磨损状况下应采取的补偿对策，如图 8–4 所示。

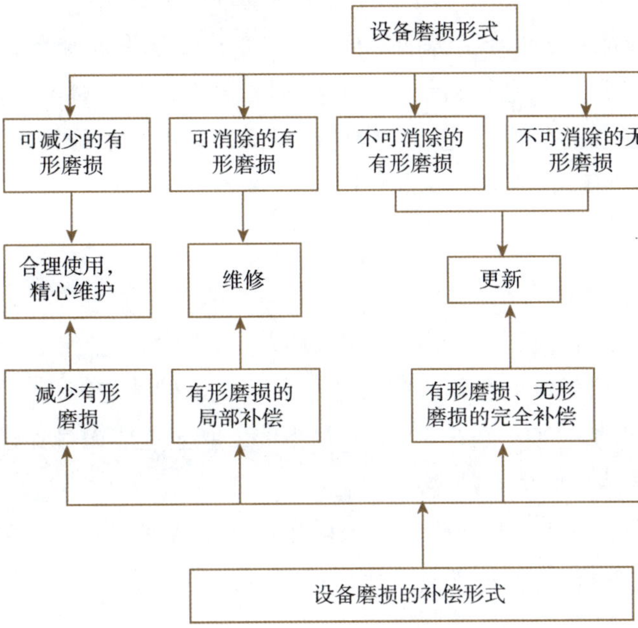

图 8–4　设备磨损形式及其补偿对策

（二）设备的维护保养

设备的维护保养的内容是保持设备清洁、整齐、润滑良好、安全运行，包括及时紧固松动的零部件，调整活动部分的间隙等。简而言之，即“清洁、润滑、紧固、调整、防腐”十字作业法。实践证明，设备的寿命在很大程度上取决于维护保养的好坏。维护保养依工作量大小和难易程度分为日常保养、一级保养、二级保养、三级保养等。

1. 日常保养

日常保养又称例行保养，其主要内容是：对设备进行清洁、润滑，紧固易松动的零件，检查零部件是否完整。这类保养的项目和部位较少，大多数发生在设备的外部。

2. 一级保养

一级保养的主要内容是：普遍地进行拧紧、清洁、润滑、紧固工作，还要部分地进行调整。日常保养和一级保养的工作一般由操作工人承担。

3. 二级保养

二级保养的主要内容是：对设备进行内部清洁、润滑，以及进行局部解体检查和调整。

4. 三级保养

三级保养的主要内容是：对设备主体部分进行解体检查和调整工作，必要时对达到规定磨损限度的零件加以更换。此外，还要对主要零部件的磨损情况进行测量、鉴定和记录。二级保养、三级保养在操作工人的参与下，一般由专职保养维修工人承担。

在各类维护保养中，日常保养是基础。保养的类别和内容，要针对不同设备的特点加以规定，不仅要考虑设备的生产工艺、结构复杂程度、规模大小等具体情况，还要考虑不同工业企业内部长期形成的维护保养习惯。

（三）设备的计划检修

机器设备在日常使用和运转过程中，由于外部负荷、内部应力、磨损、腐蚀和自然侵蚀等因素的影响，其个别部位或整体改变尺寸、形状、机械性能等，使设备的生产与运作能力降低，原料和动力消耗增高，产品质量下降，甚至造成人身和设备事故。这是所有设备都避免不了的技术性劣化的客观规律。

在企业中，由于机器设备的生产连续性，且大多数设备是在磨损严重、腐蚀性强、压力大、温度高或低等极为不利的条件下进行生产的，因此，这类设备的维护检修工作较其他设备难度更大。

为了使机器设备能经常发挥生产效能，延长设备的使用寿命，企业必须对设备进行适度的检修和日常维护保养工作。它是挖掘企业生产潜力的一项重要措施，也是保证多、快、好、省地完成或超额完成生产任务的物质基础。

1. 设备检修计划

设备检修计划是消除设备技术状况劣化的一项设备管理工作计划。企业制订检修计划时，应根据设备的实际负荷开动时间、技术状况、检测数据、零部件失效规律、在生产过程中所处地位及其复杂程度等，采取与实际需要相适应的修理类别；综合考虑生产、技术、物资、劳动力与费用等各方面的条件，安排检修日期和确定检修时间。设备检修计划是企业生产经营计划的重要部分，其目标是保证设备经常处于完好状态。它应与企业的生产技术、财务计划密切协调，并与企业的生产经营计划同时下达、执行和考核。

2. 设备检查

设备检查，是指对设备的运行情况、工作精度、磨损或腐蚀程度进行测量和校验。通过检查，可全面掌握机器设备的技术状况和磨损情况，及时查明和消除设备的隐患，有目的地做好修理前的准备工作，以提高修理质量，缩短修理时间。

检查按时间间隔，可分为日常检查和定期检查。日常检查由设备操作人员执行，同日常保养结合起来，目的是及时发现不正常的技术状况，进行必要的维护保养工作。定期检查是按照计划，在操作人员的参与下，定期由专职维修人员执行，目的是通过检查，全面、准确地掌握设备磨损的实际情况，以便确定是否有进行修理的必要。

检查按技术功能，可分为机能检查和精度检查。机能检查是指对设备的各项机能进行检查与测定，如是否漏油、漏水、漏气，检查防尘密闭性如何，以及零件耐高温、耐高速、耐高压的性能如何等。精度检查是指对设备的实际加工精度进行检查和测定，以确定设备精度的优劣程度，为设备验收、修理和更新提供依据。

3. 设备修理

设备修理是指修复由于日常的或不正常的原因造成的设备损坏和精度劣化。通过修理更换磨损、老化、腐蚀的零部件，设备性能可以得到恢复。设备的修理和维护保养是设备维修的不同方面，二者由于工作内容与作用的不同是不能相互替代的，应把二者同时做好，以便相互配合、相互补充。

（1）设备修理的种类。根据修理范围的大小、修理间隔期的长短、修理费用的多少，设备修理可分为小修理、中修理和大修理三类。①小修理。小修理通常只需修复、更换部分磨损较快和使用期限等于或小于修理间隔期的零部件，调整设备的局部结构，以保证设备能正常运转到计划修理时间。②中修理。中修理是对设备进行部分解体、修理或更换部分主要零部件与基准件，或修理使用期限等于或小于修理间隔期的零部件；同时要检查整个机械系统，紧固所有机件，消除扩大的间隙，校正设备的基准，以保证机器设备能恢复并达到应有的标准和技术要求。③大修理。大修理是指通过更换，恢复其主要零部件，恢复设备原有精度、性能和生产效率而进行的全面修理。

（2）设备修理的方法。设备维修的具体方法有：①标准修理法，又称强制修理法，是指根据设备零部件的使用寿命，预先编制具体的修理计划，明确规定设备的修理日期、类别和内容。设备运转到规定的期限，不管其技术状况好坏、任务轻重，都必须按照规定的作业范围和要求进行修理。②定期修理法，是指根据零部件的使用寿命、生产类型、工件条件和有关定额资料，事先规定出各类计划修理的固定顺序、计划修理间隔期及其修理工作量。在修理前通常根据设备状态来确定修理内容。③检查后修理法，是指根据设备零部件的磨损资料，事先只规定检查次数和检查时间，而每次修理的具体期限、类别和内容均根据检查后的结果来决定。

（四）设备维护的经济分析

人们知道设备在使用过程中要发生磨损。为了补偿有形磨损，就要进行设备维修。

设备维修有事前修理和事后修理。事后修理要被迫停机，并且需要花一定的时间，修理后的设备才能恢复一定的力学性能。而事前修理就是计划预修。其是在设备故障或事故发生之前采取检修措施，因而可以妥善地安排施工和准备好备件。但过分强调计划预修，容易出现过度维修现象，造成经济上的损失。因此，对有些影响不大或拥有备机的设备，采用事后维修反而更经济。

1. 事前维修

为了防止设备的功能、精度降低到规定的临界值或降低故障率，按事先制订的计划和技术要求所进行的修理活动，称为设备的事前维修。其具体内容包括：①状态监测维修。这是以设备实际技术状态为基础的预防维修方式，一般采用设备日常点检和定期检查来查明设备技术状态。针对设备的劣化部位及程度，在故障发生前，适时地进行预防维修，排除故障隐患，恢复设备的功能和精度。②定期维修。这是一种以设备运行时间为基础的事前维修方式，具有对设备进行周期性维修的特点。根据设备的磨损规律，事先确定维修类别、维修间隔期、维修内容及技术要求。维修计划按设备的计划开动时数可做较长时间的安排。

2. 事后维修

设备发生故障或性能、精度降低到合格水平以下，不能再使用，此时所进行的非计划性维修称为事后维修，也就是通常所称的故障维修。生产设备发生故障后，往往给生产造成较大损失，也给维修工作造成困难。但对有些故障停机后再维修不会给生产造成损失的设备，采用事后维修可能更经济。

设备维修费用的经济分析应注意以下几点：①确定设备最经济的维修周期（定期维修），通过实际分析找出维修费用和停工损失合计最少的维修周期。②当零部件损坏时，是报废更换新的，还是修复利用？此时应对两种方法进行比较，分析其零部件费用、修复费用、库存成本、人员工资变化、更换件中的停工损失等，综合分析成本，确定哪一种最经济。③设备的许多零部件，是损坏一个更换一个，还是规定在适当时期一并更换？可比较两种方式更换成本和停工损失之和的大小。④其他经济分析，包括选择经济的维修方式、维修作业的班次、维修时间、备品配件的储备、备用设备、人员配备等。

四、设备折旧、更新和改造

（一）设备折旧

固定资本（如机器设备、厂房等）在实物形态上可以长期使用，而它的价值则按照损耗的程度逐渐转移到新产品上。因此，为了保证再生产的正常进行，必须把转移到新产品上的这部分固定资本价值，从销售商品的收入中及时地提取并积累起来，以备将来更新和恢复固定资本之用。这种按照固定资本损耗的程度而为它的更新提取准备金的办法，通常叫作折旧。提取的这部分资本额则叫作折旧费。例如，一台机床价值10 000元，使用年限10年，平均每年有1 000元的价值转移到新产品中，这样就需要每年从商品售卖价格中提取1 000元作为机床的折旧费。因此，折旧是补偿固定资本的一种方式。

确定设备折旧年限的一般原则如下：①正确的折旧年限应该既反映设备的有形磨损，又反映设备的无形磨损，应该与设备的实际损耗基本符合；②应从国家的财政、经济发展水平来考虑；③折旧年限必须考虑产品的市场寿命；④要考虑企业技术改造和财务承受能力的平衡。

新企业财务制度在适当缩短折旧年限的基础上，对各类设备折旧年限规定一个最高限和最低限，制定折旧年限的弹性区间，允许企业根据实际情况，在这个区间自行确定设备的折旧年限。

（二）设备的更新和改造

1. 设备更新

设备更新分为原型更新和技术更新。原型更新是指采用与原设备型号相同的新设备来更新旧设备。技术更新是指采用新型号的设备来更新旧型号的设备。原型更新主要是为了淘汰已经损坏且修复不经济，或者技术、经济性能已经劣化的旧设备。原型更新不增加企业内原来设备的种类，不用支付员工培训费用，较维持原设备能节约能源和维修费用。在没有合适的新型设备供选择时，往往采用原型更新，但其不具有技术进步的性质。技术更新使用技术先进的设备代替技术陈旧的设备，这种更新从技术进步角度看更具有采用价值。在技术迅速发展时期，设备更新应广泛采用这种方式，这是企业技术进步的重要途径。

进行设备更新时要注意以下几点：设备更新资金的合理筹措与有效使用；将购置新设备同自行研制新设备结合起来；将设备的更新与加强原有设备的维护修理结合起来；要妥善处理老设备，最经济地收回残值。

2. 设备改造

设备改造是指用先进的科学技术改变原有设备的结构，提高原有设备的性能、效率，使之达到现代新型设备的水平。设备改造的实质是设备局部更新。

设备改造的方式分为设备局部的技术更新和增加新的技术结构。设备局部的技术更新，是指采用先进技术改变现有设备的局部结构。增加新的技术结构，是指在原有设备基础上增添新部件、新装置等。

设备改造可以使原有设备获得技术上的先进性和较高的可用性，同时具有投资少、针对性强、收效快的优点。这是目前企业解决设备陈旧问题的一种经常性手段。在设备改造时，要注意技术改造采用技术的可靠性，要注意保证改造后设备的维修配件的供应。

（三）设备寿命

设备寿命包括设备的物质寿命、经济寿命、技术寿命和折旧寿命。

（1）物质寿命。这是根据设备的物质磨损而确定的使用寿命，即从设备投入使用到因物质磨损使设备老化损坏，直到报废拆除为止的年限。

（2）经济寿命。这是指设备的使用费处于合理界限之内的设备寿命。在设备物质寿命的后期，因设备故障频繁而引起的损失急剧增加。设备使用的年数越多，每年分摊的投资越少，设备的保养和操作费用却越多。在使用期最适宜的年份内设备总成本最低，这就是经济寿命的含义。

（3）技术寿命。这是指由于科学技术的发展，不断出现技术上更先进、经济上更合理的替代设备，使现有设备在物质寿命或经济寿命尚未结束之前就提前报废。这种从设备投入使用到因技术进步而使其丧失使用价值所经历的时间称为设备的技术寿命。

（4）折旧寿命。这是指按国家有关部门规定或企业自行规定的折旧率，把设备总值扣除残值后的余额，折旧到接近于零时所经历的时间。折旧寿命的长短取决于国家或企业所采取的政策和方针。

设备的寿命通常是设备进行更新和改造的重要决策依据。设备更新和改造通常是为提高产品质量，促进产品升级换代，节约能源而进行的。其中，设备更新也可以从设备的经济寿命来考虑，设备改造有时也是从延长设备的技术寿命、经济寿命的目的出发的。企业可用最大总收益法、最小年均费用法、劣化数值法等方法计算设备的最佳更新周期。

本章小结

本章主要介绍了如何加强设备的全寿命周期管理。首先，以设备的概念为切入点系统地介绍了设备管理的概念、作用和内容。在此基础上介绍了国内外流行的几种重要的设备管理理论，以及时代的进步、科学技术的迅猛发展，给设备管理带来的新问题和新发展。从经济、技术、社会等角度研究这些问题，必将使设备管理有新的创新。其次，还分别就设备从选择，使用，维护和修理，折旧、更新和改造等设备寿命周期各个环节的管理做了深入论述，以使设备更好地服务于生产与运作过程，提高效益，促进企业发展。

复习思考题

1. 如何认识现代设备的特点?
2. 论述设备的全寿命周期，并指出各个阶段的管理重点。
3. 设备的磨损有哪些？如何应对不同磨损?
4. 指出设备更新和改造的方式。
5. 设备管理的发展动向有哪些?

第九章 生产与运作现场管理

学习目标

1. 记忆：生产与运作现场、生产与运作现场管理的概念；生产与运作现场管理的主要方法。

2. 阐述：生产与运作现场管理的特点、原则和任务；生产与运作现场管理体系。

生产与运作现场是生产产品、提供服务的地方，是尊重人、关心人、发展人、帮助人、出人才的地方，也是决定产品、服务质量的关键所在，还是管理状况、管理水平、问题最集中体现的地方。因此，企业必须明确认识生产与运作现场承载的责任和任务，高度重视生产与运作现场管理工作，把它看成事关企业兴衰的大事来抓。

第一节 生产与运作现场管理概述

企业历来高度重视生产与运作现场管理，因为它是提供产品、提供服务的关键环节之一，而其好坏，直接影响产品、服务质量，从而进一步影响企业的市场竞争力，决定企业的生存和发展。

一、生产与运作现场的概念

生产与运作现场指的是企业围绕经营目标的实现，通过行使管理，实现生产要素的合理组合和生产过程的有机转换的场所。

生产与运作现场具体体现为加工、检验、运输、储存、供应、发放、管理等一系列工作现场和其他相关场所。虽然每个企业的生产与运作现场千差万别、形式各异，但是基本上都是“输入—转化—输出”的形式，其基本特征都体现出资源配置、组合的合理性，转换过程的准确性、快捷性，产出的有效性。

二、生产与运作现场管理的概念

生产与运作现场管理是指为了有效地实现企业的经营目标，对生产与运作过程诸要素，包括人（操作者、管理者）、机（机器设备、工艺装备）、料（原材料、辅助材料、零部件）、能（水、电、煤、气）、法（操作方法、工艺制度、规章）、环（环境）、信（信息）等进行合理配置和优化组合，将它们有机结合达到一体化，通过生产过程的转换，产出符合市场需求的、质量合格的、成本低的、交货及时的产品的一种综合性管理。

三、生产与运作现场管理的特点

（1）基础性。生产与运作现场管理属于企业生产与运作管理的最前沿管理。企业大量的管理工作要通过这一层来实现，离开了这一层来谈管理，管理就会是空中楼阁，没有支撑。所以它的基础性是明显和突出的。

（2）系统性。生产与运作现场管理本身是企业管理的子系统，它要有明确的系统目标，有实现目标的行为规范、统一要求、协作互助。

（3）开放性。生产与运作现场管理既然是一个子系统，必然就会和其他系统相联系。强调开放性，指的是其要与其他系统形成密切的配合和协作，主动去加强与系统外的合作，在更大的系统乃至全局范围内发挥作用，形成影响。

（4）动态性。企业外部的需求在不断变化，产品结构要做调整，连带的生产形式也要做相应的调整，必然造成生产与运作现场的变化。如果管理不变，就会使其不适应客观需要，甚至形成一种阻碍力，这就要求生产与运作现场管理应具有动态性。

（5）群众性。生产与运作现场管理更多地出现在生产一线，它和生产与运作管理现场的群众紧密联系，具有群众性。它讲求以人为本，依靠群众，群策群力把现场管理工作搞好。

生产与运作现场管理还有一些其他特点，这里不一一列举了，把握了生产与运作现场管理的特点，就能更好地掌握生产与运作现场管理的规律。

四、加强生产与运作现场管理的意义

从某种意义上讲，现场就等于市场，市场经济下的市场竞争就是现场竞争。也就是说，生产与运作现场管理的好坏直接决定企业的竞争能力。纵览当今的企业，能打出名牌产品，在市场竞争中立于不败之地的，都是对现场管理下了大气力的，工作都是过硬的。生产与运作现场管理的成功伴随着企业的兴旺发达。企业准确的经营目标，通过生产与运作现场管理来实现。加强生产与运作现场管理，可以提高产品质量，降低消耗，压缩成本，同时提高员工素质，减少无效劳动和浪费。

自 20 世纪 60 年代以来，许多工业发达的国家开始认识到加强生产与运作现场管理的重要性和紧迫性，主动且扎扎实实地去做生产与运作现场管理工作，取得了令人瞩目的成绩。

一些企业抓了市场忘了现场、抓了市场丢了现场的倾向不容忽视。以市场促现场，以现场保市场，这个观念是企业上上下下每一个员工都应认真加以理解，并在实际行动中遵照执行的。企业要特别注意一种倾向掩盖另一种倾向，要处理好市场同生产与运作现场的辩证关系。在市场经济快速发展的今天，强调市场导向的重要性，绝不可忽略现场的基础性作用。

第二节　生产与运作现场管理的原则和任务

每个企业生产与运作现场的存在形式各异，甚至千差万别，但生产与运作现场管理应遵循的基本原则和任务还是有章可循的。企业应掌握基本规则，结合企业生产与运作现场实际，使用有效的管理办法，不断推进生产与运作现场管理水平的提升。

一、生产与运作现场管理的原则

生产与运作现场管理应遵循以下原则：

1. 立足于实现企业经营目标的原则

这是最基本的原则，即企业生产与运作现场管理的一切活动的最终目标都要体现在企业经营目标的实现上。如果脱离了这一原则，现场做得再好也徒劳无益。所以，在研究生产与运作现场管理工作时，应始终把企业经营目标放在首位。

2. 追求经济效益的原则

这是指在按市场需求组织生产的过程中，努力降低成本、消耗，用最少的投入，换取最大的产出，使生产与运作过程成为一个价值不断增加的过程，增加积累，以实现扩大再生产。同时，改善企业的各项条件，增加员工的收入和福利，让员工在一个新的工作层次和环境中去开拓新的工作局面。

3. 不断讲求创新的原则

在生产与运作现场管理中，要不断地实现创新。这既要体现在思想上，又要落实在组织、制度、法规、行动上。例如，适应市场需求变化，敢于采用新型生产方式，大搞技术改造，推广先进技术，实施新的生产组织形式等，让生产与运作现场管理在创新中体现生命力，在创新中寻求发展。

4. 贯彻规范化的原则

在生产与运作现场管理中，讲求思考问题规范、行动规范，按制定的规章、制度、要求去做。要严格规范、照章办事，要体现一个“严”字，严能出优质、出效益、出文明、出安全，严是一个企业生产与运作现场有战斗力的体现。有了规章、制度、要求以后，只有从“严”执行，才能出现规范化的局面。严格管理与创新绝不矛盾，二者是相辅相成的。

5. 突出强调服务的原则

生产与运作现场管理要突出强调为生产与运作现场服务的原则。就生产与运作现场而言，一切管理活动都要围绕生产与运作现场转。服务质量的好坏直接影响生产与运作现场水平的高低、资源的利用状况。对企业生产与运作现场管理提出的“三现”，是十分必要的。“三现”就是：管理人员要到生产与运作现场去；认真地看现状；针对现实问题提出对策。

二、生产与运作现场管理的主要要求和任务

（一）生产与运作现场管理的主要要求

生产与运作现场管理的主要要求包括：

（1）要形成一支目标明确、团结向上、精神面貌好、技术素质高、遵章守纪、战斗力强、职责分明的员工队伍。这一点在过去常被忽视，以往强调加强生产与运作现场管理，重物不重人。实践表明，工作抓了许多，效果不明显，概源于此。

（2）要营造一个良好的环境，即文明、清新、整洁的现场，使人一进入这个现场，就感到心情舒畅，不会有烦躁、厌倦的感觉。

（3）严格执行操作规程，严明工艺纪律，认真做好生产控制和检验，保证产品生产合格，并使质量不断上新台阶。

（4）合理组织生产，科学地设置生产岗位，掌握生产节奏，减少生产波动性，使生产均衡地进行。

（5）要研究物流规律，使各个环节任务明确、环环相扣、不脱节，保障物流顺畅地运行，保证生产的需要。

（6）要使设备正常运转，需大力做好操作、维护、保养、检修等工作，绝不让设备问题拖生产后腿。

（7）要做好生产过程中原始记录、台账和报表的记录、整理、传输工作，发挥它们的作用，同时要使现场各种信息传输通畅，渠道不堵、不塞。

（二）生产与运作现场管理的任务

1. 工序管理

工序是指一个操作者（或一组操作者）在一个工作地，对一个（或同时几个）加工对象进行加工所连续完成的那一部分工作内容。它是生产与运作现场工作的基本单位。工序管理是按照工序专门的要求，合理地配备和有效地利用生产要素，并把它们有效地结合起来，发挥工序的整体效益，通过品种、质量、数量、日程、成本的控制，满足市场对产品要素的要求。工序管理的内容包括工序要素管理和产品要素管理。

工序要素管理，就是对工序所使用的劳动力、设备、原材料的管理。其中对劳动力的管理，要根据工序对工种、技术水平、人员数量的要求，对劳动力择优选用、优化组合，培训后上岗。员工上岗后要严格遵守操作规程，遵守劳动纪律，充满热情地去工作。对设备、工艺装备的管理要完好、齐全。对原材料、辅助材料、零部件要保证及时供应、足量供应，质量符合要求，不损不伤，不磕不碰。

产品要素管理就是对产品品种、质量、数量、交货期、成本的管理。品种、数量上要按市场需求进行组织，并保证交货期。质量上要选好生产过程的管理控制点，抓关键环节、重点部门进行严格管理。成本管理要抓目标成本管理，实行逐级分解、层层落实，一级保一级，最终实现总体成本目标。

2. 物流管理

在物流管理中要强调解决好三个方面的问题：①要在整个生产过程中，使物流线路尽可能缩短，只有物流线路短了，才能使产品生产周期变短，减少流动资金占用量，不使资金消耗在无用的地方；②使生产过程中在制品占用量尽可能少，减少资金的占用量；③使生产过程中的搬运效率提高。物流管理加强了，生产的连续、比例、均衡也就加强了。

搞好物流管理，要做好以下工作：①选择合适的生产组织形式；②认真进行工厂总平面布置、车间布置；③搞好生产过程分析；④提高搬运效率；⑤搞好各个生产环节和各工序间的生产与运作能力平衡；⑥合理制定在制品定额；等等。

3. 环境管理

环境管理是生产与运作现场管理的重要部分，一个安全、文明、秩序井然、优美、舒适的工作环境，能够对员工的心情产生很好的影响。员工在脏、乱、差的环境下工作，时时提心吊胆，处处小心，难免会精神紧张，工作热情和积极性会受到损伤。加强环境管理是贯彻以人为本思想的具体体现。

三、生产与运作现场管理体系

生产与运作现场管理是企业生产与运作管理中一项基础管理，它自成体系，又和外界系统有密不可分的关联。就其自身系统来看，它所示的体系结构如图 9–1 所示。这个体系结构由思想体系、组织体系、有机转换体系三部分组成，三者既相对独立，又相互联系。

（一）思想体系

思想体系主要是指树立一种什么思想来认识生产与运作现场管理，如何对待和处理生产与运作现场管理的问题。思想水平决定生产与运作现场管理的水平。所以，思想体系是生产与运作现场管理的首要问题。

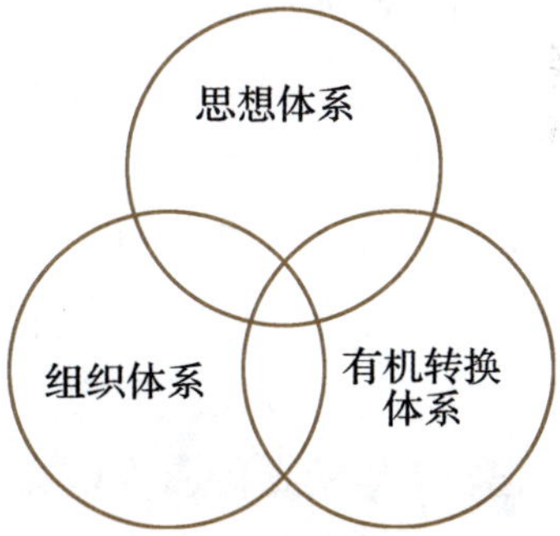

图 9–1 生产与运作现场管理体系

思想体系强调树立一系列思想观念，主要包括以下几个方面：

1. 市场观念

生产与运作现场管理要围绕企业经营目标，经营目标要围绕市场需求，所以归根结底，生产与运作现场管理要立足于市场需求。有些企业的生产与运作现场直接面对市场，有些不直接与市场接触，但不管如何，都要把市场需求当成企业生存的出发点和归宿。这就要求生产的管理人员、操作人员知道自己的服务对象是谁，他们的需求是什么，为达到需求所要做的基本工作是什么。所以，市场观点不是空洞的，而是有实实在在内容的。

2. 质量第一观念

要使每一个生产与运作现场的员工树立起质量第一的观点。质量不行，企业就没有生命力，而生产与运作现场在决定质量的问题上是很重要的砝码。要使生产与运作现场的员工明白和树立起“质量在我心中、质量在我眼中、质量在我手中”的理念，真正使“质量是企业的生命”成为全体人员的统一认识。

3. 讲究效益观念

要使每一个生产与运作现场的员工有成本意识、利润意识，从一时、一事、一地做起，降低消耗，减少浪费，增大产出，创造价值。在市场经济条件下，成本下不来，利润就上不去。要使每个生产与运作现场的员工明白，在本职岗位，讲效益的标准是什么，以及通过做哪些工作才能实现这个标准。

4. 全局及通力协作观念

要使每一个生产与运作现场的员工明白大局是什么，把握全局，处理好全局与局部的关系，局部服从全局，全局兼顾局部，调动起各方面的积极性。这就要求生产与运作现场的每一个员工、每一个局部，在总体目标的统领下，分工协作，大力配合，使每一个环节的员工思想统一、认识统一，心往一处想，劲往一处使，讲求合力，消除阻力。

在树立以上四个思想观念的基础上，要处理好以下一些关系：

（1）要处理好上下级关系。下级服从上级，令行禁止，增强令的权威性、严肃性、有效性。同时，上级在决策或做出有关决定前要虚心征求和听取下级的要求、意见、建议及呼声，集思广益，使每项决策都有广泛的群众基础。这样，在决策后的执行中才会得到群众的拥护和响应，决策才能得以实施。

（2）要处理好服务与被服务的关系。生产一线的员工是生产与运作的主体。这是生产与运作现场被服务的中心，其他各类员工要为他们服务。同时，一线员工要及时地把要求等信息传递给其他员工，相互通气，形成相互之间的默契配合，保证主体工作的完成。

（3）要处理好个人与集体的关系。集体利益高于其他利益。个人利益必须服从集体利益。当然，这并不妨碍集体为个人提供发挥创造力和能动力的机会和条件。每一个员工都为集体献计献策，集体发展了，个人也会得到发展和实惠。

（4）要处理好民主与集中的关系。既要民主，又讲集中；既要广泛听取意见、建议，发扬民主，增强群体意识，又要坚持集中、统一政令。

（二）组织体系

组织体系是生产与运作现场管理的保证。在生产与运作现场要抓好五个“组织”。

1. 生产与运作组织

生产与运作组织强调以一线员工为核心。

2. 劳动组织

生产与运作组织确立后，要确定怎样组织一线员工进行劳动才能省人、省力、省时，提高工作效率。企业应主要做好以下工作：从多方面采取对策，消除无效劳动和浪费，着力解决过量制造、窝工、生产动作不合理、多余搬运等问题，实行多工序管理；实行一人多能、多设备看管形式，让人尽其效；严格实行标准化作业，增强行为的规范性。

3. 物流组织

生产与运作是一个物流过程，要使物流顺畅，就必须研究物料流向、运输方式、运量、运距、时间等要求，找出相应的对策。

4. 信息组织

在生产与运作现场，信息的作用越来越突出，建立及时、准确、可靠的信息组织，可以使信息能够全面、完整地被收集、整理和传输，及时反映生产状态，传达生产指令，调整运转工作。许多企业在生产与运作现场采用多种信息传递、显示形式，像看板等在无声地传达着指令，使生产与运作有条不紊地进行。生产与运作现场的信息主要有手工信息、目视管理信息、电子信息、计算机信息等。

5. 指挥组织

生产与运作现场的各项活动必须在一定目标下进行。而要实现目标，必须制订计划、实施计划、控制实际，这就需要一个强有力的指挥系统。对于生产与运作现场来讲，有工段的，应建立以工段长为核心的生产指挥组织；没有工段的，则主要建立以车间主任为核心的生产指挥组织。这种指挥组织要能充分领会和理解上级要求、工作任务、工作目标；要善于把握大局，统筹策划，指挥和调度下属去完成任务，做好工作，使下情上达；要善于处理一些临时出现的应急问题，要情况了解得清，决策迅速，处理问题快，方法妥善、得当。在指挥组织中，车间主任、工段长的配置特别重要。要把政治觉悟高、工作能力强，有一定决策、指挥、组织能力，务实勤奋，密切联系群众且有一定业务专长的人配置到这些岗位上来，让他们在实际工作中磨炼，积累经验，成为优秀的管理者。

（三）有机转换体系

有机转换体系是生产与运作现场管理的基地、基础。实现生产与运作过程的合理转换要强调三个效应，即时间效应、资金效应、物料效应。

第三节　生产与运作现场管理方法

国内外企业在加强生产与运作现场管理方面有许多有效做法，下面重点介绍其中几种。这几种方法已在国内外企业的实践中取得明显效果。

一、5S 活动

5S 活动是在西方和日本发展并流行的企业生产与运作现场管理的方法。日本的许多企业长期推行 5S 活动，取得了十分显著的效果。

（一）5S活动的概念

5S 活动是指对生产与运作现场的各种生产要素（主要是物的要素）所处状态不断地进行整理、整顿、清扫、清洁，从而提高素养的活动。其中，整理、整顿、清扫、清洁、素养这五个词在日语罗马拼音中的第一个字母都是“S”，所以上述活动简称为 5S 活动。

（二）5S活动的内容

1. 整理

整理是 5S 活动中的第一项活动，指对生产与运作现场的各种物品进行彻底的清理，把长期不用和报废的物品全部清除出去，对有用的东西，按实际需要摆放好。

整理活动的核心是对生产与运作现场的物品加以区分，明确要还是不要。经过整理以后，物品应达到的要求有：①不用的东西不放在生产与运作现场，出现了就坚决清除掉。②不常用的东西也不放在生产与运作现场，可放到企业的库房中，待使用时再取出，用毕立即送回库房。③偶尔用的东西可以集中放在生产与运作现场的一个指定地点。④经常使用的东西放在生产与运作现场，这些物品（包括机器设备）都应处于马上就能用的状态。平时应明确它们的用途、使用方法、需用数量等。

整理可以改善和增加生产面积，使通道顺畅，没有杂物，减少磕碰，有利于安全，减少由于物品乱放、好坏不分而造成的差错，使库存最合理，消除浪费，节约资金。经过整理以后的现场，使人心情愉悦、追求精干、务实，能够避免繁杂的现场对人的影响，创造一个良好的生产和工作环境。

2. 整顿

整顿是在整理以后紧接着开展的第二项“S”活动，指对整理以后留下的物品进行科学、合理的布置和摆放。首先应指出的是对留下的现场需要的物品进行整顿，所以它的前提一定是整理，没有彻底的整理，整顿再好其作用也会削弱。整顿不仅仅是摆放整齐的问题，更主要的是使物品摆放科学化、合理化、规范化，有利于生产，为提高效率服务。

整顿应达到以下要求：①物品在生产现场都有固定位置，同时，要求平时该物品就在这个位置，不乱丢、乱放，不需要花费时间去寻找，随手就可以拿到。②物品要按一定规则进行定量化地摆放，由于实行规格化、统一化，一看便知数量情况。③物品要便于取出，便于放回，在摆放上有顺序，到什么地方去取什么，用毕能尽快恢复原状，做到先进先出等。

3. 清扫

经过整理、整顿活动以后，生产与运作现场整齐、条理、干净了，形成了一个静态的环境。但生产与运作活动是动态的，一运动，现场就会变脏、变乱，这是客观的、正常的。因此，下一项活动就是清扫。清扫就是对生产与运作现场的设备、工具、物品、工作地面等进行打扫。

清扫应达到的要求有：①明确分工，自己用的东西、自己的辖区自己清扫，不依赖别人，每个人都把自己的事情做好了，大家的事也就好办了。在此基础上，设置必要的专职清扫人员，清扫公共部分，这样，整个清扫工作就落实了。②在对设备进行擦拭、清扫的同时，要检查设备有无异常和故障，所以说清扫又是设备的点检。同时，加强对设备的润滑、维护、保养工作，保持设备的良好状态。

清扫的过程是一个发现问题的过程，如在生产与运作现场检查出跑、冒、滴、漏问题，要抓住事故、问题苗头，及时查明原因，迅速采取相应措施，防患于未然，所以清扫也是一种改善活动。

4. 清洁

清洁是指对经过整理、整顿、清扫以后的生产与运作现场的状态进行保持，这是第四项“S”活动，这里的保持是指良好状态的保持、不变、不倒退。

清洁应达到的要求主要有：①现场环境整齐、清洁、美观，能保证员工健康，增进员工的工作热情、劳动积极性和自觉性。②现场设备、工具和物品干净、整齐，工作场地无烟尘、粉尘、噪声、有害气体，劳动条件好。③不仅环境美，而且现场各类人员着装、仪表和仪容整洁、大方，给人以训练有素的感觉。④精神美、语言美、行为美，形成一种团结向上、朝气蓬勃、相互尊重、互助友爱、催人奋进的气氛。

做到清洁，绝不可搞突击，要始终如一，长期保持。

5. 素养

素养是在开展整理、整顿、清扫、清洁活动以后要达到的一种思想境界。素养是一种作业习惯和行为规范。提高素养就是逐步形成良好的作业习惯和行为规范、高尚的道德品质，自觉执行各项规章制度、标准，改善人际关系，加强集体主义意识，提高自身修养。

素养要求做到以下几点：①在生产与运作现场工作中，不需要别人督促，不需要他人提醒、催促去工作；②不需要领导检查，听说领导来检查才开始工作、迫于检查的压力无奈地去做事是不会长久的；③不用专门思考；④形成条件反射。

整理、整顿、清扫、清洁、素养之间是相互关联、密不可分的，它们之间的关系如图 9–2 所示。

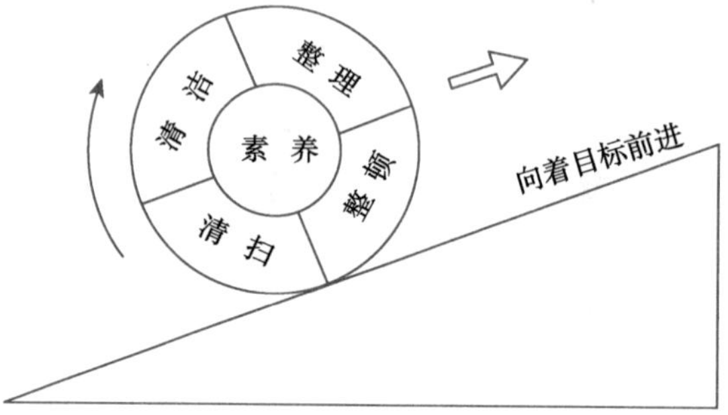

图 9–2　5S 关系图

图 9–2 可以清楚地体现出以下几点：

（1）5S 活动是一个整理、整顿、清扫、清洁、素养依顺序进行的过程，绝不可省略或跨越某个活动，否则就会影响 5S 活动的完整开展，达不到 5S 活动的目的。

（2）5S 活动是一个不断循环的过程，不是仅开展一次就万事大吉了，而是要持续不断地进行，朝着企业经营方针确定的目标，一个循环、一个循环地艰难爬坡行进，轮子每转一周完成一个循环，会登上一个新的高度，素养有新的提高。

（3）5S 活动的核心是素养的提高，所以 5S 活动应当说是从已有的素养开始，到新的素养结束，实现素养的不断提高。

（三）5S活动的常用工具

5S 活动的常用工具包括：

（1）红牌。这是对现场存在的问题用红色的表单显示出来，张贴于显著、醒目的地方的工具。

（2）看板。这是用于传递信息的简明、有效的工具，它一目了然地注明工作内容、工作要求、注意事项、运行路径等。

（3）定点拍摄。这是一种针对某一地点、位置如实拍照，反映工作状况，分析、研究、寻求改进工作的工具。

（4）推移图。这是一张将各部门、各单位在开展5S活动中的业绩作为纵坐标，将时间作为横坐标所形成的二维5S活动状况变化历程与发展趋势图。它主要用于分析问题、寻找问题、查找不足、改进工作。

（5）核查表。这是将5S活动的各项标准、要求汇总于一个表上，以便按此表要求定期检查工作，提出问题，改进工作。

（四）开展5S活动的目的

开展5S活动的目的如下：

（1）提高工作效率和生产效率。

（2）改善产品、服务质量。

（3）保证企业安全生产和服务。

（4）消除浪费，降低生产成本和服务成本。

（5）缩短生产周期，确保交货期。

（6）改善员工面貌，提高企业形象。

总之，开展5S活动，能综合提升企业的核心竞争力。

（五）开展5S活动的目标

开展5S活动的目标如下：

（1）工作变换时，可以马上找到工具、物品，寻找时间为“0”。

（2）整洁的现场，不良品为“0”。

（3）努力降低成本，减少消耗，浪费为“0”。

（4）工作顺畅进行，及时完成任务，延期为“0”。

（5）无泄漏、无危害，安全、整齐，事故为“0”。

（6）团结、友爱，处处为他人着想，积极做好本职工作，不良行为为“0”。

在开展5S活动时，要做到：

（1）开展5S活动一定要让全体员工都参与进来，要把开展5S活动当成全体员工的事。全员参与就要求全体员工有统一的目标、统一的指导思想，有一致的步骤，齐心协力去做。群众的愿望和自觉行动、领导的决心、领导的能力、有效的做法是开展5S活动的关键。

（2）开展 5S 活动要强调自我。也就是说，要强调自觉性，不是要“我”做，而是“我”要做。

（3）开展 5S 活动一定要持之以恒，绝不可搞突击，采取“刮风”的做法。

5S 活动的成功，引起了欧美国家企业的高度重视。20 世纪 80 年代中后期，欧美国家企业结合自身特点提出推行它们的 5S 活动，典型的见表 9–1。

表 9–1　欧美国家企业推行的 5S 活动

5S 活动	内容
分类（sort）	把必需品与非必需品加以区分，清除非必需品
定位（straighten）	把必需品合理放置，便于取用
刷洗（scrub）	把工作现场和现场的每件物品都打扫干净
制度化（systematize）	将平时的 5S 活动和检查作为企业的一项基本制度
标准化（standardization）	将以上四项活动标准化，以持续推行

同时，我国的台湾、香港等地区也开展了 5S 活动，香港提法为“五常法”，即“常组织、常整顿、常清洁、常规范、常自律”。虽名称不同，但其基本内容与日本的 5S 活动基本一致。

我国内地许多企业从 20 世纪 90 年代开始开展、实施 5S 活动，成果显著，对推动企业生产与运作现场管理的工作起到了积极的作用，创造了好的经验，如海尔成功推行了 6S 管理，对 5S 活动又注入“安全”内容。现在不少企业在推行 6S、7S 甚至 9S 活动。

二、定置管理

（一）定置管理的起源与发展

定置管理起源于日本，是生产与运作现场管理的一个重要方法，它和 5S 活动关系紧密。1955 年日本能率协会会长青木龟男先生研究了整理、整顿活动，因这两个词的首字母都是日本罗马拼音中的 S，所以简称为“ SS 运动”。当时 SS 运动是有特定含义的，当初的特定含义为：从工业工程的动作研究和作业测定的许多因素中，突出构成任何一个生产系统基本单元的人、物、场所的结合关系，引出物的定置概念。按与人的结合程度，对物进行分类，充分利用空间，有效节约时间，达到生产产品优质、低耗、高效、安全，并使环境优美的目的。

为了与传统的整理、整顿活动相区别，青木龟男在整理、整顿前加了“科学的”

三个字。1970 年，由青木龟男倡导，得到企业支持，整理、整顿科学研究协会成立。青木龟男担任该协会会长、讲师，宣传推广 SS 运动。20 世纪 70 年代末，SS 运动正式更名为“定置管理”。定置管理在日本的开展是卓有成效的，许多企业经过实践，深刻体会到提高效率，提高产品、工作质量，降低消耗，安全生产，皆始于定置管理。

定置管理在我国许多企业已实施多年，效果很好。

（二）定置管理的概念

定置管理以生产现场为对象，研究生产要素中人、物、场所及其有关信息之间的关系。通过整理，把与生产现场无关的物品清除干净，再通过整顿把需要的物品摆放到合理、科学、符合标准化要求的规定位置，使各生产要素有机结合，实现生产过程的科学化、规范化、标准化，从而提高文明生产水平，使生产产品质量优、成本低、效益高。

定置管理的研究对象是生产现场。它以强调物在场所中的科学定置为前提，以定置的信息系统为媒介，以实现人和物的有效结合为目的，达到生产与运作现场管理的科学化、规范化、标准化。

（三）定置管理原理

图 9-3 所示体现了定置管理的基本原理。

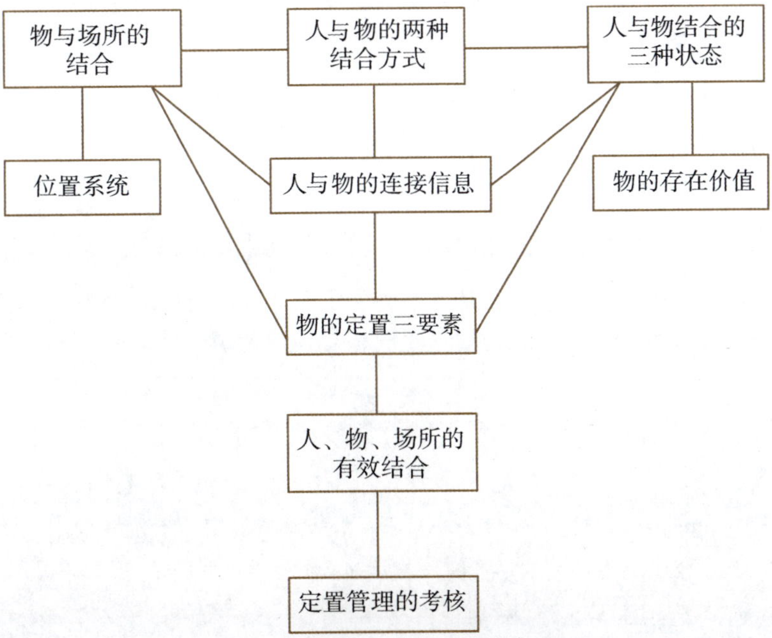

图 9-3 定置管理的基本原理框图

从图 9–3 可以看出以下几点：

（1）定置管理从人与物的直接、间接两种结合方式入手来研究问题。直接结合是指在生产与运作现场，进行生产所需要的物品能立即拿到，人与物马上可以结合，不需要寻找。间接结合是指人与物呈分离状态，要想人、物结合，就得通过信息媒介的作用，需要花费寻找等时间。

（2）通过研究人与物的结合，扩展到两个方面的状态：①物与场所的结合；②人与物的结合。物与场所的结合主要强调的是固定位置与自由位置的区分，形成各自位置下的 A、B、C 状态。人与物的结合也有三种状态，即 A、B、C 状态，这三种状态体现出物的存在价值的不同。

（3）定置管理的核心和关键是研究人与物的连接信息，这也是定置管理的特色。建立、健全连接信息系统，并使信息流发挥作用，是推行定置管理成败的关键。

（4）物的定置三要素，是对物的定置的提炼和概括。物的定置三要素体现为物的存放场所、物的存放姿态、现场标示。

（5）定置管理最终要实现人、物、场所的有效结合，形成最佳组合，以高效完成预定的生产与运作任务。

（6）定置管理的考核，是使定置管理健康开展下去的保证。

（四）定置管理的几种关系

在定置管理中要突出处理好几种关系，主要是指人与物的结合状态、物与场所的关系，以及信息媒介与定置的关系。

1. 人与物的结合状态

在生产与运作现场，人与物的结合状态有 A、B、C 三种：

（1）A 状态，是指人与物能马上结合并发挥作用的状态。如操作者在生产过程中需要某种工具、量具、刃具等应能马上拿到，并且这种工具应是完全符合要求的。这样，操作者及时拿到后立即可以使用，完成生产任务。这时人与物的结合状态就是 A 状态。这是生产中最理想的状态。处于这种状态，生产是顺畅的，一切会按部就班地进行。

（2）B 状态，是指人与物不能马上结合并发挥作用的状态。如生产与运作现场工具等物品乱丢、乱放，需要时不是找不到，就是找到了却是有毛病的。找不到的，需要花时间去找；能马上找到的，因为有问题需要检修，不能立即使用，耽误了生产，给生产造成损失。这些在生产与运作现场是常见到的。

（3）C 状态，是指生产与运作现场的人与物失去联系的状态。在此种状态下，人与物之间已不存在联系，但物仍处在生产与运作现场。如在现场摆放的已失去效用的设备、工艺装备，生产中产生的废品、其他废弃物等。这些物品已完全失去在该生产与运作现场存在的价值，却还停留在现场，这会给生产与运作现场带来许多麻烦、障碍，是许多问题产生的根源。这里，要明确没有用的物品摆在现场绝不是无关大局的事情。

通过定置管理，处理人与物的结合状态时，应采取一切措施和办法，坚决消除C状态，积极分析，改进B状态，使之转化为A状态，让生产与运作现场人与物都处在A状态，这是定置管理的目标。

研究人与物的结合状态十分重要，它是生产正常进行的基本要素。许多人对此习以为常，并没有看得很重要。如果从人与物结合成本的角度去认识，或许能很直观地说明问题，让人们认识到它的必要性。

人与物马上结合，能使物的价值立即发挥出来。而人与物不能马上结合，物的作用发挥不出来，价值就不能实现。什么时候人与物结合了，价值才能实现。这里就产生了人与物结合所需要的结合成本的问题。抛开其他一些因素，专门研究物的原有价值、存在价值、结合成本三者之间的关系，得到如下公式：

$$V+G=V_0$$

式中：V——物的存在价值；

G——人与物的结合成本；

V_0——物的原有价值。

按此公式，当人与物马上结合时，$G=0$，因此 $V=V_0$，说明物的存在价值和物的原有价值没什么区别。而当人与物不能马上结合，需要花时间才能结合，或虽然不花时间找到了，但需花费时间去检修，才能实现真正的结合时，$G>0$，物的存在价值由于结合成本的损失，就小于原有价值了。这就是B状态向A状态转化的道理，以实现结合成本为零。在现实中还应强调，当结合成本不能为零时，要采取各种措施使结合成本越低越好，促使物的存在价值向物的原有价值靠拢。下面举一个例子来说明。

【例 9-1】某企业加工一种产品，通过使用模具来进行压力加工成型。在使用模具上，按定额领取模具需要花费10分钟。由于加强了现场管理工作，领取模具的时间减少到6分钟。若该模具的原有价值为1 000元，该企业每工时的价值为10元，模具在加强管理前后的存在价值发生了变化。请问模具的存在价值是多少？

在领取模具需要花费10分钟时：

$$V=V_0-G=1\,000-(10\times 10/60)\approx 998.33\text{（元）}$$

在领取模具需要花费6分钟时：

$$V=V_0-G=1\,000-(10\times 6/60)=999\text{（元）}$$

可以看出，结合成本减少了，生产投入运行速度加快了。

如果模具出了问题，从提出需要到模具能使用需要 4 小时，这时模具的存在价值：

$$V = V_0 - G = 1\,000 - (10 \times 4) = 960\ (\text{元})$$

这时模具处于 B 状态，结合成本高达 40 元。结合成本高，且生产不能按时进行，迟迟开始不了，影响了产品的及时供应。企业要通过采取各种措施，加强对模具的维护保管，也可在模具制造上下功夫，保证质量，在需要时能够及时提供。

2. 物与场所的关系

物与场所的结合是指对生产现场的人、物进行作业分析和动作研究，使加工对象按生产工艺的要求科学固定在某一位置上，达到物与场所的有效结合，缩短人取物品的时间，消除重复、多余劳动，促使人与物的结合达到最佳状态。研究物与场所的结合，实际上是为人与物的结合服务的。

物与场所结合的关键是场所的状态，就场所本身来看有三种状态：

（1）A 状态。这是一种良好的状态。工作环境良好，场所作业面积、照明、噪声、通风、粉尘、有害气体等符合有关标准，符合现场人员的生理需要、安全需要、精神需要。

（2）B 状态。这是需要改善的状态。工作环境存在一些缺憾，如设备、工作地的布局不够合理，环境条件对现场人员存在生理、安全、精神上不符合要求之处。

（3）C 状态。这是需要彻底进行改造的状态。这种状态不符合现场人员在生理、安全、精神方面的需要，其存在和延续对现场人员有严重危害。

通过上述分析，可以清楚地看到，应保持 A 状态，而对于 B、C 状态，要坚决采取措施和对策，使其转化为 A 状态。

场所定置有两种：①固定位置，即将场所固定、物品存放位置固定、物品的信息媒介固定。例如，一些较大型工具、模具等，在不使用时要放在固定地方，这个固定位置就是固定场所，生产需要时，较大型工具、模具等会被领取出来，使用完毕，经检验无损，放回到该固定位置。它突出的地方是存放地点和存放物始终是固定的、不变的。②自由位置，即相对固定一个存放物品的区域，物品具体放在何处，要由生产过程来定，如原材料、半成品、成品等的存放地。

3. 信息媒介与定置的关系

信息媒介是指人与物、物与场所结合过程中起指导、控制、确认等作用的信息载体。信息媒介与定置的关系极为密切，可以说是实现定置的关键。离开了信息媒介，定置管理就是空虚无力的。

在生产与运作现场需要问及的问题有："该物在何处""该处在哪里"。相应的回答是："这儿是该处""此物即该物"。这是谈及加工物品时需要说明的问题。这些问题的回答即信息媒介的体现。说明“该物在何处”的信息载体为各式台账。在一般企业中，台账是按四号定位（库、架、层、位）来编码的，它可以明确地表示出需要的物品在哪里。在定置管理中，体现“该处在哪里”的代表性信息载体为定置图。在定置图上，形象、准确地标注着什么物品放在什么地方。各式各样的区域标识线、存物标识牌、物品标识等在告诉人们“这儿是该处”“此物即该物”。

上述信息媒介就把现场物品给以科学、鲜明的定位，把物的定置落到实处。进一步将上述信息媒介归类，可将其分为两部分：①“该物在何处”“该处在哪里”可称为引导信息；②“这儿是该处”“此物即该物”可称为确认信息。引导信息起到指向的作用，确认信息起到确定、核实的作用。

良好的定置管理要求信息媒介应达到以下要求：场所标识明显，一目了然；位置台账齐全、准确、规范；现场在显著位置挂有清晰的定置图；存放物的序号、编号齐全；物品流动时间、数量和摆放要做到标准化、目视化、层次分明等。

（五）定置管理的作用和要求

1. 定置管理的作用

（1）有利于改善劳动环境。经过定置管理活动，可以使现场由脏、乱、差向整洁、优美转化。员工在良好的环境中工作，劳动热情和积极性高。

（2）有利于提高劳动效率。人与物能尽可能快地结合，物品输送顺畅，这都会使劳动效率大大提高。

（3）有利于提高产品质量。定置管理使物品混杂、碰撞减少，使工序更合理，给产品质量的提高带来好处。

（4）有利于安全。定置管理是以安全作为其工作的一个目标，所以经过定置管理，不安全的因素被发现和处置了，员工会在一个安全的环境中工作，劳动过程让人放心。

（5）有利于降低消耗。经过定置管理，不要的东西被清除得干干净净，减少了物品的积压，把现场不该有而在别处可能有用的东西放到应该放的地方。质量的提高，废品的减少，换来了消耗的降低。

（6）有利于提高企业在市场上的声誉。定置管理改变了现场，使企业形象发生了变化，把它介绍出去，可以让企业服务对象感受到企业的崭新风貌。

（7）有利于提高员工的素质，加强员工队伍建设。开展定置管理，现场变化了，员工也会发生潜移默化的变化，会不断追求新的、更高的目标。

（8）有利于提高经济效益。经济效益是一个综合指标，各方面工作上去了，其最终会从经济效益上表现出来。

2. 定置管理的具体要求

前面已经介绍了定置管理的总体要求，其具体要求有以下方面：

（1）开展定置管理时要符合生产工艺的要求，围绕生产产品、提供服务来进行。

（2）要从实际出发，结合生产实际、企业实际、现场实际，以及技术、资金、员工水平实际，去开展定置管理。

（3）要把定置管理的活动落实到各项工作的标准化上来。

（4）在开展定置管理活动中要本着勤俭节约的精神，绝不可搞铺张浪费、形式主义。

（5）要动员和发动全体员工参与，形成人人关心参与定置管理工作的氛围，踏实、稳步，不刮风。

3. 定置操作时的要点

（1）定置必有图，即在开展定置管理时，要按定置图进行。

（2）有图必有物，即要把现场存在的各种物品，都反映到定置图上。

（3）有物必有区，即要做到物有所归，物按区堆放。

（4）有区必挂牌，即要发挥信息媒介的作用，让各区有鲜明标识。

（5）有牌必分类，即将同类别的物品，放在同类别的标识区内。

总之，要实现按图定置、按类存放、账（图）物相符、图流一致。

（六）定置管理的内容

定置管理涉及面很广，从定置范围看，主要是车间定置和办公室定置。

1. 车间定置

车间定置是指从车间整体出发，以研究物品的空间配置为主，运用人机工程等科学方法进行研究。车间定置的内容较多，主要包括以下几个方面：

（1）设备定置。它是考虑到设备的工艺流程、安全、合理、运转过程的定置。

关于设备定置的一些基本参数见表 9–2。

表 9–2 设备定置参数

项目	小型设备	中型设备	大型设备	特重设备	备注
设备间距 / 米	≥ 0.7	≥ 1.0	≥ 2.0	> 2.0	以流动机件达到最大范围计算
设备与墙柱间距 / 米	≥ 0.7	≥ 0.8	≥ 0.9	> 0.9	
操作空间 / 立方米	≥ 0.6	≥ 0.7	≥ 1.1	> 1.1	
占地面积 / 平方米	5 ～ 10	11 ～ 20	21 ～ 60	> 60	锻、铸设备可适当扩大

在设备定置的同时，要考虑与之相关的备品配件、附件、专用工艺装备，如量、

刃、模具等的定置。

（2）区域定置。所谓区域定置，是把各个不同类别的物品分别摆放到指定区域。在进行区域定置时，要考虑产品结构、生产类别、工艺流程、场地面积。区域的具体划分有以下几种：

第一，按工艺流程和物流来划分，通常在企业中划分为毛坯区、半成品区、待验区、成品区、废品区、返修品区、待处理区、垃圾停滞区等。每个区又可进一步划分，如成品区可分为大件区、小件区等，垃圾停滞区可分为铁屑区、铜屑区等。

第二，按照工作地或自然工段、自然班组来划分，这在现场是常见的。这种划分方式便于进行检查和考核。

第三，把第一种和第二种方式结合起来进行划分，这种方式便于生产和组织。

第四，对大型厂房可按数学平面坐标方式划分，如按每栋厂房内立柱的设置划分。

在区域内可进一步实行两箱（工具箱、更衣箱）定置、三架（工艺架、吊具架、胎具架）两具（工位器具、其他器具）定置、物料定置。对三架两具实行编号，立台账，由专人管理。

（3）仓库定置。它是对库房位置及库房内物品定置，要使物定位，便于拿取和放回，便于检查，有利于物品的保存，使物品不潮不腐、不霉不烂。

（4）特别定置。特别定置是对一些应特别关注的问题进行定置。这里突出强调的是安全、质量方面的定置。安全定置在生产与运作现场多处存在，如设备的安全定置、安全措施，消防、自动报警、水电气遇到临时紧急情况的自动切断等。这类问题的定置，就是保证生产的安全，防范事故，即使出了问题，也能较顺利地、尽快地加以消除，减少事故所造成的损失。质量定置，主要是针对影响产品质量的关键设备、精密仪器、专用仪表、贵重物品的定置，以确保质量不受影响。

（5）环境定置。环境定置主要是通过绿化、美化、净化设施的确定，把生产与运作现场营造成良好的工作环境，增进员工的身心健康。

2. 办公室定置

办公室定置主要是指办公室位置的确定，以及办公室内部文件柜、办公桌椅等的定置，以提高办公效率。整齐、干净为办公室定置的总的要求。

（七）定置管理的工作程序

开展定置管理主要有四个阶段：准备阶段、设计阶段、实施阶段、巩固提高阶段。

1. 准备阶段

（1）建立定置管理领导小组。为了保证定置工作能有组织、有领导地持续开展，必须建立定置管理领导小组。许多企业的实践经验证明，企业定置管理领导小组由厂长（经理）或主管生产的副厂长（副经理）担任组长，各部门负责人、工会领导、员工代表参与，保证定置管理领导小组有职有权。该小组的工作职能如下：领导、组织、规划、协调、控制企业的定置管理工作；组织制订定置管理工作的计划，设计总体目标；制定定置管理标准；发动群众实施定置管理工作；组织定置管理的考核、奖惩；协调解决在工作中出现的重大问题。

在企业内部结合实际情况、工作范围、工作量大小等设置基层的定置管理领导小组，以组织贯彻企业定置管理领导小组的各项决议、指示、计划等，解决现场的各种有关问题。

（2）制订工作计划。要结合企业生产现场的实际，有计划、有针对性且高起点地制订定置管理工作计划。该计划要有明确目标、实施过程及阶段，要落实到人，便于实施和检查。

（3）抓紧培训工作。开展定置管理并不是简单地做清理、摆放物品等工作，要从思想认识、业务操作、检查评比、考核等方面进行认真培训，要让该工作的领导、骨干人员都有清楚的认识，都能正确理解企业定置管理领导小组的工作意图、工作计划、进度步骤，增强开展定置管理工作的自觉性、主动性、积极性。

（4）广泛地发动和依靠群众。要充分利用各种会议，多渠道、多形式地做宣传和动员工作，要形成一种氛围。

2. 设计阶段

设计阶段是定置管理的重要阶段，该阶段的主要工作如下：

（1）现场调查、分析问题。企业定置管理领导小组针对实际，组织有经验的管理人员、现场操作人员对生产与运作现场进行认真、详细的调查和研究，如调查设备和工序的联系情况，工人操作情况，原材料、辅助材料、半成品、零部件、成品管理情况及它们在生产中的移动情况，现场环境情况，质量和安全措施设置情况，等等。

（2）在收集资料、调查研究的基础上，对问题进行分析，主要是分析生产与运作现场人和物结合的状态，区分出 A、B、C 三种状态；分析物与场所的关系，明确 A、B、C 三种状态；分析信息媒介与定置的关系。现场调查得清楚，问题才能看得准，才能为定置设计打下坚实的基础。

（3）制定定置标准。这一工作涉及内容面广，工作量大。大的方面可包括现场平面定置标准、现场办公室定置标准、库房的定置标准、定置物的放置标准、特别定置管理的标准、检查现场的定置标准。

上面是许多企业在制定定置标准时具有共性的地方。一些企业还有一些特殊的地方，各企业可自行规定。但要强调的是，在规定时期内必须做到统一、规范、标准，以便实施和识别。

（4）绘制定置图。定置图是一种对生产与运作现场需要物品进行位置规定，以保证人与物、物与场所实现最佳结合，完成生产任务的综合反映图。

企业常见的定置图有室外区域定置图，车间定置图，各作业区定置图，仓库、资料室、工具室、计量室、办公室定置图，特殊要求定置图（像工作台面、工具箱内对安全及质量有特殊要求的物品的定置图等）。

绘制定置图时应注意的问题如下：

第一，不用的物品绝不可出现在现场，而现场的物品必须全部绘制在定置图上，这就是现场物品是必需的：现场有什么，图上就有什么；图上有什么，现场必有对应物品。

第二，在绘制定置图时，不要受现行现场管理状况的限制，要立足于改进，使现场管理更科学、更有效，并注意不断充实、完善。

第三，定置图要做到简明、扼要、精练、完整。表述要十分清晰，使人一看就懂，标识一定要统一、规范、准确。

第四，在具体绘制时，要使用统一要求的图纸，图纸规格要符合国家有关标准，文字、颜色、标识要统一，在一个企业内部要一致。

第五，定置图内区域划分应有明确标识，对特殊部位，如消防、易燃易爆等区域要明显标识。定置图因长期使用，置于显著、醒目位置，所以其制作材料应坚固、耐用，要美观、大方、庄重。

3. 实施阶段

这一阶段应注意的问题如下：

（1）领导要始终身先士卒，带头贯彻执行，这是开展定置管理的关键。群众看领导，领导有多大信心、决心，群众就会有多大的信心、决心。

（2）全面发动、依靠员工，这是开展定置管理的根本。大量工作要靠一线员工去做，离开他们将一事无成。

（3）严格按定置图进行科学定置，不走过场，强调严肃、认真、一丝不苟。

（4）自查、验收，要高标准、严要求，不马虎、不凑合。

4. 巩固提高阶段

实施定置管理绝不可一蹴而就，要持续、健康地开展。

（1）坚持开展经常性教育工作，使全体员工明确这是一件必须持之以恒的工作，要始终如一地开展。

（2）要加强日常的检查和考核，要与奖惩挂钩，使工作落到实处。定置考核的指标是定置率。定置率表明生产与运作现场已实现定置的程度，计算公式：

$$\text{定置率}=\frac{\text{实际定置的物品个数（种类）}}{\text{定置图规定的定置物品个数（种类）}}\times 100\%$$

（3）坚持发挥各专业管理部门在定置管理中的作用。这种作用的发挥要用各部门在定置管理工作中的责任制来体现。例如，生产管理部门负责各种类的在制品等的现场管理，并指导划分定置区域，对定置区域做局部调整；工艺管理部门负责生产流程的确定和调整、归口工位器具的设计和认可；供应部门负责按车间领料的品种、数量、质量要求，及时地将所需物品运抵现场的指定区域，按规定摆放好；设备动力管理部门负责设备维修保养和及时供应动力。其他部门也应予以密切协作与配合。各个管理部门都要在企业定置管理领导小组的统一部署和指挥下，共同努力，把定置管理工作做好。

（4）要坚持做好定置管理的深化、发展工作，使定置管理工作在一个新的层次上不断开展下去，逐步迈上新的台阶。

（八）定置管理与文明生产

企业在开展定置管理时可能会遇到与以往开展的文明生产的关系问题，往往由于认识不清、处理不好，给定置管理工作的开展带来影响。定置管理与文明生产既有相同的地方，又有区别。为了加强认识，这里着重阐述它们之间的区别。

企业在以往开展的文明生产中，使用的是一些经验式的管理方法，定置管理采用科学的管理方法。传统的文明生产靠勤奋、自觉，没有统一的标准和规范，或不明确，不容易坚持下去，而定置管理实现了标准化、规范化，便于坚持；传统的文明生产就事论事，进行一时、一地、一个环节、一事的优化，考虑单因素多，而定置管理是对生产与运作全过程进行考虑，立足于全系统优化，考虑的是多因素，比较全面；传统的文明生产，多以领导的意志为出发点，领导想起来了抓一下，忙了就顾不上了，一般号召多，定性的东西多，而定置管理以制度为约束，以组织为保障，定性、定量相结合，能持续下去；传统的文明生产未能与生产工艺紧密结合，各干各的，未起到相辅相成的作用，而定置管理纳入生产工艺并有了新的突破。

定置管理工作不可与传统的文明生产混为一谈。有了企业开展文明生产的基础，正确地认识定置管理，在一个新的层次上，全面、有效、持续地开展定置管理工作，一定会取得新的成效。

三、目视管理

在生产与运作现场管理中目视管理起到越来越突出的作用。一个现代化的企业，离开了目视管理是不可想象的，尤其是当计算机用于生产与运作现场管理，一些液晶显示装置应用于生产与运作现场管理时，人们能体会到目视管理指导、指挥生产的威力和作用。

（一）目视管理的概念和作用

1. 目视管理的概念

目视管理是利用形象直观、色彩适宜的各种视觉感知信息，一目了然地组织现场生产活动，以提高劳动生产率的管理工作，人们习惯称其为看得见的管理。

2. 目视管理的作用

（1）目视管理以形象直观的信号的显示为主要手段，使生产与运作现场所有人员都明确它在表达一种什么意思、指令、问题，知道出了什么情况，该如何处理，明确传递了信息，是一种好的沟通形式。它公开化地传递信息，从而统一认识、行动。

（2）目视管理形象直观、简单方便，传递信息速度快，大大提高了工作效率。

（3）目视管理传递信息高度透明，谁都看得到，提高了信息传递的准确性。在一些企业的生产与运作现场，在生产线每个工位斜上方都有液晶显示牌，上边显示着“正工作”“正等料”“正检修”等字样，哪一个字样亮着，就说明工位处于什么状态，可根据不同显示，采取不同对策。

（4）通过目视管理，生产与运作现场环境、条件可大大改善，井然有序，条理分明，不再吵吵嚷嚷、杂乱无章。工作现场是平稳的，员工心态是平稳的，各种故障在平稳状态下会大大减少。

（二）目视管理的工作内容

生产与运作现场的目视管理以现场人—机系统及其环境为对象，贯穿于这一系统的输入、运作、输出等环节。其主要工作内容包括：

（1）目视管理将生产与运作现场的生产与运作任务、生产与运作计划、生产与运作要求、生产与运作进度、生产与运作情况公开化、图表化，生产员工的目标和行为状况一目了然，起到监督、督促、激励作用。

（2）目视管理把同生产与运作现场紧密相关的规章制度、工作标准、工作要求公开显示出来，让每个员工时时看到它们，便于掌握、执行、提醒。

（3）配合5S活动、定置管理工作的开展，这些活动有了很好的基础，因为这些活动要依靠目视管理去实现，如定置图就是开展定置管理的重要目视工具。

（4）目视管理使生产与运作控制更加直观、形象，各种物品摆放整齐、有序，员工着装整齐划一，佩戴胸卡，给员工以精神支撑，形成动力，催人奋进。

（5）加强现场管理，现场的许多标示采用色彩管理，不仅醒目，而且有利于员工的身心健康。

（三）目视管理的形式、工具及要求

1. 目视管理的形式

目视管理形式多样，根据企业实际需要加以采用，有图像、色彩、线条、符号、进度条、标识等。

2. 目视管理的常用工具

目视管理工具有很多，每个企业由于生产与运作方式不同，根据需要采用的目视管理工具大不相同。表 9–3 列举了一些常用的目视管理工具。

表 9–3　常用的目视管理工具

方面	常用的目视管理工具
目视生产管理	生产管理板、目标生产量标示板、实际生产量标示板、生产量图、进度管理板、负荷管理板、人员配置板、作业指示看板、交货期管理板、作业标准书、作业指导书、作业改善揭示板、出勤表等
目视质量管理	管制图，不良品图表，质量问题发生指示灯，合格品、待修品、不良品放置指示牌，合格品、不合格品样本，待修品、不合格品处理规则标示板等
目视设备管理	设备清单一览表、设备保养及点检示意图、设备点检检查表、设备管理各类标牌、设备故障时间表、设备运转表示牌等
目视物流管理	料架牌、放置场所编号、现货揭示板、库存最大最小标签、订货点标签、缺货库存标签等
目视安全管理	各类警示标识、安全标识、操作规范等

3. 目视管理的要求

进行目视管理工作时有以下要求：

（1）要按生产的实际需要进行，讲求实效，不搞花架子，不搞形式主义，热热闹闹地做了许多，没有实用价值，会造成许多浪费，无形中会给以后再做这项工作带来障碍和麻烦。

（2）要严格统一标准，不搞五花八门的东西，以免使用时无所适从。

（3）要做到简单、明了，使人一看就懂，便于执行。

（4）要做得醒目、清楚，使大家都能看得清、看得到。

（5）在实施时注意节俭办事，不可大手大脚，造成新的浪费。

目视管理需要特别强调的一点是，要严格执行、严格遵守，对违反了目视管理规定的，要严肃对待、严肃处置，绝不可流于形式，做做样子，要加强目视管理的权威性。

本章小结

本章首先就生产与运作管理中的现场管理做了比较全面的介绍，指出现场管理十分重要，它影响企业产品和服务质量，进一步影响企业在市场中的竞争力。其次，系统介绍了生产与运作现场管理的概念、特点，提出了市场与现场的关系，充分体现了加强生产与运作现场管理的重要作用。再次，对生产与运作现场管理的原则和任务做了完整阐述，为加强现场管理打下坚实基础。最后，对国内外流行的、成功的现场管理方法——5S 活动，以及定置管理、目视管理等方法做了介绍，为学习、实践生产与运作现场管理提供帮助。

复习思考题

1. 简述生产与运作现场管理的原则和体系。
2. 简述生产与运作现场管理的内容。
3. 论述 5S 活动的概念，以及各个 S 的重点、目标及其相互关系。
4. 阐述定置管理的概念，对定置管理中人与物结合的各种状态进行分析。
5. 阐述定置管理的内容和工作程序。
6. 简述目视管理的作用、内容和主要形式。

第十章　生产与运作系统的改进

学习目标

1. 记忆：供应链管理、敏捷制造、大规模定制生产的概念和主要特点。

2. 阐述：供应链管理系统设计的基本思想；大规模定制生产的基本原理；清洁生产、循环经济及低碳经济的内容。

20世纪中期以来，科学技术突飞猛进，物质资料日益丰富，人们的需求日趋多样化，尤其是计算机及网络技术的发展，极大地推动了企业管理的深刻变革，新型管理方式不断出现。许多新的管理思想直接影响生产与运作管理，逐步形成了一批新型生产与运作管理模式，并取得了成功，产生了一系列经验和卓越成果。本书在前面有关章节已介绍诸如物料需求计划、制造资源计划、企业资源计划、准时生产方式、精益生产方式等，下面将就供应链管理、敏捷制造、大规模定制生产、清洁生产、循环经济及低碳经济等做简要介绍。

第一节　供应链管理

一、供应链管理概述

供应链管理（supply chain management，SCM）是指对整个供应链系统进行计划、协调、运作、控制和优化的各种活动和过程，其目标是要将用户所需的正确的产品（right product）在正确的时间（right time），按照正确的数量（right quantity）、正确的质量（right quality）和正确的状态（right status）送到正确的地点（right place），并使总成本达到最小化。

供应链管理是一种集成的管理思想和方法，它执行供应链中从供应商到最终用户的物流的计划和控制等职能。从单一企业角度来看，供应链管理是指企业通过改善上下游关系，整合和优化供应链中的信息流、物流、资金流，以使企业获得竞争优势。

供应链管理于1985年由迈克尔·波特提出，有多种不同的定义。供应链管理是指在满足一定的用户服务水平的条件下，为了使整个供应链系统的成本达到最小而把供应商、制造商、仓库、配送中心和渠道商等有效地组织在一起进行的产品制造、转运、分销及销售的管理方法。供应链管理很快进入公众领域，这个概念对管理者的采购、物流、制造、销售和市场活动等均意义重大。

供应链管理的目标是在满足用户需求的前提下，对整个供应链（从供货商、制造商、分销商到消费者）的各个环节，如从采购、物料管理、生产、配送、营销到用户的整个供应链的信息流、物流和资金流进行综合管理，把物流与库存成本降到最低。

企业采用供应链管理的最终目的有三个：

（1）提升用户的最大满意度（提高交货的可靠性和灵活性）。

（2）降低企业的成本（降低库存，减少生产及分销的费用）。

（3）企业整体“流程品质”最优化（去除错误成本，消除异常事件）。

二、供应链管理系统设计

（一）供应链管理系统设计的基本思想

1. 将供应链管理系统设计与物流系统设计一起考虑

物流系统是供应链的物流通道，是供应链管理的重要内容。物流系统设计是指对原材料和外购件所经历的采购入厂、存储、投料、加工制造、装配、包装、运输、分销、零售等一系列物流过程的设计。设计一个结构合理的物流通道，对于降低库存，减少成本，缩短生产提前期，实施准时生产与供销，提高供应链的整体运作效率都是很重要的。

2. 将供应链管理系统设计与环境因素一起考虑

构建和设计一个供应链，要考虑供应链的运行环境（如地区、政治、文化、经济等因素），同时还应考虑未来环境的变化对供应链实施的影响。因此，企业要用发展的、变化的眼光设计供应链，无论是信息系统的构建还是物流通道的设计都应具有较高的柔性，以提高供应链对环境的适应能力。

3. 将供应链管理系统设计与企业再造工程一起进行

从企业的角度来看，供应链管理系统设计是一个企业的改造问题，供应链所涉及的内容每个企业或多或少都在进行。供应链管理系统的设计或重构不是要推翻现有的企业模型，而是要从管理思想革新的角度，以创新的观念（如动态联盟与虚拟企业、精细生产）“武装”企业。

4. 考虑供应链管理系统设计与先进制造模式的关系

供应链管理系统设计既是从管理新思维的角度改造企业，也是先进制造模式的客观要求和推动的结果。如果没有全球制造、虚拟制造这些先进制造模式的出现，集成化供应链的管理思想是很难实现的。因此，供应链管理系统设计应把握这种内在的联系，使供应链管理成为适应先进制造模式发展的先进管理思想。

（二）供应链管理系统设计应遵循的原则

在供应链管理系统设计过程中，应遵循一些基本的原则，以保证供应链管理系统的设计或重构能满足供应链管理思想得以实施和贯彻的要求。从宏观角度看，供应链管理系统设计应遵循以下原则：

（1）自顶向下和自底向上相结合的原则。

（2）简洁性原则，即应以精细思想（lean thinking）为指导。

（3）集优原则（互补性原则），即供应链各个结点的选择应遵循强强联合的原则。

（4）协调性原则，即合作者之间相互配合，建立真正的伙伴关系。

（5）动态性（不确定性）原则。不确定性在供应链中随处可见，因此在设计供应链时要预见各种不确定因素对供应链运作的影响，以减少信息在传递过程中的延迟和失真。

（6）创新性原则。

三、供应链管理下的采购管理和库存管理

（一）供应链管理下的采购管理

供应链管理下的物资采购是基于供应链上所有企业进行设计和管理的，是以降低整个供应链的成本为目标的。由于在供应链系统内信息高度共享，供应链管理下的物资采购相对简单，可以最大限度地缩短信息传递时间和订货响应时间。在供应链管理下，链条最下端的企业接到订单或制订出生产计划后，上游企业立刻就能知道该提供多少数量的货物。供应链管理下的采购管理需要实现两个转变：

1. 从为库存而采购转变为为订单而采购

在传统管理下，制造商或分销商是根据一定的库存模型进行采购的，一般采用定期采购模型和定量采购模型，其采购、供货期限较长。在供应链管理下，信息高度共享，且制造商、分销商与供应商之间是伙伴关系，采购手续相对简便，分销计划、制造计划、采购计划可以并行，因而缩短了供货周期，相应地安全库存也可以降低。此外，在供应链管理下，由于各环节联系紧密且事先进行了设计，采购的物资可以直接进入制造部门或销售前沿而不需要进入库房，从而提高了采购效率。

2. 从采购管理转变为对外部资源的管理

在传统管理下，采购管理是企业的一项专门活动，其目的在于保证企业拥有适量的、及时的库存，为企业争取到较低的采购成本。企业要花较多的时间周旋于不同供应商之间，围绕企业的需求，供应商的供应条件、数量、价格、采购批量与采购频次、采购物资的交货期限、物资在途期限等进行协调。在供应链管理下，企业采购的物资都是生产或销售必需的，采购的主要工作将转向对于外部资源的管理，包括外部资源的投入时间、出产时间及外部资源的数量等，更多地考虑供应链内企业之间的平行互动。

（二）供应链管理下的库存管理

在传统管理下，企业和分销商所需要的物资都是由本企业的库存提供的，能否满足生产与销售的需求取决于仓库里的存货。因此，企业库存管理的重点是对库存量的控制，无论采取哪种订货方式，企业的库存数量都在重复着一次性增加，逐渐减少，再一次性增加的过程。在管理中，企业要不停地对库存物资进行操作，包括入账、登记、分发、领用等工作，还要对物资的存储期限进行查对，以便达到先进先出、后进后出。此外，由于相关企业之间相互孤立，每个企业都要设置自己的库存。在供应链管理下，企业采用了面向用户、面向订单的生产制造销售模式，因此库存管理将转向联合库存的管理方式，每个企业不一定对所有需要的物资都建立库存。

四、供应链管理下的物流管理

供应链物流管理，是指以供应链核心产品或者核心业务为中心的物流管理体系。前者主要是指以核心产品的制造、分销和原材料供应为体系而组织起来的供应链的物流管理。后者主要是指以核心物流业务为体系而组织起来的供应链的物流管理。

（一）供应链管理下的物流模式

根据协调运作生产、供应活动、销售活动和物流活动的机能的差异性，可以把生产企业供应链物流归纳成三种模式：批量物流、订单物流和准时物流。

批量物流的协调基础是用户需求的预测。在预测前提下，生产企业的经济活动都是批量运营的，批量采购、批量生产和批量销售，这也必然伴随着批量物流。

订单物流的协调基础是用户的订单。企业根据订单进行销售、生产和采购，而物流也是根据用户订单产生的经济活动而形成的。订单物流主要表现为两种模式：①以最终用户的订单为前提的最终用户订单驱动模式，如戴尔模式；②以渠道用户的订单为前提的渠道用户订单驱动模式，如海尔模式。海尔的渠道用户主要是海尔专卖店和营销点。

准时物流是订单物流的一种特殊形式，是建立在准时生产管理理念基础上的现代物流方式。准时物流能够达到在精确测定生产线各工艺环节效率的前提下，按订单制订计划，消除一切无效作业与浪费，如基于均衡生产和看板管理的丰田模式。

（二）供应链管理下物流模式的特点

1. 批量物流

批量物流是基于用户预测驱动的供应链物流模式，因此其采取的是批量采购、大规模生产、库存销售方式。这种模式在投资成本和批量成本上具有相当大的优势。但是由于大规模的生产，短时间内会产生大量库存，在销售中库存慢慢消耗，造成销售成本处于较高的水平；对需求预测不准会导致渠道中产生过多的库存积压，库存成本较高。由于采取了最大能力的批量生产，企业对最终用户需求变化的反应能力非常弱，但市场供货能力强。

2. 戴尔式物流

戴尔式物流是基于最终用户订单驱动的供应链物流模式，是通过生产而不是库存来满足用户的需求，所以戴尔式物流能够及时、准确地反映用户的需求变化，但是戴尔的用户必须等待一段时间才能得到订购的产品，所以市场供货反应能力非常弱。在物流成本方面，戴尔式物流消灭了过剩生产所导致的积压库存，该模式决定了用户的订单规模小、订单数量大，这要求戴尔具有非常强大的用户订单信息处理能力，因此信息设备的投资成本大。戴尔式物流生产批量大，而其用户的订单规模小、订单数量大，为了缩短产品的交货时间，戴尔采用了包裹式运输，从而导致配送批量成本较高。

3. 海尔式物流

海尔式物流的实质是把用户的预测前移到渠道用户，根据渠道用户的订单驱动企业的运作，所以海尔的产品能够满足渠道用户的需求变化，但是不能随最终用户需求的变化而变化。海尔式物流的各种成本，以及对用户需求的市场反应能力和市场供货能力居于批量物流和戴尔式物流之间。

4. 丰田式物流

丰田式物流也是由渠道用户订单驱动的供应链物流模式。但由于丰田的生产计划来自渠道用户最近一个星期的订单，这为丰田式物流对市场需求变化做出及时的反应提供了有利的条件。丰田采取了均衡式生产、看板式管理方式，能够及时对市场的需求变化做出反应。而且丰田的渠道用户总是能够维持一定量的丰田产品的库存，虽然在量上比不上批量物流模式和海尔式物流模式，但其快速的供应链物流反应，能够保证对最终用户的及时供应。由于采取均衡式生产方式，在生产过程中，企业无法充分利用生产与运作能力；而追求准时化生产，物流都在小批量的状态下运行，这使得批量成本非常高。

从以上分析可以看出，不同的生产企业供应链物流模式具有不同的优势特征。而每一种模式的成功，都要求模式同企业和产品的特征相匹配，以充分发挥其优势，避免其劣势。

五、供应商管理

在供应链管理的集成化链条中，供应商管理处于极为重要的位置，特别是在以制造企业为核心的供应链环境下，供应商是否有优异的业绩表现直接关系到整个供应链的竞争力。

（一）核心企业与供应商之间存在的问题

核心企业与供应商之间存在的问题主要有：

（1）供应商供货周期不够稳定。无论采用何种生产与运作管理模式，对于核心企业来说，供应商不能提供稳定、可靠的供货周期必将在一定程度上影响需求商的生产与运作计划，有时这种影响的危害是非常严重的。

（2）供应商产品质量问题。供应商供货质量存在缺陷对制造企业有着更为严重的威胁，如果质检不合格，制造商通常采用下述两种方法处理：①整批退货，其结果通常是以中断生产、延期交货为代价；②全检货品，从中筛选出质量合格的货品，但这将导致制造方投入大量的人力、物力和时间。

（3）大批量的订单与分批送货之间的冲突。制造企业有时对一些物料的需求量很大，往往要求供应商分批送货，将短期存货的成本转移给供应商。

（4）信用意识薄弱。

（5）频繁更换供应商造成供应链成本增加。

（二）实施供应商管理的策略

实施供应商管理的策略主要有：

（1）用供应链管理新思维重新定位与供应商的关系。实施有效的供应商管理就是将危害供应链运作的冲突因子消灭于萌芽状态，最根本的解决办法是消除引发冲突的土壤。具体来讲，要建立有效的供应链组织机制，建立公正、合理的供应链协议，立足于长期的合作关系。

（2）建立利益共享机制。在供应链的利益共享机制中，直接的点对点企业之间合理的利益分配机制是供应链企业利益共享机制的基础，能够确保双方实现共赢。

（3）建立有效的双向激励机制。

（4）建立良好的沟通渠道。

（5）建立共同的质量观念。

（三）供应商管理指标

供应商管理指标体系包括七个方面：质量（quality）、成本（cost）、交货（delivery）、服务（service）、技术（technology）、资产（asset）、员工与流程（people and process），合称 QCDSTAP，即各英文单词或短语的第一个字母。前三个指标各行各业通用，相对易于统计，属于硬性指标，是供应商管理绩效的直接表现；后三个指标相对难以量化，是软性指标，却是保证前三个指标的根本。服务指标介于中间，是供应商增加价值的重要表现。

第二节　敏捷制造

一、敏捷制造的由来和发展

1991 年，由美国国防部制造技术计划办公室资助，里海大学的亚柯卡研究所对美国工业界 400 多篇优秀报告进行了分析与讨论，形成了《21 世纪制造企业发展战略》这一著名报告，首次提出了敏捷制造（agile manufacturing，AM）的概念。敏捷制造让制造企业能够把握市场机遇，及时、动态地重组生产系统，在最短的时间内向市场推出被用户认可的高质量产品。它的重点在于使工业界和美国国防部能在共同合作的基础上获得共同利益，促进美国制造业的发展，使美国能够重新恢复其在制造业的领导地位。

敏捷制造一经提出，立即得到美国国会、政府、国防部、工业界和学术团体的支持及积极推动。随着研究的日益深入，美国一些大公司应用敏捷制造也取得了显著的成果。目前美国已有很多企业在进行敏捷制造的实践活动。欧洲也有不少企业在进行企业改造和重组。我国也在 20 世纪 90 年代开始了相关研究。

敏捷制造产生的原因主要有两个方面：①市场方面；②技术方面。市场方面是敏捷制造产生的动因，而技术方面则是敏捷制造产生的条件。

从市场方面讲，首先是由于制造技术水平的提高，新产品的推出速度越来越快，企业之间的竞争越来越激烈，市场变化更加迅速，要求企业迅速做出决策并推出产品，这样才能占领市场。同时，科学技术的广泛应用既加快了企业产品研发的步伐，又使企业之间的竞争更加激烈。其次，由于世界市场的开放，企业更多地参与国际竞争。由于市场的国际化，企业的竞争对手延伸到国际市场，同时也了解更多先进技术。在新产品开发研制方面，单靠某个企业本身的力量会显得力不从心。

从技术方面讲，技术的进步也使得企业之间开展合作、快速开发产品成为可能。特别是信息技术与电子商务技术的兴起，使企业之间的协作更加方便。通过信息技术，企业可以共享合作成果，协调合作开发进程。

此外，由于人们对于环境的认识越来越深入，充分利用有限的资源进行可持续发展也越来越受到企业的重视，这些都是敏捷制造产生的原因。

二、敏捷制造的特点

敏捷制造是指制造企业采用现代通信技术，通过动态联盟、先进柔性生产技术和高素质人员的全面集成，广泛利用各种信息及全球可利用的资源，充分发挥企业各方面的优势，采用先进的设计思想、方法和手段，以有效和协调的方式响应用户需求，实现制造的敏捷性。敏捷制造具有以下特点：

1. 从产品开发到产品生产周期的全过程满足用户要求

敏捷制造采用柔性化、模块化的产品设计方法和可重组的工艺设备，使产品的功能和性能可根据用户的具体需求进行改变，并借助仿真技术让用户很方便地参与设计，从而很快地生产出满足用户需要的产品。它对产品质量的概念是，保证在整个产品生命周期内使用户达到满意；企业的质量跟踪将持续到产品报废，甚至到产品更新换代。

2. 采用多变的动态组织结构

21 世纪衡量竞争优势的标准在于企业对市场的反应速度和满足用户需求的能力。而要提高这种速度和能力，企业必须以最快的速度把内部的优势和外部不同企业的优势集中在一起，组成灵活的经营实体，即虚拟企业。

3. 战略着眼点在于长期获取经济效益

传统的大批量生产企业，其竞争优势在于规模生产，即依靠大量生产同一产品，减少每种产品所分摊的制造费用和人工费用，来降低产品的成本。敏捷制造是采用先进制造技术和具有高度柔性的设备进行生产，这些具有高度柔性、可重组的设备可用于多种产品的生产，不需要像大批量生产那样要求在短期内回收设备投资，而且变换容易，可在一段较长的时间内获取经济效益。所以它可以使生产成本与批量无关，做到完全按订单生产，充分把握市场中的每一个获利时机，使企业长期获取经济效益。

4. 建立新型的标准基础结构，实现技术、管理和人的集成

敏捷制造企业需要充分利用分布在各地的各种资源，把这些资源集中起来，以及把企业中的技术、管理和人集成到一个相互协调的系统中。为此，必须建立新的标准结构支持这一集成。这些标准结构包括大范围的通信基础结构、信息交换标准等硬件和软件。

5. 最大限度地调动、发挥人的作用

敏捷制造提倡以“人”为中心的管理，强调用分散决策代替集中控制，用协商机制代替递阶控制机制。它的基础组织是“多学科群体”（multi-decision team），是以任务为中心的动态组合，也就是把权力下放到项目组，提倡“基于统观全局的管理”模式，要求各个项目组都能了解全局的远景，胸怀企业全局，明确工作目标和任务的时间要求，但完成任务的中间过程由项目组自主决定，以此来发挥人的主动性和积极性。

显然，敏捷制造方式把企业的生产与管理的集成提升到更高的发展阶段。它把有关生产过程的各种功能和信息集成扩展为企业与企业之间的不同系统的集成。当然，这种集成将在很大程度上依赖国家和全球信息基础设施。

三、敏捷制造系统的结构

敏捷制造的目的可概括为：将柔性生产技术，有技术、有知识的劳动力与能够促进企业内部和企业之间合作的灵活管理（三要素）集成在一起，通过所建立的共同基础结构，对迅速改变的市场需求和市场实际做出快速响应。从这一目标可以看出，敏捷制造实际上主要包括三个要素：生产技术、管理技术和人力资源。

（一）敏捷制造的生产技术

（1）具有高度柔性的生产设备是创建敏捷制造企业的必要条件（但不是充分条件）。所需的生产技术在设备上的具体体现是：由可改变结构、可测量的模块化制造单元构成的可编程的柔性机床组；“智能”制造过程控制装置；将传感器、采样器、分析仪与智能诊断软件相配合，对制造过程进行闭环监视；等等。

（2）在产品开发和制造过程中，能运用计算机能力和制造过程的知识基础，用数字计算方法设计复杂产品；可靠地模拟产品的特性和状态，精确地模拟产品的制造过程。各项工作是同时进行的，而不是按顺序进行的。同时开发新产品，编制生产工艺规程，进行产品销售。设计工作不仅属于工程领域，而且是工程与制造的结合。从用材料制造成品到产品最终报废的整个产品生命周期内，每一个阶段的代表都要参与产品设计。技术在缩短新产品的开发与生产周期上充分发挥作用。

（3）敏捷制造企业是一种高度集成的组织。信息不仅要在制造、工程、市场研究、采购、财务、仓储、销售、技术研究等部门之间连续流动，而且要在敏捷制造企业与其供应商之间连续流动。在敏捷制造系统中，用户和供应商在产品设计与开发中都应起到积极作用。每一个产品都可能使用具有高度交互性的网络。实际上分散、组织上分离的同一家公司的人员可以彼此合作，并且可以与其他公司的人员合作。

（4）把企业中各个分散的部门集中在一起，靠的是严密的通用数据交换标准、坚固的“组件”（许多人能够同时使用同一文件的软件）、宽带通信信道（传递需要交换的大量信息）。把所有这些技术综合到现有的企业集成软件和硬件中去，标志着敏捷制造时代的开始。敏捷制造企业将普遍使用可靠的集成技术，进行可靠的、不中断系统运行的大规模软件的更换。

（二）敏捷制造的管理技术

（1）敏捷制造在管理上所提出的创新思想之一是“虚拟企业”。敏捷制造认为，新产品投放市场的速度是当今最重要的竞争优势。推出新产品最快的办法是利用不同企业的资源，使分布在不同企业内的人力资源和物资资源能随意互换，然后把它们综合成单一的靠电子手段联系的经营实体——虚拟企业，以完成特定的任务。能够经常形成虚拟企业的能力将成为一种企业强有力的竞争武器。

只要能把分布在不同地方的企业资源集中起来，敏捷制造企业就能随时构成虚拟企业。在美国，虚拟企业将运用国家工业网络——全美工厂网络，把综合性工业数据库与服务结合起来，以便能够使公司集团创建并运作虚拟企业，排除多企业合作和建立标准合法模型的法律障碍。这样，组建虚拟企业就像成立一个企业那样简单。

（2）敏捷制造企业应具有组织上的柔性。因为，先进工业产品和服务的激烈竞争环境已经开始形成，越来越多的产品要投入瞬息万变的世界市场中参与竞争。产品的设计、制造、分配、服务将用分布在世界各地的资源（公司、人才、设备、物料等）来完成。制造企业日益需要满足各个地区的客观条件。这些客观条件不仅反映社会价值、政治价值和经济价值，而且反映人们对环境安全、能源供应能力等问题的关心。在这种环境下，采用传统的纵向集成形式，企图“关起门来”什么都自己做，是注定要失败的，必须采用具有高度柔性的动态组织结构。

（三）敏捷制造的人力资源

敏捷制造在人力资源上的基本思想是：在动态竞争的环境下，关键的因素是人员。柔性生产技术和柔性管理只有依靠人才能发挥更大的价值，同时柔性生产技术和柔性管理也有助于敏捷制造企业的人员实现他们自己提出的发明和合理化建议。没有一个一成不变的原则来指导此类企业的运行。唯一可行的长期指导原则，是提供必要的物质资源和组织资源，支持人员的创造性和主动性。

在敏捷制造时代，产品和服务的不断创新与发展，制造过程的不断改进，是竞争优势的同义词。敏捷制造企业能够最大限度地发挥人的主动性。有知识的人员是敏捷制造企业最宝贵的财富。因此，不断对员工进行教育，不断提高员工素质，是企业管理层应该积极支持的一项长期投资。对于管理人员和生产线上具有技术专长的工人都是如此。科学家和工程专家参与战略规划和业务活动，对敏捷制造企业来说非常重要。在制造过程中产品研究开发的各个阶段，工程专家的协作是十分必要的。

敏捷制造企业中的每个人都应该认识到柔性可以使企业转变为一种通用工具，这种工具的应用仅仅取决于人们对于使用这种工具进行工作的想象力。敏捷制造企业是连续发展的制造系统，该系统的能力仅受员工的想象力、创造性和技能的限制，而不受设备的限制。敏捷制造企业的特性使它形成在人员管理上所特有的、完全不同于大规模生产企业的态度。信息必须完全公开，管理者与一般员工之间必须建立相互信赖的关系。工作场所不仅要安全，而且要对在企业每个层次上从事创造性脑力劳动的人员都有一定的吸引力。

四、敏捷制造的实施

（一）建立高效的数据交换与信息共享的网络平台

由于敏捷制造需要在企业之间和企业与用户之间传递大量的信息，其中包括产品设计、生产计划、资源分配、市场动态、组织协调等方面的信息，这些信息的数据不仅量大，而且类型复杂，数据间存在复杂的联系，数据的载体也是多介质的。因此，建立一个高效的信息网络平台是实现敏捷制造的首要任务。

（二）实现集成化的产品过程设计

敏捷制造实现的是面向产品生命周期的信息集成和并行开发的集成化产品设计。它要求设计人员不仅熟悉企业内部资源、生产与运作过程，还要充分了解用户需求，掌握产品作为“解决问题途径”的实质。因此，用户、供应商、批发商也被邀请参与产品设计，产品设计不仅要考虑产品本身，而且要增加服务和技术支持项目。

（三）构建虚拟企业

面对难以预测的市场需求，单个企业的力量已无法应对，只有通过敏捷制造新产品来满足市场机遇。通过整合价值链上具有核心竞争力的各企业，组建临时的战略联盟——虚拟企业，以最佳的阵容来适应市场的需求。建立在高效信息网络平台上的虚拟企业，其成功的关键在于树立“共赢”的合作理念，以及整合不同企业资源、不同价值观和不同管理风格。

（四）供应链管理系统与企业资源管理系统的集成

供应链是最终实现用户价值的综合过程。在高效信息网络的支持下，具有拓扑网状结构的供应链管理系统对供应商、制造商、分销商、零售商和用户所构成的网络中的物流、资金流和信息流进行动态管理，即将正确的物料在正确的时间、正确的地点，以正确的数量交给正确的用户。

第三节　大规模定制生产

一、大规模定制生产概述

大规模定制生产的提出是在新经济初现端倪的 1992 年，当时美国知名学者毕·约瑟夫·派恩敏锐地看到了未来决定企业竞争力的关键，首先提出了大规模定制生产这一生产模式。这种生产模式一经提出，立刻受到广泛关注，被作为企业竞争的前沿问题讨论，并在生产实践中不断运用和总结。近年来的实践充分肯定了这一生产模式的生命力。在经过长期实践后，大规模定制生产已经成为经济中的主导生产模式，也成为划分新旧经济的标准。在“互联网 +”时代，大数据、云计算、移动互联网、物联网等的结合极大地推动了生产模式的转变，大规模定制生产已成为适应时代潮流发展的标志性生产模式。

大规模定制生产是一种集企业、用户、供应商、员工和环境于一体，在系统思想指导下，用整体优化的观点，充分利用企业已有的各种资源，在标准技术、现代设计方法、信息技术和先进制造技术的支持下，根据用户的个性化需求，以大批量生产的低成本、高质量和高效率提供定制产品和服务的生产模式。大规模定制的基本思路是：基于产品族零部件和产品结构的相似性、通用性，利用标准化、模块化等方法降低产品的内部多样性，增加用户可感知的外部多样性，通过产品和过程的重组将产品定制生产转化或部分转化为零部件的批量生产，从而迅速向用户提供低成本、高质量的定制产品。

二、大规模定制生产的基本原理

大规模定制生产的基本原理是：以大规模生产的质量、成本和速度，为单个用户或小批量多品种的市场定制生产任意数量的产品。

大规模定制生产是对用户定制的个性化产品进行大规模生产和服务。这一生产模式把大规模生产和定制生产这两种生产模式的优势有机地结合起来。大规模定制生产模式汲取了诸如时间的竞争、精益生产和微观销售等管理思想的精华，其得到了现代生产、管理、组织、信息、营销等技术平台的支持，因而有超过以往生产模式的优势，更能适应网络经济和经济技术一体化的竞争局面。

对于传统的大规模生产企业来说，当试图按照用户需求定制产品时，额外的成本增加和时间的延误几乎无法避免；而对于传统的定制生产企业来说，当按照用户需求定制产品时，试图提高生产运作速度和效率、降低产品的生产成本也非常困难。

如图 10–1 所示，图中曲线 A 是传统的产品成本变动曲线，随着产品生产数量不断增加，成本变动曲线急剧下降，当达到一定的生产数量后，成本变动曲线趋于平缓；图中曲线 B 是理想的大规模定制生产模式的成本变动曲线，随着产品生产数量不断减少，变动成本增加非常小。由于产品个性化的优点，相对于用大规模生产模式生产产品的成本增加部分，企业可以通过一定的销售溢价加以弥补，当产品的数量达到最小的生产单位，即数量为 1 后，便达到大规模定制生产模式的最高目标。此时，相对于定制生产模式，在满足用户个性化需求的前提下，采用大规模定制生产模式生产产品的变动成本大幅度下降。

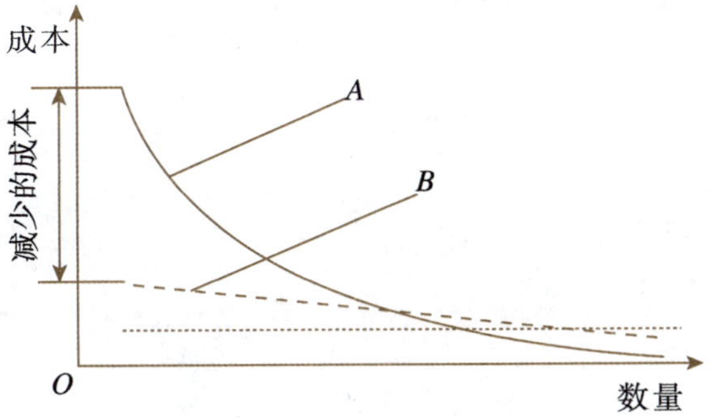

图 10-1　产品成本变动曲线

由图 10-1 可以看出，大规模定制生产模式对传统的规模经济生产方式提出了严重挑战：一方面，没有用户需要的大规模生产对企业没有意义；另一方面，小批量多品种产品的生产成本不一定很高。

三、三种生产模式的特点对比和大规模定制生产的特征

（一）三种生产模式的特点对比

定制生产模式、大规模生产模式在制造业中都有实施。但是，将定制生产模式的高度灵活性和个性化的特点，同大规模生产模式的高质量、高效率、低成本的优点相结合，成为企业在有限的资源的情况下赢得市场竞争胜利的重要方法。三种生产模式的主要特点对比见表 10-1。

表 10-1　三种生产模式的主要特点对比

项目	定制生产模式	大规模生产模式	大规模定制生产模式
用户群体	不确定	大众群体	需求异化群体
用户需求	不稳定	稳定	需求分化
产品销售	定制（按合同）	促销（按计划）	定制（按订单）
产品设计	定制设计产品	标准产品	定制产品
产品开发周期	很长	长	短
产品生命周期	很长	长	短
质量	高	高	高
使用费用	高	低	低

续表

项目	定制生产模式	大规模生产模式	大规模定制生产模式
生产方法	单机生产	刚性流水线生产	柔性流水线生产
生产批量	小	大	单件小批
生产效率	低	高	较高
成品库存	无库存	多	少
员工素质	很高	低	高
多样化成本	高	很高	低
应变能力	低	很低	高
快速反应能力	低	很低	高
经营焦点	设计效率高	生产效率高	过程效率高
用户价值	低	高	很高
竞争能力	低	高	很高

（二）大规模定制生产的特征

大规模定制生产主要是通过灵活性和快速响应来实现多样化和定制化。采用大规模定制生产的企业的共同目标是开发、生产、销售用户买得起的产品并进行服务。这些产品和服务具有足够的多样化和定制化特点后，能够达到差不多人人都能买到自己想要的产品的目的。所以，大规模定制生产具有以下特征：

1. 需求的分化

随着用户需求的多样化和个性化朝极性化方向发展，人们购买产品不仅仅是为了满足对物的数量和质量的需要，还是为了展示个性，达到精神上的满足。人们越来越看重产品的个性特征，追求产品与自我概念的吻合，追求产品的个性化和多样化。大规模定制将传统市场对标准产品的大量需求分割成相似产品的不同“风味”的需求，从而形成需求的分化。

2. 多元化的细分市场

在传统的大规模生产模式下，企业致力于面向统一的市场，生产标准化的产品，提供标准化的服务。而在大规模定制生产模式中，由于需求的分化，统一的大市场已日益多元化，变成若干个很小的细分市场。在这种市场环境下，市场需求正在向需要高质量且更加接近用户个性化的产品转移。

3. 低成本与定制化的产品和服务

在大规模生产模式下，低成本主要通过规模经济来实现，该生产模式主要通过高产量和生产过程的高效率来降低产品和服务的单位成本；而在大规模定制生产模式下，低成本主要通过范围经济来实现，其应用单个工艺过程便可以更便宜、更快速地定制生产多种产品和进行多种服务。

4. 产品开发周期缩短

在大规模定制生产模式下，随着新的产品开发技术的应用，如计算机辅助设计、产品数据管理技术、计算机网络技术和图像处理技术等，产品的适应能力增强了，产品更加多样化，产品开发周期缩短了。同样，新的制造技术的应用，如柔性制造系统、计算机集成制造技术等，也使多品种产品的生产更加经济，从而进一步推动了产品多样化的趋势。

5. 产品生命周期缩短

为了最大限度地满足用户的多样化和个性化的需求，大规模定制生产模式的生产技术在不断地改进和更新。随着产品开发周期的缩短，产品生命周期也在缩短。

6. 以大数据等为标志的新技术为真正实现大规模定制提供了必备条件

大数据、云计算、移动互联网、物联网、智能设备嵌入式系统等为真正实现大规模定制提供了必备条件，成为大规模定制生产的可靠依据。

四、大规模定制生产的优势及需要解决的问题

（一）大规模定制生产的优势

大规模定制生产是对用户定制的个性化产品进行大规模生产和服务。它把大规模生产模式和定制生产模式的优势有机地结合了起来，既具有定制生产的高度灵活性和产品个性化的优点，又具有大规模生产模式的高质量、高效率和低成本的优点，可以在同时满足用户个性化产品需求并在不牺牲企业经济利益的前提下，消耗最少的企业内部和外部的人力、物力、财力、时间、信息等资源，并且可以在市场经济的竞争中获取额外的竞争优势和利益，极大地提高了企业的市场竞争能力。

（二）实现大规模定制生产目标需要解决的问题

企业要发挥大规模定制生产模式所具有的突出优势，就要确保既向用户展现无限的多样化产品，又不能因产品多样化而导致内部额外成本上升、时间延误和质量下降。这对其企业来说是一个难点和挑战。

要解决上述难点，实现大规模定制生产目标，企业需要做到以下几点：

1. 树立以用户为中心的思想

市场的不断细分和用户的个性化要求越来越高，企业必须从企业生产什么产品、用户就使用什么产品，转变为用户需要什么产品、企业就生产什么产品，从为了企业向为了用户转化，从被动适应用户向以用户为中心发展。

2. 采取面向对象的产品设计方法

传统的单纯从技术角度设计产品的方式已无法适应日益变化的用户需求和快速变化的市场环境，企业必须采用产品配置管理技术，通过建立能配置成多种不同性能、功能或属性的最终产品的模块化构件，快速满足用户的个性化需求，通过模块化构件的不同配置和组合，在不同产品中反复使用相同的模块化构件而获得低成本、高质量的个性化产品。

3. 提高过程效率

传统的单纯依靠生产效率获得竞争优势的方法已不再奏效，取而代之的是依靠体现企业综合实力的过程效率。大规模定制生产模式的高速度和高效率只有通过提高过程效率才能达到。要让用户参与到产品设计、生产、销售的全过程中，充分了解用户的真实需求并满足用户的需求，使企业与用户需求实现无缝连接。

4. 增强企业的综合素质

大规模定制生产模式对企业在组织机构、人员素质和信息系统等方面提出了严格的要求，企业必须适应这些要求，提高自己的综合素质，这样才能实施好大规模定制生产，赢得竞争优势。

所有这些改变意味着企业要对传统的定制生产模式和大规模生产模式的思想和方法进行系统变革，必须彻底改变企业的战略管理思想和方式、产品设计思想和方式、生产与运作思想和方式。对企业的组织结构、管理方法和业务流程进行科学、系统的变革。

五、实现大规模定制生产的策略

对于实施大规模定制生产模式的企业来说，面对当今日益动荡的市场环境，面对用户需求的日益个性化和多样化，面对产品生命周期的不断缩短和技术的日新月异，其正确的响应战略只能是进入企业竞争的新前沿——向大规模定制生产模式转变。为了实现大规模定制生产，确保个性化定制产品和服务的低成本生产，实施大规模定制生产的企业可根据自身的情况，在企业价值链的重要环节（如开发、生产、销售、交付等环节）选择以下一种或多种策略加以应用：

（一）围绕标准化的产品和服务提供定制服务

完全标准化的产品在到达用户手中之前，仍然可以被定制。因为这种方法是在企业价值链的最后两个环节完成的，并不影响开发和生产，所以它是最简单、最常用的方法。销售和分销可以改变产品，增加其特征，与其他的产品（包括与其他企业生产的产品）组合在一起，并提供大量的服务，使每个用户都能得到他所期望的产品，得到个别关注。企业围绕标准化的产品和服务提供定制服务，可以展示企业在大规模定制生产方面所固有的巨大潜力，使企业更能通过其他技术取得进展。

（二）创建可定制的产品和服务

虽然大多数定制化服务可以在价值链的交付环节完成，但是改变产品以适应用户特殊需要的定制不仅是服务收入的来源，还是企业扩展产品并进一步加强定制化思想的源泉。与围绕标准化产品和服务提供定制服务相反的策略，是基于大规模生产提供可订制的产品和服务。就生产和交付过程而言，基于标准化的定制和基于大规模生产的订制之间没有什么区别，但却是针对每一个用户，并且是由用户定制的。创建可定制的产品和服务一般不需要对企业的价值链做大的变革，但它已经开始改变企业对于定制化的认识。

（三）提供交货点定制

要确切知道用户想要什么只有一个办法：在销售地点让用户告诉或说出他们的真实想法。立即提供用户想要的东西只有一个办法：在销售地点或交货点生产产品，或至少在当时当地完成最后的定制生产工序。对于交货点定制，除了可以在生产的最后工序面向用户，还可以把整个生产过程移到交货点，以此改造整个企业的业务流程，发掘潜在利润。把整个生产过程移到交货点，生产与交付必须相结合，而且开发时必须考虑到新产品和服务要在交货点被定制，此时就需要企业有重大创新和经常性的发明，在“互联网＋”时代，大数据、云计算、移动互联网、物联网等恰恰有助于企业实现这些要求。

（四）提供整个价值链的快速响应

对用户需求提供快速甚至即时响应是推动企业走向大规模定制生产之路的好办法。因为它以尽快满足用户需求为中心，以较低的成本生产较多的品种。使交付功能快速满足用户需求会引起连锁反应，从交货点开始反过来依次作用于分销和销售过程、生产过程，直至开发过程。企业价值链的每一个环节都将发生巨大的变化：缩短周期，增加产品多样性，在用户需要时向他们提供任何想要的产品或服务。而整个价值链的快速响应不是孤立的，它是和市场分化、品种增加、个性化定制结合在一起的。从某种程度上看，从价值链的哪一个环节开始减少时间并不重要，如果过程中某一部分的成功会得到其余部分的支持和模仿，就会使企业开始脱离大规模生产模式，走向大规模定制生产模式。

（五）构件模块化以定制最终产品和服务

大规模定制生产的目标是最低的成本、最高的个性化定制水平，它是建立在能配置成多种最终产品和服务的模块化构件这一基础之上的。提供标准化零部件实现的定制化不仅能增加产品多样性，而且能降低制造成本，使得进行全新设计的产品开发和增加品种的变形设计速度更快。利用模块化构件的方法有很多，如共享构件模块化、互换构件模块化、“量体裁衣”模块化、混合模块化、总线模块化、可组合模块化。这些方法可以将模块化构件组合并匹配成可定制的最终产品和服务。贯穿产品和服务的模块化，可互换零件使整个企业都为满足用户个性化的需求工作。

“互联网 +”时代，一些制造业大国先后推出促进企业适应用户需求推动生产转型升级的多种办法，如美国的工业互联网、德国的工业 4.0、中国的《中国制造 2025》，这些办法都在推动工业或制造业由大规模生产向以用户需求为中心的大规模定制生产转型升级。各国结合本国的具体情况采取不同的运作路径，但总体目标基本一致，都在专设平台上将人、机器、设备信息加以结合，通过工业生产力与信息生产力、知识力的高度融合，最终形成新的生产力，提供满足用户需求的产品和服务，推进工业革命发展进程。

其中，具代表性的德国的工业 4.0 是以信息物理系统（cyber physical systems，CPS）为核心，应用模块化理论、精益管理模式、学习型组织、高新技术等的综合制造体系。工业 4.0 可简单表述为一个核心——信息物理系统，三个主题——智能工厂、智能制造、智能物流，三个重点——端到端集成、横向集成、纵向集成，五个要素——全球化工厂、操作技能提升、交互式设备、可视化制造、智能的产品。通过实施工业 4.0，努力运用先进科学技术快速实现用户个性化定制的目标。《中国制造 2025》结合中国国情，在汲取工业 4.0 精髓的基础上，努力实现工业化和信息化的深度融合，实施弯道超车，使中国由制造大国变为制造强国，更好地满足用户的需求，提升消费水平。我国许多企业已初步实现这一转型升级，如青岛红领集团有限公司、海尔集团互联工厂等。这些企业都提供了有益的、可借鉴的参考。一段时间以后再来研究大规模定制生产一定会有更具规律性的可行模式。

第四节 清洁生产、循环经济及低碳经济

20 世纪中叶以来，科学技术、工业生产、交通运输业等得到迅速发展，也带来了比较严重的环境污染问题，危及人们的生命和安全。这成为重大的社会问题，环境保护问题逐渐受到人们关注。20 世纪 80 年代以后，环境污染日趋严重，大范围的生态破坏使对这一问题的关注大大提升。进入 21 世纪，人们从来没有像今天这样重视环境保护，节能减排、保护环境、实现可持续发展已成为大家的共识和强烈意愿，大家在积极努力采取一切措施来实现节能降耗、保护环境。近年来，我们深切地意识到环境污染治理的紧迫性，更深刻地认识到“绿水青山就是金山银山”，加强生态文明建设无比重要，治理污染、保护环境已是人类不可逾越的底线。

一、清洁生产

（一）清洁生产的概念

20 世纪 60 年代以来，人们对污染的关注逐步集中到工业污染这一关键污染上来，在治污方面，以稀释排放物为起点，将污染物转移到大气和海洋中，力图依靠自然环境自动降解污染物，达到治污的目的。这起到了一定效用，但环境的承载能力毕竟有限，效果不够明显。人们在实践中逐步探索出“末端治理”的方法，对产生的“废水、废气、废渣”进行治理，这减少了废弃物的排放量，在一定程度上缓解了污染带来的压力，一时人们的注意力都放在了末端治理上，从方法到组织再到机制、制度等都依托于这种思想。相对于稀释排放物来说，这是一种进步，而且在一定程度上取得了明显效果。但末端治理不能从根本上解决工业污染问题，它的主要方法是对污染进行必要的预处理，在进行生化处理后排放。有的污染物无法进行生物降解，只能进行稀释排放，产生新的污染。有时末端治理只是将污染物转移，比如废气变废水，废水变废渣，将废渣予以填埋，形成对土壤、水等的污染，破坏了生态环境，是一种恶性循环。末端治理花费大量资金，对产生的废弃物不加以回收利用，加大了企业的生产成本，无形中也影响了企业治理污染的积极性和主动性。

在实施末端治理后，人类认识到它的局限性，实践要求人们不断反思这一对策，要求人们迅速找到更有效的方法和思路来加快解决污染问题、降低能耗。所以在末端治理的基础上，人们不断探索治理污染、降低能耗的新路径，清洁生产在此形势下应运而生，并得到逐步扩展，形成比较科学、系统、完整的治理污染、降低能耗的

新思路。

清洁生产概念于 1976 年提出，当时欧洲共同体在巴黎召开了“无废工艺和无废生产的国际研讨会”，提出协调社会和自然的相互关系应立足于消除造成污染的根源，而不应仅关注末端治理，把清洁生产的问题提上了议程。

1989 年联合国环境规划署工业与环境中心根据联合国环境规划署理事会的决议，制定了《清洁生产计划》，首次明确提出清洁生产的概念，并宣布在全球推行清洁生产，清洁生产这一新型的生产模式开始运行。1992 年联合国在巴西里约热内卢召开的环境与发展大会上通过《21 世纪议程》，并明确指出清洁生产是实现可持续发展的先决条件，是企业改善环境、保持竞争力和利润的核心手段。我国积极响应联合国《21 世纪议程》的号召，1992 年将推行清洁生产列入国务院发布的《环境与发展的十大对策》，1994 年国务院通过了《中国 21 世纪议程》，把清洁生产作为重要内容列入其中，推动清洁生产在我国企业深入开展。2002 年，第九届全国人民代表大会常务委员会第二十八次会议通过了《中华人民共和国清洁生产促进法》（2012 年 2 月 29 日第十一届全国人民代表大会常务委员会第二十五次会议进行了修正），该法于 2003 年 1 月 1 日起施行。这些政策、法规和措施极大地推动了我国企业清洁生产的进程。目前我国清洁生产管理结构由三个层次组成，第一个层次是政府的行政性管理，第二个层次是行业协会和相关的自律性及支持性管理，第三个层次是企业的自主管理。

人们对清洁生产的认识逐步深入，这里仅列举有代表性的定义。

1996 年联合国环境规划署给清洁生产所下的定义为：清洁生产是一种新的创造性的思想，该思想将整体预防的环境战略持续地应用于生产过程、产品和服务中，以增加生态效率，减少人类和环境的风险。

对于生产过程，要求节约原材料和能源，淘汰有毒原材料，减降所有废物的数量和毒性；对于产品，要求减少从原材料提炼到产品最终处置的全生命周期的不利影响；对于服务，要求将环境因素纳入设计和所提供的服务中。

《中华人民共和国清洁生产促进法》给清洁生产所下的定义为：清洁生产是指不断采取改进设计、使用清洁的能源和原料、采用先进的工艺技术与设备、改善管理、综合利用等措施，从源头削减污染，提高资源利用效率，减少或者避免生产、服务和产品使用过程中污染物的产生和排放，以减轻或消除对人类健康和环境的危害。

对清洁生产的定义，还有许多不同的表述。定义虽然不同，但其基本含义是一致的，都体现出清洁生产要以节约能源、降低物耗、减少污染、提高效益为主要目标，是一种通过对产品生产、提供服务的全过程加强技术和管理活动，以消除和减少工业生产对人们健康和环境的影响，防治工业污染，提高经济效益、社会效益的新型组织生产的思想、模式和运作方式。

(二)开展清洁生产的目标和清洁生产的关注点

1. 开展清洁生产的目标

开展清洁生产的目标是：促进生产发展，满足人类需求，同时有效利用能源和物资，最大限度地减少污染，使经济发展与环境保护相协调，营造人与自然和谐发展的良好局面。

(1)必须坚持以市场为导向的原则，工业生产不断满足市场需求，从适应市场需求的角度出发，全力实施绿色设计，使组织工业生产从源头树立绿色、清洁的思想，从基础做起。

(2)对能源和原材料进行选择使用、节约使用、综合利用，保证从提供产品和服务的源头做起。

(3)减少污染物和废料的产生与排放，使环境污染对使用者的危害最小，营造好的生存环境。

(4)保证提供产品和服务的人员的安全与利益，使其工作更有成效。

(5)使产品和服务的提供者与消费者共赢，追求最大的经济效益和社会效益。

2. 清洁生产的关注点

(1)清洁生产是降低消耗、预防污染、实现可持续发展的战略性问题，绝不能等闲视之，要站在战略层面高度认识它、对待它，强调实施的重要性、紧迫性，下决心实施。

(2)清洁生产要坚持从源头抓起，实行全过程控制，要以预防为主，想在前头，做在前头，把污染的程度减少到最低。

(3)清洁生产是一个涉及面广、影响程度较大的问题，要从综合的角度考虑问题，分析每个环节，弄清各种关联影响因素，协调各种关系，系统解决问题。在坚持以预防为主的前提下，要做好防治结合，灵活处理各类问题。

(4)清洁生产是一个长期的运作过程，受到历史、现实、人们的认识水平、生产力水平、技术等因素的影响，不可能一蹴而就，要充分认识到实施清洁生产的艰巨性、复杂性、反复性。同时，必须明白它是一个没有终点的工作。随着科学技术的迅速发展，人们生活水平的不断提高，物质需求的不断提升，要求在清洁生产方面不断认识新问题，解决新矛盾，提升管理水平，持续不断地开展清洁生产工作。

(三)清洁生产的理论基础和内容

1. 清洁生产的理论基础

(1)物质平衡理论。按照物质不灭定律，在企业生产中，物质按照平衡原理进行转换，生产废料是由原材料转化来的。废料越多，说明原材料消耗越多，清洁生产坚持物质平衡原理，要使废料产生最少，必须坚持原材料投入最少，只有少投入才有可能减少废料产出。然而，原材料投入少是一个方面，还必须做到原料的最充分利用，对产生的废料进行再利用，使其成为生产的进一步延伸，变废为宝，拉长生产链，尽可能利用各种技术减少废料。

（2）最优化理论。清洁生产是典型的投入产出问题，在满足用户需求的前提下，力求做到投入最少、产出最大，即以满足最大需求、产出最少废料为目标，以原材料、能源、生产工艺、过程控制、设备运行、产品和服务、资金、人员、周围环境、方针政策等为约束条件，认真综合求解，获得最优化结果。

（3）技术进步支撑理论。清洁生产是追求效益、造福人类的生产方式，必须坚持以先进的科学技术为支撑，求得不断的推进和发展。要在产品和服务设计、生产工艺过程、服务过程、产品使用、服务提供、废弃物的不断再利用及处理等方面采用先进的科学技术，尤其是大力利用信息技术、生物技术、材料技术、制造技术等，使清洁生产的发展成为一个技术创新的过程。

2. 清洁生产的内容

从企业生产产品、提供服务的基本过程出发，清洁生产的内容基本包括四大块：从产品和服务的设计入手，实施绿色设计；使用清洁的能源和原材料；生产工艺过程、提供服务过程清洁化；生产绿色产品，提供绿色服务，并对产生的废料进行综合治理，循环使用。因此可以看出，清洁生产贯穿于生产、服务全过程，是实施全方位治理的过程。

（1）运用并行工程原理进行绿色设计。产品从设计、制造、使用、回收利用，直至再生的整个生命周期是一个有机整体，在经过市场调查、市场预测、经营决策后，形成产品、服务的概念，在对其进行设计时，要运用并行工程原理，在保证产品、服务功能和质量的基础上，充分考虑这一整体过程各个阶段、各个环节的资源和能源的合理利用，以及环境保护和劳动保护等问题，实施绿色设计。绿色设计又称生态设计、环境设计、生命周期设计。

绿色设计要遵守的原则是：产品和服务所使用的能源与材料最科学、最合理、最少量；产品生命周期全过程对环境影响最小，力求做到废弃物排放最少；产品和服务对生产者、提供者、使用者的危害最小；最终废弃物可以化解为无害物等。

目前绿色设计的常用方法有：回收性设计，面向拆卸性设计，面向制造和装配的设计，面向服务的设计，产品的成本分析设计，产品、服务生命周期评估设计等。计算机网络的实施，使绿色设计更加科学、规范、合理、快速。绿色设计将会推广到所有产品的设计或重新设计中。

（2）选择使用清洁的能源和原材料，达到自然资源和能源利用的最合理化。使用清洁能源的含义是：对常规能源的清洁使用，如采用洁净煤技术，逐步提高液体燃料、天然气的使用比例；充分利用可再生能源，如水利能源；积极开发、利用新能源，如风能、太阳能、生物质能、地热能等；积极研究各种节能技术和措施；等等。

对清洁材料的选择应遵循以下原则：选择加工能耗低、污染少的材料；优先选择可再生材料，以便回收再利用；尽量采用环境兼容性好的材料，避免使用有毒、有害、有辐射的材料。所有材料应易于利用、回收、再制造和降解。要减少稀有材料的使用，多选择代用品材料。

选择使用清洁的能源和原材料，属于绿色设计后清洁生产的前端内容，十分关键和重要，材料和能源选择不好，本身带来的污染就十分严重，也会为以后的生产转换和使用带来极大的麻烦，加大污染治理的工作量，后果比较严重。

（3）生产工艺、生产过程清洁化。生产工艺、生产过程清洁化是实施清洁生产的中间环节，在这一环节应重点关注的问题是：认真改进生产、服务的总体布局，从产业结构调整、产品结构调整、有利于实行循环经济的角度，规划生产布局，压缩和砍掉污染严重的产业、产品、服务，用高新技术提升传统产业；改进生产工艺和流程；合理调整生产配方；开发新产品；大力筹集资金，引进技术，更新改造设备；提高生产自动化水平等，实现产品、服务提供过程中的清洁化，减少污染。

（4）生产绿色产品，提供绿色服务，并对产生的废料进行综合治理。这是清洁生产的末端环节，要把绿色产品、绿色服务提供给用户和社会；对生产及使用后的废料进行综合回收、治理；要积极开发副产品，让循环经济真正运作起来，形成良性循环。

绿色产品是指在其生命周期全过程中，符合环境保护要求，资源利用率高，消耗能源低，对环境无害及危害极少的产品。通过这一概念可以看出，绿色产品强调三点：①产品生产过程以能源和材料为主的资源得到高效利用，不对环境造成危害，这实际上与清洁生产第三阶段的内容是一致的；②产品在使用过程中不会对使用者及周边环境造成污染；③产品在使用后进行废弃处理时及处理后对环境不产生污染。

绿色服务是指安全、快捷、周到、卫生的服务。随着服务业的快速发展，绿色服务已成为一种时尚，它使人们的生存和发展观念发生重大变化。绿色服务是一个涉及面极广的概念，目前比较突出的有绿色商店、绿色宾馆、绿色饭店、绿色旅游、绿色信息、绿色文化等。像许多宾馆开展了以节约用水、节约用电等为主要内容的绿色服务，取得了良好的社会效益、经济效益，并为宾馆树立了良好的品牌形象，宾客产生的是高档感、管理严谨感、舒适感、和谐感。

废料综合治理是清洁生产循环的末端，也是一个十分重要的环节。这一阶段可以做的工作有很多。总的指导思想是：使产生的废料最少，对环境造成的污染最小，实现“零排放”。简而言之，零排放即废弃物为零，就是应用清洁生产、物质循环和生态产业等各种方式，实现对天然资源的完全循环利用，而不给外界环境制造任何废弃物。目前在我国，如上海宝钢等企业实施清洁生产，加强对废弃物的回收、再生已成为企业创造利润的新途径，形成新的经济增长点，效益明显提高，废弃物已不再是企业的负担，而是宝贵资源。并且随着这项工作的开展，企业探索出新的生产路径，不断加长生产链，愈加尝到了废弃物利用的甜头。

长期以来，我国企业进行环境保护主要采取末端治理的方式。该方式自 20 世纪 60 年代开始实施，发挥了一定的作用。但末端治理毕竟是事后处理问题、解决问题的办法，不能从根本上解决污染问题。实施末端治理为实施清洁生产打下了一定的基础，提供了成功的经验，也提供了教训，使人们在一个更高的层面上分析和思考如何解决污染问题。

实施清洁生产和实施末端治理有许多不同之处，见表 10–2。

表 10–2　实施清洁生产与实施末端治理的比较

比较项目	清洁生产	末端治理（不含综合利用）
思考方法	将污染物消除在生产过程中	污染物产生后再处理
产生时代	20 世纪 80 年代末	20 世纪 70—80 年代
控制过程	生产全过程控制，产品生命周期全过程控制	污染物达标排放控制
控制效果	比较稳定	产污量影响处理效果
产污量	明显减少	间接可推动减少
排污量	减少	减少
资源利用率	增加	无显著变化
资源耗用	减少	增加（治理污染消耗）
产品产量	增加	无显著变化
产品成本	降低	增加（治理污染费用）
经济效益	增加	减少（用于治理污染）
治理污染费用	减少	随排放标准严格而费用增加
污染转移	无	有可能
目标对象	全社会	企业及周围环境

企业一定要认真总结实行末端治理防治污染的经验、教训，认清形势，综合配置各种资源，积极开展技术创新，使清洁生产的开展建立在良好的基础上，积极推行清洁生产，形成防治污染的新局面，创造良好的企业运行环境，实现最佳的经济效益和

社会效益，造福人类社会。

（四）实施清洁生产的工作程序

实施清洁生产一般有五个阶段，即准备阶段、审计阶段、制定方案阶段、实施方案阶段、编制清洁生产报告阶段。

1. 准备阶段

这一阶段由企业领导结合企业运作实际、污染情况对实施清洁生产做出决策。实施清洁生产的关键是企业领导，企业领导要亲自参与，积极组织，认真关注。要组建实施清洁生产工作小组，以保证组织落实，常抓不懈。为了更好地推进清洁生产工作，企业可成立清洁生产领导小组和清洁生产审核小组，以适应不同层面工作的需要。工作计划应力求做到目标明确，计划周密，进度清晰，落实到人，切实可行。要采取多种形式，广泛开展宣传教育活动，要让企业员工明确开展清洁生产的实际意义和作用，可充分利用各种污染危害的实例启发员工提高认识，持续推进清洁生产。通过宣传、动员、培训，在企业内统一思想、统一认识、统一行动，克服工作忙、任务重、市场压力大、顾不过来、与己无关等各种思想障碍和阻力，有效推动清洁生产的实施。清洁生产一般是伴随企业生产、服务同时进行的工作，要做好准备，包括人员的调配、资金的筹措，以及生产设备、仪器装配、相关材料的购置等，其中关键一环是资金的筹措。领导要下决心，集中资金解决关键问题，保证清洁生产顺利进行。

2. 审计阶段

审计阶段是开展清洁生产的核心阶段。这一阶段的工作是在对企业现状做全面调查、分析的基础上，确定清洁生产的审计对象，切实查清产品、服务生产全过程，对设计、能源、材料的选择和使用，生产与运作过程，产品、服务的提供情况，污染物的产生、治理、排放情况等全面掌握，为下一步提出解决方案、解决污染问题提供有效的条件。这一阶段很关键，如果情况不清，就无法对症下药。

（1）审计目标。总的目标是摸清情况，找到实施清洁生产的对象和具体问题、污染状况、产生原因，为提出解决方案打基础。

（2）审计工作步骤。清洁生产的审计工作可分为三个基本步骤：审计准备阶段、审计阶段、审计报告书编制和备案阶段。

清洁生产目前主要的审计方式有三种：企业自我审计、外部专家指导审计、清洁生产审计咨询机构审计。企业开展清洁生产应设领导小组，其下应专设实施清洁生产的审计小组，专门负责审计工作。

制订工作计划以编制审计工作计划表来体现。该表主要列明以下内容：主要工作阶段；每一阶段细分成的小环节；每一环节工作的主要内容、进度、主要负责人、参与部门、审计的目标成果等。工作计划应在联系企业实际、广泛听取意见后认真制订。有条件的企业可以以甘特图或网络图的形式画出，以看板的形式挂出来，以随时显示工作内容和进度，便于组织实施，加强考核和检查，及时调整或修改，以便更有利于工作的开展和效果的实现。

清洁生产审计阶段的宣传培训可采用企业的广播、录像、板报、参观、学习等形式，力求针对性更强，目标更明确，实现效果更突出。清洁生产审计阶段的基本运作思路如图 10–2 所示。

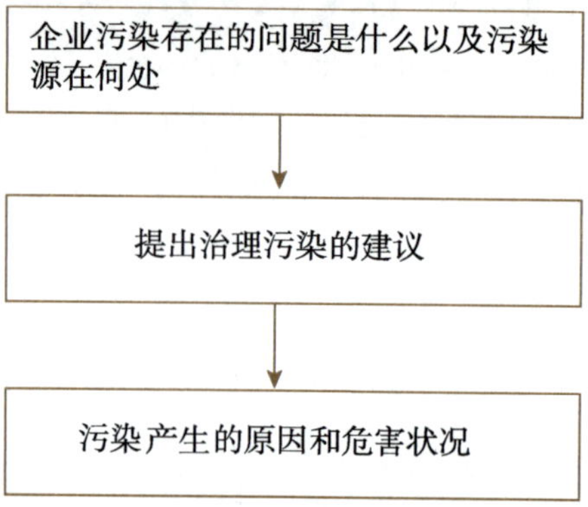

图 10–2　清洁生产审计阶段的基本运作思路

审计工作是非常关键的步骤，只有审计工作做好了，才能做到情况清楚、目标明确、心中有数，为下一步改进工作打下坚实的基础。领导要亲自挂帅，发挥科研人员、管理人员的积极性和主动性，广泛动员企业员工参与，以科学为手段，以实际情况为依据，增强责任心，保证这一环节工作的完成。

3. 制定方案阶段

在获得材料的基础上，广泛向员工讲清情况，说明近期及中远期目标，主动征集解决污染问题的方案。在征集方案时一定要讲明主攻方向，突出主题，使提出的方案比较集中。经多方努力，利用多种形式征得各种方案以后，将方案加以汇总、整理和筛选。

4. 实施方案阶段

实施方案一定要在前期论证的基础上，考虑各方面的因素，结合实际，在工作时间、内容上做出切实可行、操作性强的方案，量力而行，灵活处理。实施方案可采用甘特图或网络图标出，内容要与时间进度、人员安排等相匹配，要便于实施及检查工作进展情况，了解效果。

在方案实施中，十分重要的工作是筹措方案实施的资金，否则实施很难进行。项目使用资金可来源于企业自有资金、贷款、项目申请资金等。

准备工作完成、资金筹措到位后，即可进行项目实施，实施时一定要严格执行计划。但在具体操作时会出现各种问题，应根据实际情况灵活处理，保证方案的有效性。要及时发现问题，及时沟通，尽快修改，不可推脱延误时机，影响方案实施效果，避免形成半截子工程，最后不了了之，造成浪费；同时进一步实施清洁生产，以免产生坏的影响，挫伤积极性和信心。

要在实施中加强监测工作，要有强有力的组织保证，有高效的检测制度、方法、手段，要认真提供、分析数据资料，及时形成实施效果报告，全面、真实、可靠地掌握运行情况，以便尽快地反映、处理和解决问题，保证方案健康实施。

5. 编制清洁生产报告阶段

清洁生产方案实施后要编制清洁生产阶段报告和总结报告。清洁生产分阶段进行，每一阶段工作完成后应写出阶段报告，说明阶段工作完成情况、效果及存在的问题、改进意见和建议，它是编制清洁生产总结报告的依据和基础。清洁生产总结报告是对企业实施清洁生产的全面总结，它详细说明了企业清洁生产前四个阶段的内容和具体工作情况，评价清洁生产效果，提出意见和建议。

（五）清洁生产应关注的问题

1. 转变观念

长期以来，人们一致认为要想生活好必须发展经济，而发展经济要靠生产，生产必然会产生污染，污染产生了再治理，这是陈旧观念。正确的观念是以预防为主，防治结合，发展经济与预防污染、造福人类应协调进行，两者互不矛盾，只有坚持实施清洁生产，才能真正带来经济的可持续发展，使人类社会不断繁荣和进步。

2. 抓住机遇

当前进行的产业结构调整、产品结构调整是实施清洁生产的最好机遇。要抓住这一时机，就必须积极地对污染大、耗能高、耗材高、危害人类健康、破坏生态平衡、影响经济发展的行业和产品进行治理调整。

3. 先治后迁，不搞异地复制

为了保护环境，防治污染，许多地方开展了企业搬迁工作，这是十分必要的，也是完全正确的。但问题的关键是，企业搬迁绝不能搞污染转移、异地复制，把污染由城市转移到农村。否则，久而久之，农村污染愈加严重，也会影响城市环境，形成新的污染形势和局面。企业搬迁必须坚持先治后迁，提出完整、可行的治理方案，要经过有关部门的严格检查、审批，完全符合要求后才能实施搬迁。要使搬迁的过程成为实施清洁生产的过程，通过搬迁使资源使用、污染治理迈上新的台阶。

4. 坚持以技术创新为手段

开展清洁生产，必须坚持以技术创新为手段，走新型工业化之路。其一，结合产业结构调整、产品结构调整，一定要用高新技术提升传统产业，通过实施高新技术，把能耗、物耗降下来，把污染清除贯穿于生产的全过程，形成知识含量和技术含量高的产业、产品，这是增强企业实力的必然选择。其二，有计划、有步骤地建设能耗低、物耗低、污染少且能不断满足人类需要、推动社会进步的，有带动效应、推动效应的高新技术产业。

二、循环经济

（一）循环经济的概念

循环经济已成为我国经济发展关注的重点，是实施科学发展观，构建社会主义和谐社会，建设资源节约型、环境友好型社会的一项重要举措。所谓循环经济，就是按照自然生态物质循环方式运行的经济模式。它是 20 世纪 60 年代由美国经济学家波尔丁提出的，是物质闭环流动型经济的简称。2008 年 8 月 29 日第十一届全国人民代表大会常务委员会第四次会议通过，2009 年 1 月 1 日开始施行的《中华人民共和国循环经济促进法》（该法于 2018 年 10 月 26 日第十三届全国人民代表大会常务委员会第六次会议进行了修正）对循环经济的定义是：循环经济是指在生产、流通和消费等过程中进行的减量化、再利用、资源化活动的总称。它主要通过建立“资源—产品—再生资源”和“生产—消费—再循环”的模式有效地利用资源和保护环境。发展循环经济将促进以最小的资源消耗、最少的废物排放和最小的环境污染为代价来换取最大的经济效益，这是转变经济增长模式的一个突破口。

循环经济的本质是生态经济，即经济活动按照生态学的规律运作，让能源和物质在经济活动中循环流动，在发展经济的同时，使资源得到最充分和最持久的利用，并将经济活动对自然的影响降到最低。循环经济强调五种新观念，即新的系统观、新的发展观、新的价值观、新的生产观、新的消费观。

如果说传统经济是“资源—产品—废物”的单向流动线性运行模式，那么循环经济则是“资源—产品—再生资源—再产品”的闭环流动性运行模式。

循环经济逐步改变过去“三高（高开采、高消费、高排放）一低（低利用）”的状况，形成“三低（低开采、低消费、低排放）一高（高利用）”的新局面。

（二）发展循环经济的意义

发展循环经济对当前我国倡导科学发展观、构建社会主义和谐社会，建设生态文明，实现永续发展战略有重要的现实意义。

（1）它是实施资源战略，促进资源永续利用，保障国家经济安全的重大战略措施。

（2）它是贯彻以人为本，实现可持续发展，防治污染、保护环境的重要途径。

（3）它能促进经济增长方式转变，通过降低成本，提高经济效益，增强企业竞争力。

（4）它可以创造新的经济增长点，延伸产业链，扩大就业，使人力资源优势得以充分发挥。

（5）它是应对新贸易保护主义，直面“绿色壁垒”，立足于世界贸易前端的迫切需要。

（三）循环经济的行为准则

循环经济的行为准则是追求3R，3R按先后顺序应为减量化（reduce）、再利用（reuse）、资源化或再循环（recycle），如图10-3所示。

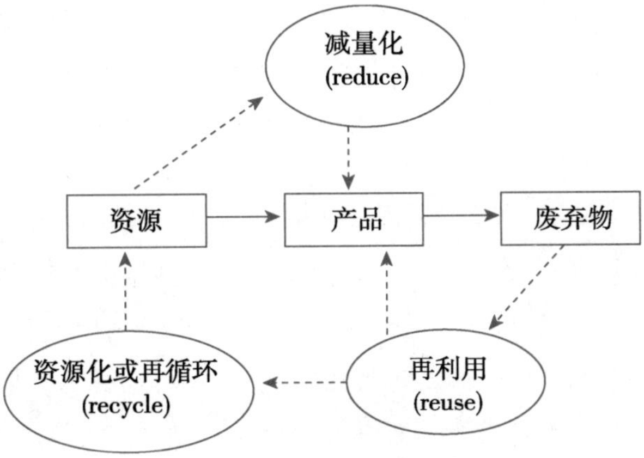

图10-3　3R原则

（1）减量化原则要求用较少的原材料和能源投入达到既定的生产目标和消费目标，强调以市场为导向，并超越顾客导向，使产品体积小型化、产品质量轻型化，产品包装简单、朴实、不浪费，在生产、流通和消费等过程中减少资源消耗和废物产生。发展循环经济应当在技术可行、经济合理和有利于节约资源、保护环境的前提下，按照减量化优先的原则实施。

（2）再利用原则是指将废物直接作为产品或者经修复、翻新、再制造后继续作为资源使用，或者将废物的全部或者部分作为其他产品的部件予以使用。

（3）资源化或再循环原则要求生产出来的产品在一次完成其使用功能后能重新变成新产品的资源，不断反复使用，产生新的能源式材料。

随着循环经济的不断发展、人们认识的不断提升，4R、5R等先后被提出。所谓4R的第4个“R”，是指再思考（rethink）。再思考原则强调反复研究如何能在有限资源的基础上经过新型加工产生新的产品并不断循环。

发展循环经济是推进可持续发展战略的需要。它能促进资源永续利用，保障经济安全、健康运行，实现国民经济持续增长，关乎人类的千秋大业。发展循环经济有助于防治污染，创造美好的生态环境，使人类真正在一个和谐的环境中生活。

开展循环经济必须明确其主体行为：政府管理行为——关注生态规模；企业生产行为——关注生态效率；社会消费行为——关注生态环境。

（四）循环经济与清洁生产

1. 循环经济的主要模式

循环经济发展很快，从世界范围来看，当前其主要模式有以下几种：

（1）杜邦模式。该模式产生于杜邦公司，是企业内部的循环经济模式。通过组织企业内部各工艺之间的物料循环，延长生产链，减少生产过程中物料和能源的使用，减少废弃物和有毒物质的排放，最大限度地利用可再生资源，提高产品的耐用性。

（2）工业园区模式。该模式按照生态学原理，通过企业之间的物质集成、能量集成、信息集成，形成产业之间的代谢和共生耦合关系。例如，一家企业排放的废弃物成为另一家企业的生产原料、能源，建立工业生态园区。丹麦卡伦堡工业园区是该模式的典型。

（3）回收再利用体系。这是一种专门组织回收、处理包装废弃物的非营利社会中介组织。德国双轨制回收系统（Duales System Deutschland，DSD）是该模式的典型。

（4）日本的循环型社会模式。该模式体现在三个层次：政府推动构建多层次的法律体系；企业采用高新技术实施循环经济；国民改变观念，把垃圾视为有用资源。

根据国外的经验教训及我国的实际，我国正全力推进循环经济工作。

2. 循环经济与清洁生产的区别

循环经济与清洁生产的基本思路是比较一致的，二者的不同之处主要有：

（1）所处层次不同。清洁生产强调企业层面，是小循环，处于微观领域；循环经济也讲企业内部，但强调企业之间、社会范围内，是大循环，处于宏观领域。

（2）规范的范围不同。清洁生产虽也讲消费领域，但主要强调生产过程；循环经济强调生产、消费等诸多环节全方位的资源节约，减少废物排放。

（3）实施的义务主体不同。清洁生产主要强调生产过程，因此以企业为主；循环经济涉及生产、消费、流通，其主体有企业、政府、社会组织、消费者。

（4）解决的问题不同。清洁生产强调污染预防；循环经济强调全方位的节能减排。

三、低碳经济

（一）低碳经济概述

1. 低碳经济的提出

低碳经济提出的大背景，是全球气候变暖给人类生存和发展所带来的严峻挑战。

随着全球人口的不断增长，经济规模的不断扩大，能源使用带来的环境问题及其诱因逐渐为人们所认识，不仅是烟雾、光化学烟雾和酸雨等所带来的危害，大气中二氧化碳浓度的升高所带来的全球气候变化也已是不争的事实。大量研究表明，大气中二氧化碳的含量与地球气候有密切关系。自 18 世纪工业革命以来，二氧化碳在大气中的浓度不断升高。人们终于认识到：地球变暖是一场悄然发生的灾难。系统地谈论低碳经济，应追溯至 1992 年的《联合国气候变化框架公约》和 1997 年的《京都议定书》。

“低碳经济”最早见于 2003 年的英国能源白皮书《我们能源的未来：创建低碳经济》。作为第一次工业革命的先驱和资源并不丰富的岛国，英国充分意识到能源安全和气候变化的威胁，它正从自给自足的能源供应走向主要依靠进口的时代。与此同时，气候变化的影响已迫在眉睫。联合国环境规划署确定 2008 年“世界环境日”（6 月 5 日）的主题为“转变传统观念，推行低碳经济”。2009 年 12 月在丹麦哥本哈根召开的《联合国气候变化框架公约》缔约方第 15 次会议把低碳经济问题推向新的高潮。

我国政府积极推动低碳经济活动，2021 年全国两会，碳达峰、碳中和被首次写入政府工作报告；此后，各地区、各有关部门陆续制定碳达峰、碳中和时间表和路线图；2021 年 10 月 24 日，《中共中央 国务院关于完整准确全面贯彻新发展理念做好碳达峰碳中和工作的意见》正式发布，明确了我国碳达峰、碳中和工作的重要意见。2022 年全国能源工作会议中提到，国家能源局将出台《能源领域碳达峰实施方案》《“十四五”现代能源体系规划》《关于完善能源绿色低碳转型体制机制和政策措施的意见》以及各分领域规划。2022 年 3 月 21 日国家发展和改革委员会、国家能源局联合印发了《“十四五”新型储能发展实施方案》(发改能源〔2022〕209 号)。

2. 低碳经济的定义

所谓低碳经济，是指在可持续发展理念指导下，通过技术创新、制度创新、产业转型、新能源开发等多种手段，尽可能地减少煤炭、石油等高碳能源消耗，减少温室气体排放，达到经济社会发展与生态环境保护双赢的经济发展形态。

碳（此处就较低温室气体排放而言）有狭义、广义之分。狭义的碳是指二氧化碳（化石能源燃烧产生）；广义的碳是指《京都议定书》规定的六种温室气体，即二氧化碳、甲烷、氧化亚氮、氢氟碳化物、全氟化碳、六氟化硫。

3. 低碳经济的特征

低碳经济具有以下特征：

（1）目标性。低碳经济应追求在经济发展的基础上兼顾对环境保护；促进经济发展，做到人与自然和谐；逐步减少对碳基资源的依赖，保证能源安全。

（2）经济性。低碳经济一定要按照市场经济的原则、规律、机制来运作和发展；实施市场经济规则不能也不应当使人们的生活条件、生活质量下降，应保证人们生活水平不断提高。

（3）技术性。一定要通过技术创新、技术进步提高能源效率，同时降低二氧化碳等温室气体的排放，不降低人们享受到的能源服务水平。

（二）积极推行低碳经济

1. 低碳经济的构成

（1）在经济过程输入端，用太阳能、风能、生物能、水能等非碳可再生能源代替煤、石油、天然气等碳基能源。

（2）在经济过程转化过程中，提高工业、交通、建筑三大耗能领域内传统能源利用率，减少碳基能源消耗。

（3）在经济过程输出端，通过保护森林，发展绿色空间，吸收排放的二氧化碳，提高碳汇能力及发展碳捕捉能力。

2. 推行低碳经济的方法

（1）减少产品及服务的消费量，努力做到消费而不浪费。

（2）调整消费方式，减少耗能高的活动。

（3）提高能源利用效率，实现消费者、生产商、环保三赢。

（4）优化能源生产结构，减少使用化石燃料。

（5）加强二氧化碳的清理与储存，发展碳储存槽，保护海洋、土壤、植被等。

（6）加强宣传、教育、培训。

企业在实施低碳经济中具有义不容辞的责任和义务。要正确处理清洁生产、循环经济、低碳经济三者的关系，深入理解概念，认真研究它们之间的相互依存关系，结合企业生产与运作管理实际，突出重点，抓主要矛盾，切实采取有效措施，为协调、科学发展经济，消除污染，保护环境，造福人类及子孙万代扎扎实实做好工作。

本章小结

本章主要介绍了随着时代的进步、科学技术的迅猛发展、人们需求的不断提升，企业生产与运作管理快速发展，出现了许多新型生产与运作管理模式。供应链管理主要介绍了供应链管理的概念，采用供应链管理的目的、供应链管理系统设计及相关的采购管理、库存管理、物流管理，以及供应商管理。敏捷制造可以说是 21 世纪理想的生产制造模式，它将计算机及网络技术成功应用于生产制造，更快捷、更灵活地使企业生产与运作满足市场需求，更有效地占领市场。大规模定制生产是将传统大规模生产的优势与定制生产的优势紧密结合，成为新型生产与运作管理模式。这种模式既适应需求多样化的客观需要，又充分利用大规模生产模式的高质量、高效率和低成本的优势，使企业具备战略竞争优势。21世纪是一个节能减排、保护环境的时代，随着时间的推移，节能减排、保护环境已成为每个企业必须应对的问题。清洁生产、循环经济、低碳经济已成为时代的主题，本章就这三个方面逐一做了论述。

复习思考题

1. 简述供应链管理的思想。
2. 简述供应链管理下的物流管理和供应商管理。
3. 简述敏捷制造的特点及敏捷制造系统的结构。
4. 简述大规模定制生产的基本原理、特征、优势和需要解决的问题。
5. 阐述清洁生产、循环经济、低碳经济的基本思想、涵盖的内容及相互关系。

参考文献

［1］ 潘家轺，曹德弼．现代生产管理学．2 版．北京：清华大学出版社，2003.

［2］ 施礼明．生产与作业管理．北京：中国财政经济出版社，2000.

［3］ 林友孚．企业生产管理．武汉：湖北科学技术出版社，1997.

［4］ 陈荣秋，马士华．生产运作管理．3 版．北京：机械工业出版社，2009.

［5］ 陈佳贵．企业管理学大辞典．北京：经济科学出版社，2000.

［6］ 刘丽文．生产与运作管理．5 版．北京：清华大学出版社，2016.

［7］ 张仁侠．现代企业生产运营管理．4 版．北京：首都经济贸易大学出版社，2015.

［8］ 林光．企业生产运作管理．北京：清华大学出版社，2006.

［9］ 马士华，林勇．供应链管理．6 版．北京：机械工业出版社，2020.

［10］ Leon．企业资源规划：管理·技术·应用．朱岩，译．北京：清华大学出版社，2002.

［11］ 戴维斯，阿奎拉诺，蔡斯．运营管理基础：原书第 4 版．汪蓉，等译．北京：机械工业出版社，2004.

［12］ 潘家轺．现代生产管理学．4 版．北京：清华大学出版社，2018.